缠论实战
干货合集

深入浅出 · 全方位讲解 · 干货满满

扫地僧 著

缠论学习的方方面面

- 基本概念和原理/
- 标准的背驰、非标准背驰的处理方法/
- 线段的划分、复杂线段和特殊情况的处理方法/
- 第三类买点的干货/

- 有关日内做短差，走势分解，如何处理小转大、中阴、选股、盘口、形态和实战经验，这本书配合着《缠论108课详解》一起看，能解决缠论中99%的问题

经济管理出版社
ECONOMY & MANAGEMENT PUBLISHING HOUSE

图书在版编目（CIP）数据

缠论实战干货合集/扫地僧著. —北京：经济管理出版社，2023.5

ISBN 978-7-5096-9033-8

Ⅰ.①缠… Ⅱ.①扫… Ⅲ.①股票交易—基本知识 Ⅳ.①F830.91

中国国家版本馆 CIP 数据核字（2023）第 097176 号

组稿编辑：杨国强

责任编辑：杨国强

责任印制：许　艳

责任校对：蔡晓臻

出版发行：经济管理出版社

　　　　　（北京市海淀区北蜂窝 8 号中雅大厦 A 座 11 层　100038）

网　　址：www. E-mp. com. cn

电　　话：(010) 51915602

印　　刷：唐山昊达印刷有限公司

经　　销：新华书店

开　　本：720mm×1000mm/16

印　　张：23.25

字　　数：368 千字

版　　次：2023 年 6 月第 1 版　2023 年 6 月第 1 次印刷

书　　号：ISBN 978-7-5096-9033-8

定　　价：88.00 元

目　录

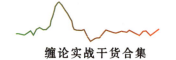

缠论实战干货合集

（扫二维码加我微信）

四、背　驰 ·· 077

五、笔、线段 ·· 105

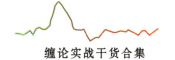

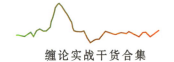

缠论实战干货合集

（扫二维码加我微信）

一、入　门

缠论基础概念精讲 1

[**发布时间：2019-04-09　21:00**]

首先，缠论研究的是股票的价格走势，什么是价格走势？其实是投资者一笔笔的交易记录，在股票软件里就是一笔笔的成交记录，如图 1 所示。

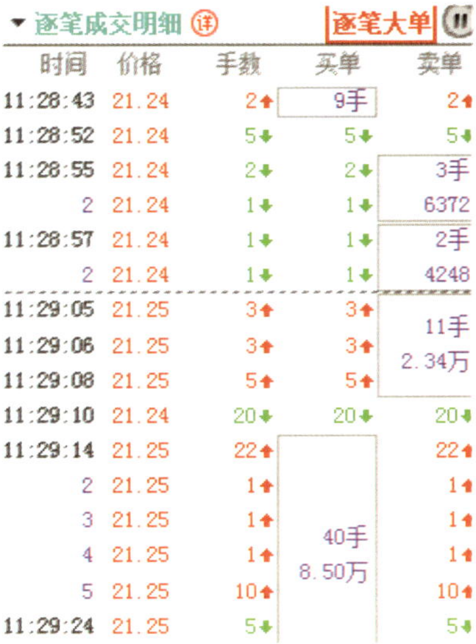
逐笔成交明细 详　逐笔大单

时间	价格	手数	买单	卖单
11:28:43	21.24	2↑	9手	2↑
11:28:52	21.24	5↓	5↓	5↓
11:28:55	21.24	2↓	2↓	3手
2	21.24	1↓	1↓	6372
11:28:57	21.24	1↓	1↓	2手
2	21.24	1↓	1↓	4248
11:29:05	21.25	3↑	3↑	11手
11:29:06	21.25	3↑	3↑	2.34万
11:29:08	21.25	5↑	5↑	
11:29:10	21.24	20↓	20↓	20↓
11:29:14	21.25	22↑		22↑
2	21.25	1↑		1↑
3	21.25	1↑	40手	1↑
4	21.25	1↑	8.50万	1↑
5	21.25	10↑		10↑
11:29:24	21.25	5↓		5↓

图 1

一笔成交主要包含三个信息：时间、价格、数量，这也是构成走势的最基本元素。那么，如果有三笔交易的价格相同，就形成了一个最小的价格中枢。如果一个走势包含两个或两个以上的中枢，这个走势就称为趋势。如果只有一个中

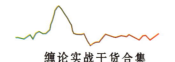

枢，则这个走势就叫盘整。

举例说明，如表 1 所示。

表 1

时间	价格	序号
9:51:02	10.00	1
9:51:02	10.01	2
9:51:03	10.01	3
9:51:03	10.01	4
9:51:04	10.02	5
9:51:05	10.01	6
9:51:05	10.01	7
9:51:06	10.01	8
9:51:07	10.00	9
9:51:07	9.99	10
9:51:08	9.99	11
9:51:08	9.99	12
9:51:09	9.98	13

从第一笔交易开始，2，3，4笔的价格相同，构成中枢，5形成高点10.02，之后开始下跌，这样1~5只有一个中枢，所以是一个盘整走势，从5开始的下跌，6，7，8价格一样形成中枢，9继续下跌，10，11，12形成第二个中枢，13跌破，那么从5开始的下跌就有两个中枢，形成趋势。

但问题是，这一笔笔的交易太快了，价格变动太小，无法覆盖交易成本，而且这样看盘太不直观了，人脑的速度很难跟上，实际中无法用这种方式来判断走势，于是日本人发明了蜡烛图，俗称 K 线以描述价格的变动。

一根 K 线的信息包含了时间、最高价、最低价、开盘价和收盘价。其中，时间是一个范围，比如，一根 K 线代表一天的交易，那这就是日 K 线；一根 K 线代表 1 分钟内的交易，那这就是 1 分钟 K 线。K 线的本质是将一个数列的一笔笔成交信息进行聚合，打包成了一个可以直观看到的图形。

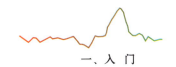

由此带来了缠论里一个最基本的概念：级别。从前文知道，三个相同价格构成最小的中枢，包含一个最小中枢的走势是最小的盘整走势，包含两个或两个以上最小中枢的走势是趋势走势，于是，可以继续延伸定义，如果有 3 个连续的最小的走势（趋势或盘整）有价格重合区域，则可以构成高一级别的中枢。我们可以把最小的级别叫 N0 级别，那么 3 个 N0 级别的走势有价格重合，就形成 N1 级别的中枢，并且以此类推，3 个 N1 级别的走势有价格重合就构成 N2 级别中枢……

有点像军队，3 个人构成一个战斗小组，9 个人形成一个班，27 个人组成一个排，81 个人是一个连，243 个人是一个营……于是，任何一段走势都可以有自己的番号，如第二集团军第一军第三师 2 团三营 1 连 1 排三班……

而且"级别"这个概念在我们的生活中无处不在，比如，我们的计数法，大家通用的是十进制，每逢 10 个数就进一位，其实就相当于级别升级，最小的是个位，高一个级别是十位，然后是百、千、万、十万、百万、千万、亿……这样，我们只需要记住 10 个阿拉伯数字就够了，然后就可以用计数表达所有的数字。只要够 10，就进一位，然后以此类推。

就像计数法一样，缠论将一笔笔队列式的交易通过中枢定义成盘整和趋势走势，然后由盘整和趋势走势重合形成高级别中枢，从而出现高级别走势，这就相当于设计了一个用于分析股票交易的计数器，将所有的交易数据都可以用走势表达出来，不管这只股票交易了多久，有多少笔交易，都可以被描述成由最低级别到 Nm 级别的组合，就像军队的番号一样。这是对股票走势分析最重要的突破，使走势分析建立在一个可以被客观描述的基础上，这是其他技术分析理论不能解决的问题。

但略有不同的是，计数法是按固定的数量向上升级，而缠论里的级别略有不同，因为一个盘整或者趋势里的交易笔数和时间是不固定的，所以，从本质上讲，走势的级别升级和时间无关。

扯得稍微远了点，再回到 K 线上，由于 K 线是一定时间内的交易聚合，但表现出来只有最高、最低、开盘和收盘四个价格。所以，K 线并不能完整地表达客观真实的走势，只是一定时间内所有交易的近似表达，相对于真实的交易数据，

它有所失真。

虽然 K 线有所失真，但它却有一个最大的好处，就是使交易数据被描述成直观的画面，这样三个走势的重合可以一眼看出来，而不再像一笔笔交易数据那样是列表的形态，非常不直观。所以，大部分的技术分析，都以 K 线为分析对象，也是因为 K 线是最直观、最方便的表现形态。

缠论基本概念精讲 2

既然 K 线是最直观的走势表达，便于人们理解，而且大部分人都以 K 线作为分析依据，即使有一些失真也可以接受，毕竟鱼和熊掌不可得兼，而且这种数据失真在大的级别中可以忽略不计，所以用 K 线作为走势分析的工具是没有问题的。

而通常我们使用的软件中，最小的 K 线周期就是 1 分钟了，所以我们就可以把 1 分钟 K 线作为最基本的交易颗粒，取代前文中讲到的最真实、最基本的交易元素是一笔笔的交易。

那么，就可以定义最小级别的中枢就是 3 根 1 分钟 K 线有重合，那么重合区域就是最小级别的中枢，我们不妨称为 N0 级别中枢。那么，N0 级别的盘整和趋势就如图 2 所示。

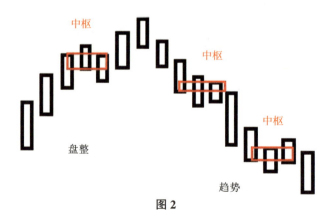

图 2

可是，图 2 毕竟是理想中的情况，理想很丰满但现实很骨感，现实中很多个股的 1 分钟走势如图 3~图 5 所示。

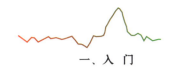

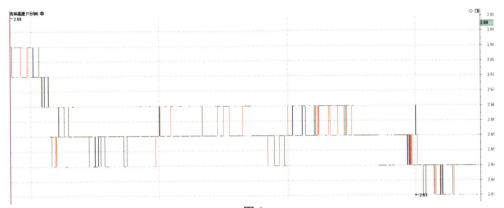

图 3

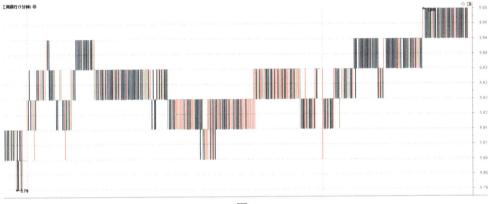

图 4

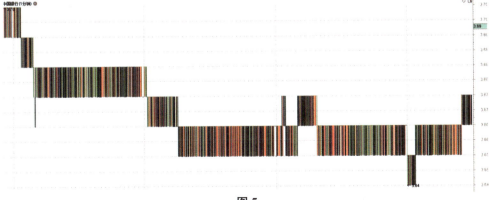

图 5

而且，如果说三根 K 线重合构成中枢，那 1 分钟图里经常有 N 根 K 线重合，比如图 5，那岂不是把时间都花在了数 K 线上，怎么办？

看来，将三根 K 线当作中枢还是比较麻烦，而且噪声太多，也不够直观，如果有一种办法能减少这种噪声就完美了，于是，缠师就设计出了笔和段。

笔和段的设计初衷是为了消除噪声，从而让最小级别的中枢更稳定，更有利于走势的直观表达。但是，只有在最小级别中才有意义。

在讲笔和段之前，需要引入一个基本概念：分型。

什么是分型？简单来说，就像麻将里的三条，如图 6 所示。

图 6

中间 K 线的高点和低点分别都比左右两侧的两根 K 线的高低点高，叫顶分型。相反，中间 K 线的高点和低点分别都比左右两侧的两根 K 线的高低点低，叫底分型。也就是把上面的三条倒过来，如图 7 所示。

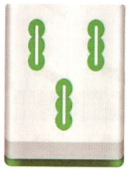

图 7

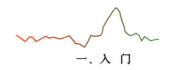

K 线中，分型如图 8 所示。

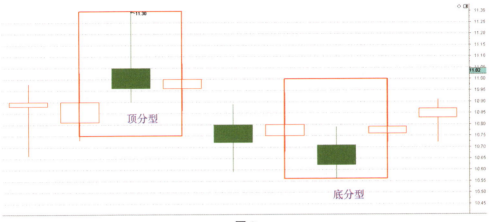

图 8

但有的时候，中间 K 线的高点比旁边的 K 线高点低，低点比旁边 K 线的低点高，也就是旁边的 K 线把它完全包含了，如图 9 所示。

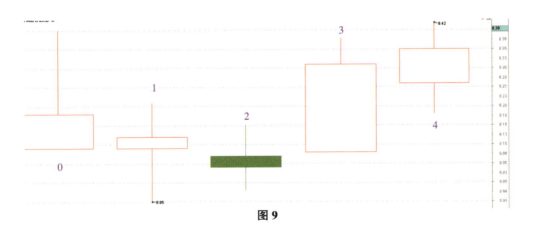

图 9

图 9 中 2 被 1 完全包含，这种情况该怎么办？

为了消除 K 线的包含，缠师引入了一个包含的处理规则：

（1）先确定 K 线的走势方向，如图 9 所示，由于 1 的高点和低点都比 0 相应的高点和低点低，所以当前的方向是向下的。

（2）如果方向向下，取有包含关系的两根 K 线的高点中较低的高点，以及低

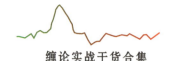

点中较低的低点，作为新的 K 线的高低点；如果方向向上，取包含关系的两根 K 线的高点中较高的高点，以及低点中较高的低点，作为新的 K 线的高低点，如图 10 所示。

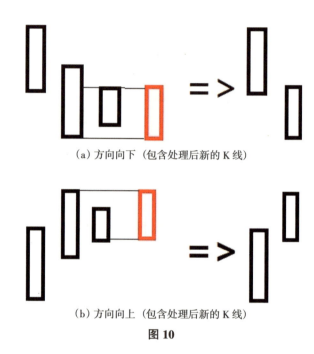

（a）方向向下（包含处理后新的 K 线）

（b）方向向上（包含处理后新的 K 线）

图 10

如果包含处理后新的 K 线又与后面的 K 线有包含关系，则可以继续用这种方法一直处理，直到不再有任何包含关系为止。这样经过包含处理后，所有的顶底分型都会是标准的三条形态。

顶分型中间 K 线那个最高点叫顶，底分型中间 K 线那个最低的点叫底。顶分型的顶与顶分型三根 K 线的最低点间的区域叫顶分型区间，底分型的底与底分型三根 K 线的最高点之间的区域叫底分型区间，如图 11 所示。

笔的定义：如果相邻的顶分型和底分型之间，有一根独立的 K 线不被顶分型区间和底分型区间所包含，那么，顶和底之间称为一笔，如图 12 所示。

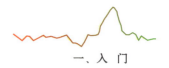

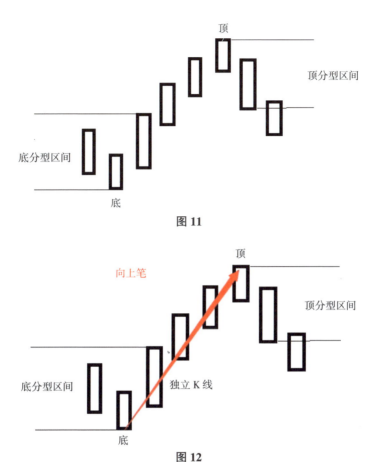

图 11

图 12

缠论基本概念精讲 3

上文讲到了笔的划分，但很多读者说印象最深的就是麻将里的三条……

有了笔后，所有的走势都可以被分为向上笔和向下笔的首尾连接。向上笔后跟着的必然是向下笔，同理，向下笔之后紧跟的必然是向上笔，这无须深奥的证明，只要画一画就知道了，如果能按照定义画出向上笔之后还是向上笔，可以来找笔者，奖励你 100 万元！

那么，画出笔后，我们先试着以笔代替 K 线作为构筑中枢的基本构件（见图 13）。

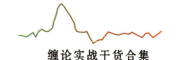

图 13

这样一看，毛刺少了许多，中枢的个数也大大降低了，不过还有一些特殊的图看起来比较别扭，如图 14 所示。

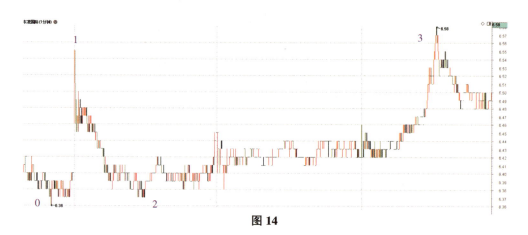

图 14

图 14 中 0-1 和 2-3 按定义都是一笔，但 2-3 的幅度和周期明显大许多。

经常会出现一种情况：向下笔已经成立了，但按照向下笔的模式看，突然一根 K 线破坏了向下笔，如图 15 所示。

由此，笔的稳定性不太高，而且节奏显得快一些，一天之内可能走出好几个走势或中枢，但没关系，神通广大的缠师在笔的基础上设计了线段的概念。

线段的本意是在笔的基础上加了一层，以便提高最小构件的稳定性，这样，一些短期内的突然波动就不足以改变最小构件的结构。那么，缠师是如何设计线

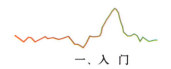

一根 K 线破顶，
向下笔不成立啦！

出现向下笔啦！
切换方向！

图 15

段以消除笔的不稳定性？

很简单，当我们看股票的 K 线走势时，发现是上上下下的。一般上涨时，都会是一波比一波高；下跌时，往往是一波比一波低，如图 16 所示。

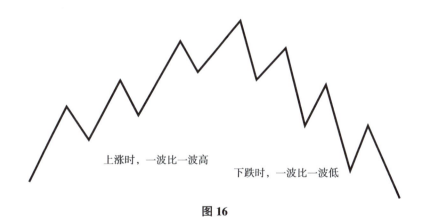

上涨时，一波比一波高

下跌时，一波比一波低

图 16

图 16 中，每一条折线，也就是所说的"波"，就可以用笔来代替，那么上涨，基本上就是一笔比一笔高；反之，下跌就是一笔比一笔低。这里的上涨和下跌，分别是一个"线段"。

为了给线段做数学上的定义，缠师很巧妙地借用了分型的概念，将反向的笔看作 K 线，当形成分型时意味着原线段结束，新线段开始。比如，一个上涨线段，方向是向上的，那么我们就找向下的笔，并称这向下的笔为该线段的特征序

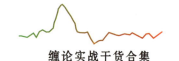

列。比如在图 16 中，先看上涨线段，如图 17 所示。

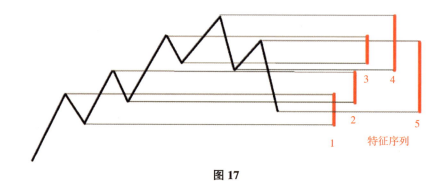

图 17

我们将上涨线段中每一个下跌笔都看作一根 K 线，于是得到右侧红色的特征序列，按照顺序标上号码。如果是 K 线的分型，我们知道还要处理包含关系，比如在图 17 中，3 被 4 包含，需要包含处理，但将特征序列看作 K 线，实际上并不等于 K 线，那么在包含处理和形成分型的时候有所不同，我们规定：

（1）特征序列的包含只能从左向右包含，不能从右向左包含。比如在图 17 中，是 4 包含了 3，这是右边包含左边，此时不需要包含处理，如果是 3 包含了 4，才需要进行包含处理。

（2）在构成分型时，中间的特征序列允许包含左侧的特征序列。在图 17 中，4 作为中间的特征序列，包含了 3，那么 3，4，5 就可以构成顶分型，这是允许的，但不允许 4 包含右侧的 5。如果 4 包含了 5，就需要进行包含处理，包含处理的方法和 K 线的包含处理方法一样，向上的时候取高低点的高点，向下的时候取高低点的低点。这个参考前面的文章即可，这里不再赘述。

这样，大多数的线段就可以被划分出来了，但还有一些特殊情况：

特殊情况一：强烈趋势中的短暂回抽，不应看作反向线段的成立。

如图 18 所示。很显然，从 0 点开始的向上线段，特征序列分别是 1–2，3–4，5–6，7–8。其中 3–4，5–6，7–8 构成了顶分型，但 5–8 这个下跌线段力度很弱，后面又直接创出新高，这样，5–8 这个下跌线段更像是一个噪声，没能表达出这个上涨线段的强势，所以，要用一种规则消除这种噪声。于是，缠师给出了一个定义和解决办法：如果构成分型的三个特征序列元素，前两个之间有缺口存

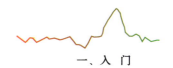
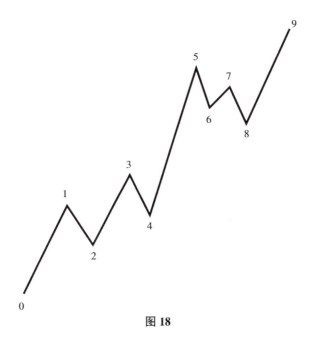

图 18

在，那么认为此时原线段的力度较大，需要特殊处理。

特征序列有缺口，以上涨线段为例，代表着下跌的笔连上一个下跌笔的高点都没能碰到，这必然意味着两个下跌笔之间的那个上涨笔的力度很大，用丝毫不模糊的方式表达了上涨线段此时出现的强势特征。

那么，这种情况需要什么特殊的处理方式？我们下文分解……

缠论基本概念精讲 4

上文讲到以特征序列顶分型的第一个元素和第二个元素之间有缺口作为当前线段强势的技术特征，缠师提到一种处理方法：

（1）先假定当前线段结束，画出反向线段的特征序列。

（2）反向线段的特征序列在处理包含关系时有所不同，此时允许向左包含！

（3）如果反向线段的特征序列经过包含处理后，也能形成分型，则分为三段，否则还是一段。

举例说明，如图 19 所示。

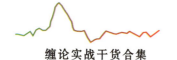

（扫二维码加我微信）

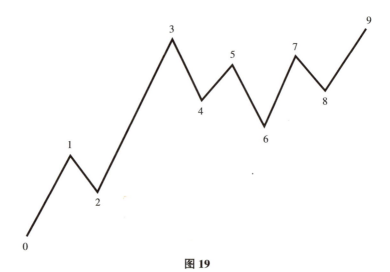

图 19

　　0-3 这个线段的特征序列是 1-2，3-4，5-6，4 点高于 1 点，所以 1-2，3-4 之间有缺口。此时先假定向上段在 3 点结束，然后看向下段的特征序列分别是：4-5，6-7，8-9，但由于允许向左包含，所以 6-7 包含 4-5，经过包含处理后，合并成为一个特征序列（高点是 5，低点是 6），这样就无法形成底分型了，因为底分型左侧的特征序列元素被包含了，那么，此时 0-9 依然是一段，3-6 这个向下段不成立。

　　如果 7 点低于 5，那么 4-5 与 6-7 并不存在包含关系，则 4-5，6-7，8-9 构成 3 点开始的下跌段的特征序列底分型，则 3-6 这段成立，该图分为 3 段，0-3，3-6，6-9。

　　此外，还有一些特殊情况，比如 3 点下来的线段不止 3 段，如图 20 所示。

　　根据规则，3 点之后特征序列为 4-5，6-7，8-9，10-11，6-7 被 8-9 包含，经过包含处理后新的特征序列高点是 7，低点是 8，它与 4-5，10-11 这两个特征序列构成底分型，故 3-8 段成立，则图 20 分三段。

　　于是，在划分线段时，首先要看的是特征序列有无缺口，因为这决定了特征序列的不同处理方式。

　　除此之外，还有一些特殊的线段，划分起来会无从下手，如图 21 所示。

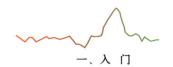

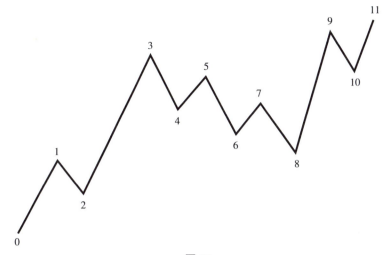

图 20

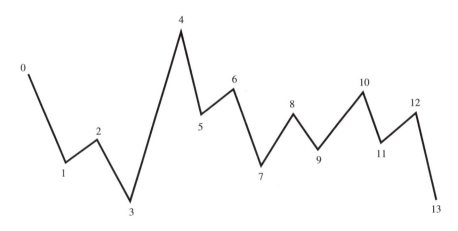

图 21

0-3 下跌线段之后，3-4 这笔幅度很大，之后的波动基本都在 3-4 这笔内部，其中从 4 点又有了 4-7 下跌段，然后是 7-10 上涨段，10-13 下跌段，按照特征序列的处理，3-4 包含 5-6，处理完变成 3-6，然后再包含 7-8，处理完是 3-8，此时，1-2，3-8，9-10 构成特征序列底分型，因此 0-3 是一段，但从 3 点开始的向上段，如果按照特征序列分析，就会发现 4-5 这个特征序列是最高的，8-9，10-11，12-13 这顶分型的高点比 5 低，该怎么办？

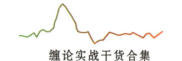

我们需要理解线段的设计思想：线段的设计初衷是为了提高中枢构件的稳定性，要比笔更稳定，因为笔代表了连续 K 线的趋势方向，而线段代表了笔的趋势方向。要想改变笔的趋势方向，则必然形成反向的笔的趋势。换句话说，就是线段要被反向的线段所破坏。俗称，线段要被线段破坏。

再看图 21，问题主要出在 3–4 这笔，因为后面的波动都是在 3–4 这笔内部，此时可以认为 3–4 是一个噪声，如果这个噪声很快被破坏，比如向上突破，那么很简单，这就是向上段了；如果向下突破，说明噪声并未改变原趋势。现在的难点是，在这噪声内又出现了新的线段，此时用特征序列等已经不能正确表达含义，所以直抵本质：只要在噪声内部出现线段且原线段被破坏，就说明至少有一个新线段出现了。

比如这个例子，在 3–4 内部，有一个下跌线段 4–7 被 7–10 上涨线段所破坏，由于 4–7 的方向与 0–3 相同，所以 4–7 不能看作是新线段，新线段就是上涨线段 7–10，此时的划分是 0–3 一段，3–10 一段。

如果 3–4 内部先出现上涨线段，然后又被下跌段破坏，如图 22 所示。

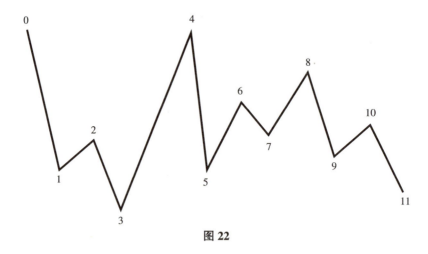

图 22

3–4 内部先出现了 5–8 上涨段，然后被 8–11 下跌段破坏，那么线段划分就是 0–3 下跌段，3–8 上涨段，8–11 下跌段。

这就是经常提到的复杂线段的划分方法，更多内容可看文末干货中的相关文章。

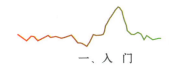

至此，线段的划分问题已经彻底解决，接下来重量级人物——中枢隆重登场了！

缠论基本概念精讲 5

缠论基本概念精讲 4 把线段的划分彻底讲完了，现在做一个总结：

（1）线段是笔的基础，是为了增加中枢这个基本构件的稳定性。

（2）线段的划分有两种情况：特征序列有缺口的情况；特征序列无缺口的情况。

特征序列无缺口时，不可以向左包含，形成分型时就意味着原线段结束。

特征序列有缺口时，先假定原线段结束，如果新的反向线段能形成特征序列分型（注意，此时反向线段的特征序列可以向左包含），则原线段结束，新线段成立。否则，原线段延续。

（3）复杂线段时，只要存在线段被另一个线段破坏，则意味着原线段结束。

（4）笔、线段是最小级别图里走势中枢的基本构件，只是为了构筑走势中枢，并不代表日线一笔就一定等于 30 分钟一段。

具体的案例大家可参考前两篇文章。

至此，线段的问题已经彻底论述完了。也就是说，构成中枢的基本构件已经可以唯一地确定。那么，什么是走势中枢？

走势中枢是 3 个次级别走势的重合，这个次级别向下最终可以定位到《缠论基本概念精讲》提到的三笔相同价格的交易。但前文也提到了，精确到哪个级别不具备操作价值，由于我们目前常用的软件最小能看到 1 分钟 K 线图，所以可以定义 1 分钟 K 线图作为最小级别的显微镜。而 1 分钟 K 线图里的三个线段重合，就定义为 1 分钟级别的走势中枢。

走势中枢从本质上代表了对原有走势的抵抗，那么，对于上涨的走势来说，就是有下上下三个线段重合，这个重合区域是 1 分钟上涨走势的中枢。

有一个中枢的走势是盘整，有两个中枢的走势是趋势，如图 23 所示。

这样，可以把所有的走势都分解为盘整或走势。对于投资者来说，要想盈利，则应能判断出走势什么时候结束。这时，引申出了背驰的概念。

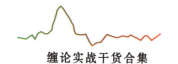

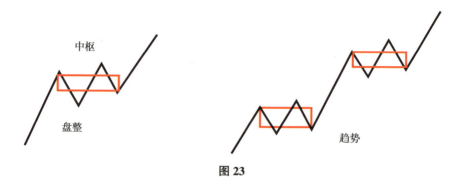

图 23

要想把背驰讲透，必须要讲动力学的知识，但动力学的部分太抽象，对数学的要求非常高，下面会直接讲结论，如对过程感兴趣的话，可以看看动力学几篇文章，公众号里有。

背驰要符合以下几个条件：

（1）真正的背驰必须是趋势，即只有在趋势走势里才会有背驰。

（2）背驰发生后，原走势结束，后面至少要走出反向的同级别走势。

（3）离开最后一个中枢而发生背驰的走势叫背驰段，背驰段必须创新高/低，其力度必须比中枢之前的走势力度弱。

（4）背驰段必须是次级别走势。

（5）背驰段必须包含对最后 个中枢的二买，背驰段要么是次级别趋势，要么是有 c1、c2、c3 三段，如图 24 所示。

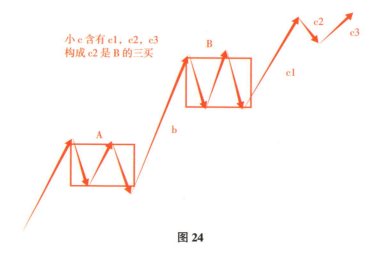

图 24

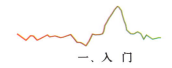
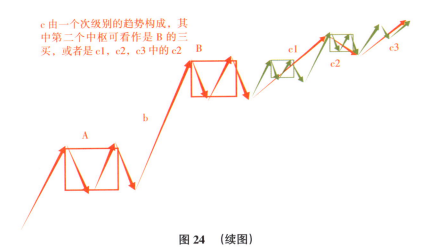

c 由一个次级别的趋势构成，其中第二个中枢可看作是 B 的三买，或者是 c1，c2，c3 中的 c2

图 24 （续图）

只要背驰出现，原走势就彻底结束。那么，这个背驰的当下就是第一类买卖点。如果走势是向上的，就是第一类卖点；如果走势是向下的，就是第一类买点。

由于背驰出现后原走势必然结束，至少要走出反向的同级别走势，而反向的同级别走势最少也由 3 个次级别走势构成，所以第一类买点介入的话，必然盈利，这也是用缠论操作盈利的根基。

那么，当第一类买卖点出现，接下来走出反向的次级别走势，再一次次级别回抽结束时，就是第二类买卖点。第二类买点必然盈利，因为反向的走势至少有 3 个次级别走势，二买时只有两个次级别走势，所以二买之后至少还有一个次级别的反向走势作为盈利保证。

缠论基本概念精讲 6

前面几篇重点讲了级别的定义，如何定义最小级别，最小级别里的中枢的基本构件笔、段的划分，以及盘整、趋势、背驰与第一、第二类买卖点。

有了级别和最小的中枢基本构件，所有的走势都可以被分解为不同级别的类型，而走势类型的级别由中枢级别所决定。再加上买卖点都是围绕中枢形成的，所以对中枢的研究至关重要。

一个走势的中枢一旦形成，只有三种结果：

（1）中枢新生。

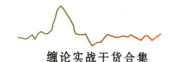

（2）中枢震荡、延伸。

（3）中枢级别升级。

中枢新生指新的一个同级别的中枢诞生，也就是说，原来只有一个中枢，现在出现了两个中枢，从盘整走势变成了趋势，如图 25 所示。

图 25

中枢的新生，必然是先有原中枢的死亡，然后是新中枢的形成。原中枢的死亡要有一个严格的定义，这个定义就是：当一个次级别走势离开后，然后一个次级别走势的返回，该返回不能回到原中枢。那么这个次级别返回的结束点，就是第三类买卖点。

中枢震荡、延伸，就是继续围绕原来的中枢波动，但既没有形成新的中枢，中枢级别也没有升级。中枢级别怎样才能升级？需要组合出三个重合的本级别走势，因为根据定义，三个本级别走势重合必然形成高级别中枢，由于一个本级别走势至少需要三个次级别走势，所以，如果中枢延伸有 9 个次级别，那就是中枢级别升级了。

图 26 中，1-4 构成中枢，4-5，5-6，6-7，7-8 都是围绕该中枢的震荡，也就是中枢延伸，只要没有 9 个次级别出现，就都是延伸。一旦延伸出了 6 个次级别走势，加上形成中枢的那 3 个，一共有 9 个，此时中枢级别就升级了。

图 27 中，1-10 一共有 9 个次级别走势，4-10 是延伸出来的，那么此时就可以通过组合，将 1-4，4-7，7-10 看作三个本级别走势，它们之间有重合，重合的区域怎么找？看三个本级别走势的高低点的重合，比如，1-4 是第一个本级别走势，它的高低点是【2，3】，然后 4-7 的高低点是【4，7】，7-10 的高低点是

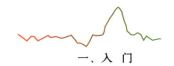

【8，9】，然后看【2，3】，【4，7】，【8，9】的重合区域，那就是【3，8】，则【3，8】就是升级后大中枢的高低点。

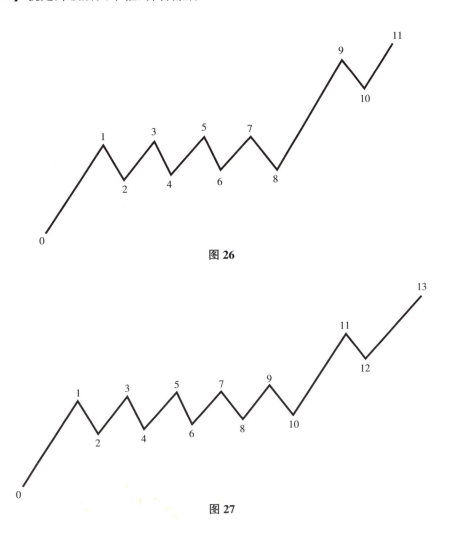

图 26

图 27

由于中枢的新生标志是必须有第三类买卖点，所以中枢延伸中必然不能有第三类买卖点出现，否则就是中枢新生了。

那么，这种通过中枢延伸的方式达到中枢升级的情况叫中枢扩展。也就是原有中枢不断延伸，一直到 9 个次级别。还有一种方式也可以做到中枢升级，那就是扩张。

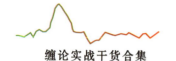

扩张是由两个本级别中枢的波动重合而造成的，所以扩张有先决条件：前后有两个同级别的中枢。由于有两个同级别中枢，所以两个中枢之间必然包含一个第三类买卖点。换句话说，扩张与扩展的区别是扩张必须包含一个第三类买卖点。

图 28 中，1–4 是第一个中枢，6 点是第三类买点，此时原中枢死亡，7–10 形成第二个中枢，11–12 是围绕第二个中枢的波动，但 12 点低于 3 点，使 1–4 中枢与 7–10 中枢的波动有重合，此时就发生了中枢扩张。中枢扩张也是中枢级别升级的一种，那么升级后的中枢就是两个中枢的波动重合区域，如图中的【3，12】。这一点很好理解，但有一种扩张形态是很多学缠论的朋友搞不懂的，如图 29 所示。

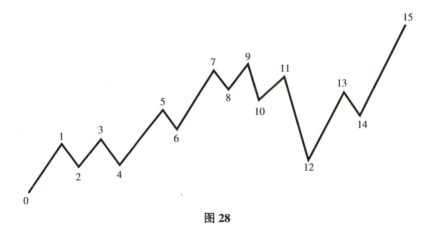

图 28

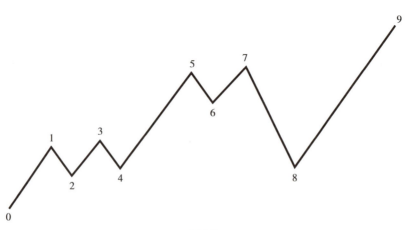

图 29

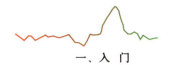

图 29 中，1-4 是中枢，6 是三买，但之后立刻形成第二个中枢 5-8，同时 8 点低于 3 点，回到第一个中枢内，之后又继续新高。很多人搞不明白，如果这个是扩张，那么升级后的中枢是什么？中枢区间怎么看？如果还按照上一个例子那样，认为【3，8】是升级后的中枢区间，但明明 1-8 的次级别数量只有 7 个，级别不够啊！ 其实，问题是这样的：

首先，这是一个未完成的走势，要根据后面的走势情况来定，如果 9-10 又低于了 7 点，那么大级别中枢的三个次级别走势可以分解为 1-4，4-7，7-10，中枢区间仍然是【3，8】，如图 30 所示。

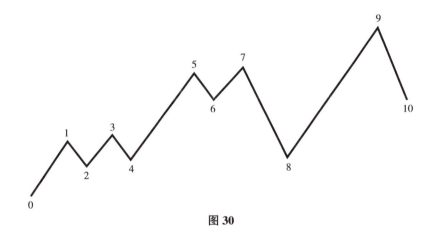

图 30

如果 10 点高于 7，站在更大级别的角度来看，三个次级别走势则是 0-5，5-8，8-11，如图 31 所示。

为什么这个大级别中枢的第一个次级别变成向上的 0-5 了？这是因为级别升级了，站在升级后级别的角度里，只要内部有 3 个次级别走势就称得上完美了，此时的视角应该切换到升级后的级别，在这个级别里，无非视角变换了一下而已。此时，0-11 和本级别里的 0-3 是等价的，就相当于本级别里走势在 3 这个位置时的状态。

估计这个问题会搞晕一批人，今天就先到这里吧，好好消化消化！

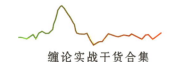

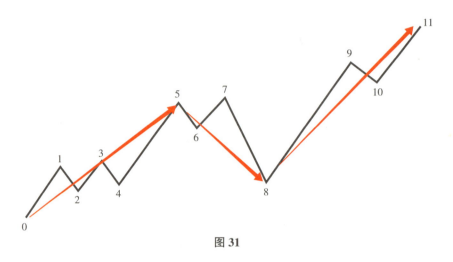

图 31

缠论基本概念精讲 7

前文已经讲了级别、笔、线段、中枢、盘整、趋势、背驰、第一二三类买卖点以及中枢延伸、扩展、扩张，至此缠论基本的概念都讲完了，但缠论里最核心的一句"走势必完美"还有人不理解，今天就谈谈什么是走势必完美。

走势必完美说起来太抽象了，十分不好理解，但前面我们讲了这些基本概念之后，现在就可以用比较通俗易懂的比喻来讲清楚。

在缠论基本概念精讲 1 里，提到了最真实的最小级别的中枢就是三笔相同价格的成交，只要交易不断产生，走势就可以不断生长下去。由于前文根据中枢定义出了盘整走势和趋势走势，又根据中枢延伸、扩展、扩张可以根据中枢的级别定义走势级别，那么，所有的走势可以被分解为不同级别的走势组合。

人在实际生活中会遇到一个问题：如何计数？注意，我们现在认为计数如此简单，但你试想一下，如果你不认识阿拉伯数字 0，1，2，3，4，5，6，7，8，9，也没有汉字一、二、三、四、五、六、七、八、九、十，你该怎么计数？

设想一下，如果没有计数法，那就要为每一个数字发明一个文字，而自然数是无穷大的，显然，人类并没有无穷大的文字，所以计数法的诞生是必然的。很神奇的是，东西方文明都不约而同地采用了十进制计数法，这样，只需要发明十个文字就可以完全计数了，比如阿拉伯数字 0 到 9，当超过 9 的时候，就在前面

加一位数字，后面的数字又从 0 开始，于是人类在发明了计数法的同时，其实是发明了数字的"级别"，这个级别的名称就是我们常说的个、十、百、千、万……

有了计数法，任何一个自然数就都可以被准确表达，如 56548，我们读起来就是五万六千五百四十八，里面每一个数字后面都有一个级别的名称，只有如此，才能把任意一个自然数准确无误地表达清楚。

如此，理解了这个就好办了，那么请把股票的走势想象成为一个自然数，任意一段走势，都可以从最小级别的走势逐步递归上来，分解成 N 个级别的走势组合，就像计数法一样，走势最终可以被表达为：N5 级别上涨+N4 级别盘整+N3 级别下跌+N2 级别上涨+N1 级别盘整。

所谓的走势必完美，其实是用形态学的方法，给走势设计了一种计数法，使所有的走势都可以被完全分解，从而被完全地表达。由于计数法最厉害的地方在于进位，用数学的语言来说，进位其实就是递归，是嵌套，那么只要数字不断增长，某个级别（位）最终必将出现进位，如一个十位数，只要数字在不断增长，则必将进位到百位数。

同理，对于一个走势也是如此，只要交易不断地进行下去，一个 N1 级别的走势必将最终升级到 N2 级别，这也是当初缠师拿一只新股上市当例子的原因。一只新股，除非是每天不断涨停，否则，必将先出来 1 分钟中枢，成为 1 分钟级别走势，然后升级为 5 分钟级别，30 分钟级别……

那么走势必完美，归根结底，就是走势的计数法！！！

全剧终……

二、级　别

缠论答疑系列——递归函数、级别、显微镜与当下1

这两天征集的问题并不算太多，总共 20 个，答疑的顺序没有按先后顺序，而是根据问题所涉及的内容排序，这样看起来会更系统、更有层次感。

问题 1：

缠师解盘时用的是 1 分钟走势图，中枢的构筑也用的是 1 分钟的线段中枢，这样生长出来的高级别中枢是高级别的线段中枢吗？因为有 T＋0 限制，我们不能操作 1 分钟级别，如若选择 5 分钟为自己最小可操作级别，5 分钟中枢是选择笔中枢还是线段中枢？希望结合师哥日常操作，介绍选择笔中枢和线段中枢的优缺点。

——缠友"我说，累了就歇歇"

问题 2：

不玩微博，就想知道 f1（a0）＝a1，f2（an）＝an＋1 的详解。有时搞明白了有时又晕了。这个月操作不太好，一次在上涨强力延伸段丢了筹码，一次在下跌强力延伸段接盘被埋。各级别联动很零乱该如何去规避？

——缠友"明明"

扫地僧答：

这个问题也是被问到最多的问题，自然也是大部分学缠者都很容易搞晕的问题。今天就把这个话题延伸了来谈，挖出其本质，以免糊涂。

首先，股票交易的最小元素就是一笔笔的交易，在行情软件右下角的位置会有这样的显示：

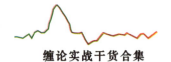

13:56	16.38	12	S
13:56	16.38	79	S
13:56	16.37	1	S
13:56	16.37	2	S
13:56	16.37	10	S
13:57	16.38	5	B
13:58	16.38	10	B
13:58	16.37	100	S
13:58	16.38	6	B
13:59	16.39	1	B
13:59	16.39	6	B
13:59	16.39	17	B
13:59	16.39	1	B
14:00	16.38	3	S
14:00	16.38	5	S
14:00	16.38	6	S
14:00	16.39	10	B
14:01	16.38	18	S
14:01	16.38	2	S
14:01	16.38	3	S
14:02	16.39	3	B
14:02	16.39	1	S
14:02	16.39	10	S
14:03	16.39	11	S

图 32

图 32 中看到的数据包括时间、价格、成交量（手）和笔数（由多少笔交易构成的），这是行情软件每隔几秒钟将交易数据做了一个统计发给使用者的，如果你购买了 LEVEL2 数据，那么还能看到每一笔的交易，如图 33 所示：

▼逐笔成交明细 详				逐笔大单 ⅠⅠ
时间	价格	手数	买单	卖单
11:28:43	21.24	2↑	9手	2↑
11:28:52	21.24	5↓	5↓	5↓
11:28:55	21.24	2↓	2↓	3手
2	21.24	1↓	1↓	6372
11:28:57	21.24	1↓	1↓	2手
2	21.24	1↓	1↓	4248
11:29:05	21.25	3↑	3↑	11手
11:29:06	21.25	3↑	3↑	2.34万
11:29:08	21.25	5↑	5↑	
11:29:10	21.24	20↓	20↓	20↓
11:29:14	21.25	22↑	22↑	22↑
2	21.25	1↑		1↑
3	21.25	1↑	40手	1↑
4	21.25	1↑	8.50万	1↑
5	21.25	10↑		10↑
11:29:24	21.25	5↓		5↓

图 33

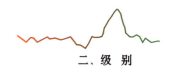

图 33 中的数据有时间、交易序列（同一秒内各笔交易的序列）、价格和成交量，这里展现的就是每一笔的交易，每一笔交易是走势的最基本的元素，这个颗粒犹如物理中的最小的基本元素一样，无法再分割。

在《教你炒股票 35——给基础差的同学补补课》中有一段话：

所谓的最低级别，就如量子力学的量子概念，物理世界不是想当然地无限连续的，而市场的交易同样如此。最严格去定义，每笔的交易是最低级别的，连续三笔相同价位的交易，就构成最低级别的中枢。

由于每一笔的交易只有一个价格，因此才规定连续三笔相同价位的交易而构成最低级别的中枢。除此之外，还有一种情况也构成最低级别的中枢，例如，一只股票连续几笔交易如表 2 所示：

表 2　交易明细

序号	价格
1	10.00
2	10.01
3	10.02
4	10.01
5	10.02
6	10.03

这里第 2，3，4，5 笔交易并不是连续三笔相同价位的交易，但有价格的重合，是最低级别的中枢，而且这个中枢不再是单一的价位，而是一个区间：10.01~10.02。

注意，上面的几笔交易我们只需要知道其先后顺序和价位，并不关心它的具体时间，因为时间无非是为了确定交易先后的顺序，所以，在最小级别上，走势和时间没有关系。请注意这个结论，后面会讲到。

接着看《教你炒股票 35——给基础差的同学补补课》原文中的描述：

有一个最低级别中枢的走势，就是最低级别的盘整走势类型；有两个最低级别中枢的走势，就是最低级别的趋势走势类型，如果第二个中枢比第一个高，那

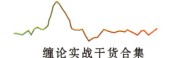

就是上涨走势类型，反之就是下跌走势类型。一般来说，假设依次存在着 N（N > 2）个中枢，只要依次保持着第 N 个中枢比 N–1 个高的状态，那么就是上涨走势类型的延续；依次保持着第 N 个中枢比 N–1 个低的状态，就是下跌走势类型的延续。显然，根据上面的定义，在最低级别的上涨里，只要也只有出现依次第 N 个中枢不再高于即等于或低于第 N–1 个的状态，才可以说这是最低级别的上涨结束。最低级别下跌的情况与此相反。

用最低级别的中枢把走势在最低级别上进行了完全分类，而三个连续的最低级别走势类型之间，如果发生重叠关系，也就是三个最低级别走势类型所分别经过的价格区间有交集，那么就形成了高一级别的缠中说禅中枢。有了该中枢定义，依照在最低级别上的分类方法，同样在高级别上可以把走势进行完全的分类，而这个过程可以逐级上推，然后就可以严格定义各级别的中枢与走势类型而不涉及任何循环定义的问题。

从以上段落可以得出最小级别的走势类型，如果将最小级别的走势类型定义为 N0 级别，而三个连续的 N0 级别走势类型重合，则构成高级别的缠中说禅中枢，而高级别的走势类型就是 N1 级别。这样，问题 2 中的 $f1(a0) = a1$，$f2(an) = an + 1$ 就被完全定义出来了：$f1(a0) = a1$ 代表着最小级别的中枢是由 3 笔相同价位的交易构成，最小级别的走势类型至少包含一个最小级别的中枢，$f2(a1) = a2$ 代表着由 3 个连续的 N0 级别走势类型重合构成 N1 级别中枢，N1 级别的走势类型至少包含一个 N1 级别的中枢，依次类推……

注意，这时前面提到的走势和时间是没有关系的这个结论同样适用，因为在以上的定义中，丝毫没有提及时间，只有级别，但为什么我们平时一提到级别就是 1 分钟、5 分钟、日线、周线的，这其实是由我们习惯描述交易的 K 线图所带来的概念。

K 线图也叫蜡烛图，是日本商人发明的，用来记录米市的行情与价格波动。很早以前的市场，就是一笔笔的交易，一串数字而已，由于每笔交易有着唯一的顺序，因此交易的记录只是一个排序的一维数组，而一根 K 线，其定义是把某个时间段内的所有交易做个统计，并描述出最高价、最低价、开盘价和收盘价，这样一根 K 线就包含了四个价格和时间段这五个因素，由于时间段是等距离排序

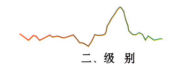
的，所以一组 K 线把原来的一维数组变成了展示更加丰富的二维图形，使人们分析价格的波动更加生动。

但同时也带来了一个问题：由于一根 K 线是该时间段内的所有交易的统计结果，自然会将该时间段内的最低级别的走势忽略了，所以，虽然 1 分钟的 K 线图是我们常用的最小的分析图，但只要使用 K 线作为分析工具，则意味着最真实的最小级别走势已经被忽略，真实的走势已经失真了！

所以，即使你在 1 分钟 K 线图，甚至 1 秒钟 K 线图用最严格的分笔分段，也无法描述最真实的走势！那么，如果在 1 分钟图上有令你感到意外的情况，也不要钻牛角尖，因为本身已经不是在最真实的数据上分析，有一定程度的偏差也是正常的。

但这并不是说分析 K 线没有意义，因为分析最真实的每笔交易太不方便了，一定程度上接受这种失真也是可以的，所以我们依然适用 K 线图作为分析的依据，只是必须要清楚该 1 分钟 K 线有一定程度的失真。

有的朋友觉得 1 分钟 K 线看起来还是太麻烦，就用 5 分钟 K 线作为最小的分析依据，这也可以，但道理是相通的，1 分钟 K 线忽略的是 1 分钟之内的真实走势，5 分钟 K 线忽略的是 5 分钟的真实走势，显而易见，1 分钟 K 线由于忽略的少，相比 5 分钟 K 线更接近真实走势，所以 1 分钟 K 线的精度自然比 5 分钟 K 线的精度高，最直观的感受是 1 分钟图上展现的波动比 5 分钟图上的波动多。

那么，不同周期的 K 线图就是所谓的显微镜，对精度要求高就用 1 分钟图；对精度要求低，就用 5 分钟图甚至 30 分钟图。有了最低级别的显微镜，就可以按照前面定义 f1（a0）= a1，f2（an）= an + 1 的方式来定义最小级别的走势了。

缠论答疑系列——递归函数、级别、显微镜与当下 2

前文讲到，以 K 线图作为分析依据，已经对真实的走势有了一定程度的失真，1 分钟 K 线失真得少，5 分钟 K 线失真得多，用 K 线图看走势，就像选用不同倍数的显微镜观察一只猴子，在日线里看猴子是一只完整的猴子，在 30 分钟图里看猴子只能看到猴子的一只手，在 5 分钟图里看猴子只能看到手指头，在 1 分钟图里能看到猴子手指上的细胞，但细胞其实还是由分子、原子一直到最小粒

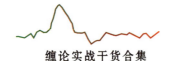

子构成，只是显微镜的能力达不到了，只能看到细胞，那么细胞内部的情况也只能被忽略不计了。

我们看看原文中是怎么讲的，先看《教你炒股票53——三类买卖点的再分辨》：

而实际上，一般能得到的图，最多是1分钟级别的，因此，可以从这个图入手。当然，也可以从5分钟级别，甚至更高级别入手，但这等于把显微镜倍数弄小了，看到的东西自然没有1分钟的多且清楚。再次强调，什么级别的图和什么级别的中枢没有任何必然关系，走势类型以及中枢就如同显微镜下的观察物，是客观存在的，其存在性由上面所说最原始的递归定义保证，而级别的图，就如同显微镜，不同倍数的看客观的图会看到不同的精细程度，如此而已。所以，不能把显微镜和显微镜观察的东西混在一起。

在笔者的札记中，对这段话有如下注解：

扫地僧：大部分的初学者都容易犯晕，不明白图形和走势是什么关系，不同分钟的K线图只是客观的、唯一的走势不同且精细程度不同的图像而已，是一笔笔交易组成和递归的走势本身，而1分钟、5分钟、30分钟级别走势，只是为了方便而给某个级别起的名字，这个名字基本是以对应的几分钟K线图而起名的，完全可以叫N1级别、N2级别、N3级别，重要的是定好N0这个最小级别是什么。

所以，很多人总在争论这是几分钟级别的中枢，那是几分钟级别的走势，结果到头来，其实是两个人的显微镜不同所造成的差异。因此，在讨论级别时，首先要把显微镜统一好才有继续探讨的基础，否则就是浪费时间。

搞懂了显微镜的问题，接下来就是定义在某显微镜（某周期的K线图）下，如何定义f1（a0）=a1，f2（an）=an+1。上文中提到，最真实的最小级别走势中枢是三个连续相同价位的交易，如果在K线图中，这个最小级别的中枢应该是三根有重合区间的K线才对，但后面为什么还有分型、笔和线段等概念呢？这岂不是前后矛盾，a0不统一了？

原因是这样的，按常理来说，一旦确立了显微镜，也就是确定了最小级别的K线图作为分析依据，最小级别的中枢应该是三根K线的重合区间，这和三个连续相同价位的交易是最小中枢的定义是最接近的，但在小级别K线图中，经常会出现两个问题：

（1）某随机大单造成的价格波动，并不能很好地反映市场合力，成为分析中的杂音，这种情况非常常见。

（2）三根 K 线重合的频率非常高，大大增加了走势分析的工作量。

为了解决这两个问题，缠师设计了分型、笔和线段，以作为构筑最小级别中枢的基本构件。也就是说，分型、笔和线段是为了定义 f1（a0）= a1 而设计的。这是我们常用的最小级别中枢是 1 分钟图上由 3 个线段重合而不是 3 根 K 线重合的主要原因。

接下来，我们看分型、笔和线段为什么要如此设计。首先看一下《教你炒股票 82——分型结构的心理因素》中的描述：

走势反映的是人的贪嗔痴疑慢，如果你能通过走势当下的呈现，而观照其中参与的心理呈现，就等于看穿了市场参与者的内心。心理，不是虚无飘渺的，最终必然要留下痕迹，也就是市场走势本身。而一些具有自相似性的结构，就正好是窥测市场心理的科学仪器。

缠师用一个顶分型的过程来描述分型结构的心理因素，札记书中为此配了一张图，如图 34 所示。

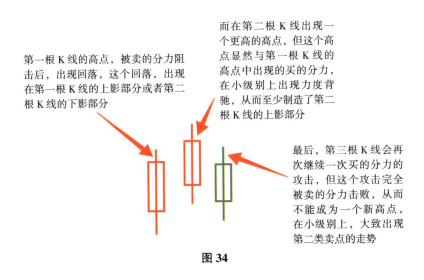

第一根 K 线的高点，被卖的分力阻击后，出现回落，这个回落，出现在第一根 K 线的上影部分或者第二根 K 线的下影部分

而在第二根 K 线出现一个更高的高点，但这个高点显然与第一根 K 线的高点中出现的买的分力，在小级别上出现力度背驰，从而至少制造了第二根 K 线的上影部分

最后，第三根 K 线会再次继续一次买的分力的攻击，但这个攻击完全被卖的分力击败，从而不能成为一个新高点，在小级别上，大致出现第二类卖点的走势

图 34

由图 34 可见，一个分型结构的出现，如同中枢，都是经过三次的反复心理较量过程，只是中枢用的是三个次级别。所谓一而再，再而三，三而竭，所以一个顶分型就出现了，而底分型的情况，反过来就是。

我们知道，分型是构成笔的基础，一个分型结构包含了类似中枢的心理结构，笔由顶底分型构成，那么一笔中至少包含了类似最小级别中枢的心理结构。

为什么不能用笔作为最小中枢？在《教你炒股票 83——笔—线段与线段—最小中枢结构的不同心理意义 1》开篇就提到了这个问题，以下是原文的解释：

一个最简单的问题，为什么不能由笔构成最小中枢？其实，这不是一个问题。为什么？因为实质上我们可以设计这样的程序，也就是用笔当成构成最小中枢的零件，但这样构造出来的系统，其稳定性极差。

众所周知，一笔的基础是顶分型和底分型，而一些瞬间的交易，就足以影响其结构。例如，突然有人打错单，或者有人给"老鼠仓"送货，那么全天走势的分析就大变样了。而由线段构成最小中枢，则不存在这个问题。为什么？一个线段的改变，不会因为一个偶尔一笔的错误而改变，也就是说，线段受偶尔性的影响比较少，想想要破坏一个线段的麻烦程度，就知道了。【扫地僧：一笔的破坏并不能改变线段的方向】

从心理上看，偶尔因素是允许发生的，只要不被再次确认，则偶尔因素对原来的心理合力没有大影响，反过来确认了该合力的有效性。所以，线段破坏本身就反映着一种微妙的心理结构的变化。特征序列分型的引入，本质上是勾勒这种心理结构的变化。就像一般的分型，需三次的确认才能构成，特征序列的分型，本质上也一样，这样的确认，其有效性就极大增加了。由此构成最小中枢的零件，才是合适的。【扫地僧：特种序列的分型也是代表着三次正向力量的衰竭】

原文中已经很清楚地解释了为什么要采用线段作为中枢的基本构件，同样地，也正是因为线段的设计，才能在一定程度上弥补因为 K 线失真带来的问题，这是因为线段的结构更加稳定，改变线段的力量更能体现出市场的合力。

所以，在分笔分段之前，有必要对笔和线段的来龙去脉有清晰的认知，否则就会永远陷入无休止的分笔、分段细节中。

在了解了笔和线段的本质意义后，再回到最初的问题：

"因为有 T+0 限制，我们不能操作 1 分钟级别，如若选择 5 分钟为自己最小可操作级别，5 分钟中枢是选择笔中枢还是线段中枢？希望结合师哥日常操作，介绍选择笔中枢和线段中枢的优缺点"。

这个问题隐含了另一个问题：看图级别和操作级别的区别！

看图级别其实就是你设定的精度是什么，你的显微镜选用的是几分钟图，比如以 1 分钟图作为显微镜，那么你对走势的分析应该如下：

（1）先在 1 分钟图上，根据笔、线段划定 1 分钟的中枢，然后根据中枢划分 1 分钟走势类型。

（2）再由 1 分钟走势类型划分 5 分钟中枢，根据 5 分钟中枢划分 5 分钟走势类型。

（3）由于 1 分钟图上看 5 分钟走势类型可能会比较吃力，就可以将确定好的 1 分钟走势类型标记在 5 分钟图形上，这样 5 分钟级别的走势类型在 5 分钟图上也能清晰展示了。

由此就可以解答另外一个问题：为什么 5 分钟图上的一段在 1 分钟图上有时是一个 1 分钟线段，有时又是一个 1 分钟走势类型？

这是因为设定的精度问题，此时，我们设定的精度是 1 分钟图，那么一切的划分都以 1 分钟图为准。在 1 分钟图上，有的笔延伸得很长，有的笔只用 5 根 K 线就完成了，那么三个很长的笔组成的 1 分钟线段，在 5 分钟图上看起来也是一个线段，而三个很短的笔组成的 1 分钟线段在 5 分钟图上看起来也是一笔。

以哪个为准？当然以你设定的显微镜为准，若你定的是 1 分钟图是显微镜，就以 1 分钟图上分析出的结果为准，在 5 分钟图上即使有一个线段成立，但对应在 1 分钟图上如果仅仅是个 1 分钟线段，也不能认为 5 分钟图中的这个线段就是一个 1 分钟走势类型。

回到刚才的问题，这个问题的描述中"如若选择 5 分钟为自己最小可操作级别"，这里指的是操作级别是 5 分钟级别，而后一句"5 分钟中枢是选择笔中枢还是线段中枢？"这里就变成了看图的级别，因此这个问题本身的毛病在于将两个级别搞混了。

其实这个问题的本意应该是这样的：

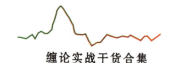

如果选择 5 分钟级别为自己最小的操作级别，是否应该在 5 分钟图上分析，以及在 5 分钟图上用笔中枢还是线段中枢？

那么答案自然就很简单了，是否应该在 5 分钟图上分析，取决于你的精度要求，如果想要高精度，就用 1 分钟图分析，然后在 5 分钟图上标记 1 分钟走势类型即可。如果对精度的要求没那么高，则完全可以直接在 5 分钟图上划分笔、线段、中枢和走势类型。

至于在 5 分钟图上用笔中枢还是线段中枢的问题，其实前面已经回答，笔中枢的稳定性差，如果你能忍受，那完全没问题；如果忍受不了，还是老老实实地用线段作为中枢的基本构件吧。

笔者建议用 1 分钟图作为显微镜，然后在 5 分钟图上标记，具体办法可以查看以前写的一篇《规范解盘格式》，这样的好处是，在买卖点出现的当下，可以通过查看显微镜级别的图来定位区间套。也就是说，操作级别至少比显微镜的级别高。否则在处理当下时，就少了一个精密仪器可用了。

至于当下是什么？如何当下？就放在下一篇来谈吧。

缠论答疑系列——递归函数、级别、显微镜与当下 3

上篇结尾的地方讲到了当下，而这个当下恰恰是缠论中最难、最玄、最容易有争议的地方。

所谓当下，即是此时此刻，世间万物所有事物的状态集合。如果说我们的世界是 N 维空间，那么当下则相当于在时间轴刻度上取其他所有维度上事物的一张照片，换句话说，当下就是其他维度在时间上的投影。

影响一只股票价格的因素有很多，大盘的涨跌、汇率、政策、经济数据、天气、恐怖袭击，甚至太阳的黑子活动，如此多的因素最终影响到人本身，因为交易执行是人的决策，虽然目前有很多程序化交易，但程序最终执行的也是人设定的策略。股票价格会对其他因素和人的情绪造成影响，从而起到反馈的作用，所以，最终股票价格的形成是一个链条，如图 35 所示。

这个链条中，N 个因素和人并不是一成不变的，人口一直在变化，N 个因素的 N 也趋近于无穷大，因此整个系统并不是一个闭合的系统，而是一个开放的、

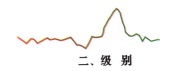
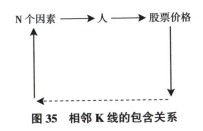

图 35　相邻 K 线的包含关系

随时与外界产生能量交换的非线性混沌系统。如果对非线性动力学有一定深入了解的话，应该知道这种非线性混沌系统永远不可能有"y = ax + b"式的精确的线性预测，但每个系统又有其自身特有的几何结构，使其在某种边界条件下系统趋向稳定结构。这部分涉及动力学部分，以后再详细讲，现在只需要知道一个结论：非线性混沌系统不可能被线性预测。

　　道理很简单，如果能够被线性预测，就可以提前知道未来某时某刻价格的具体数字，那么很快所有的财富都会被一个人赚走，这个市场将不再存在，混沌系统自动崩塌。再说，如果能够知道未来某时某刻的具体价格，那么假设在那个时刻，恰巧某大户或者会该线性预测能力的人在那个时刻出手改变了这个价格，则证明了线性预测的失效！无论从哪个方面讲，线性预测必然在混沌系统中失效。

　　既然混沌系统不可能被线性预测，那我们做技术分析的意义何在？我们知道有 N 个因素（接近于无穷大）影响人的情绪和决策，最终反映到具体价格上，因此价格是该混沌系统 N 个维度的投影，一个是时间轴上的投影，一个是价格上的投影，那么"价格 + 时间"构成的二维平面轨迹，其实就相当于对其他所有因素的分析，因此这是技术分析的根本逻辑，这也是为什么缠师说"走势图包含了一切信息"的原因所在。

　　因此，尽管当下包含了在某个时刻的所有因素，但可以等价于某时某刻的价格结果，这也是在当下，价格的形成是最重要的考量因素。当然，除了价格，还可以感受当下市场的情绪，贪婪和恐惧皆在其中。

　　真传一句话，假传万卷书！西游记中阿傩迦叶拿的五字真经才是真佛经！到这里其实已经无所可写，但无字真经不接地气，普度众生还需法门。如果对当下还是不知所云，可以参考以下几点：

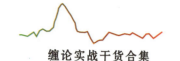

（1）当下不仅仅包括当下的价格，还有市场情绪、天气、政策等，关于市场情绪，除了指数、题材等，盘口也可以体现出情绪来，如成交速度、价格跳动的幅度、挂单的反应等。

（2）价格是所有因素的合力结果，感受当下就是体会当下的市场合力，还可以感受某个分力的影响。例如，在市场环境不好时，该股的抗跌性如何，如果抗跌性较好，是哪个分力造成的，这可以从盘口的语言中去推理分析。

（3）合力是最终的结果，而走势分析是描述该合力的几何结构，无论合力如何改变，都逃不过几何结构的完全分类。在不同的走势阶段，当下的感受自然不同，在背驰段的最后，感受是合力的衰竭；在中枢震荡中，感受是多空的博弈。记得缠师讲过，为了定位最后转折的一笔交易，曾发明过不少稀奇古怪的看盘方法，主要是针对不同的走势阶段而用不同的方法。

例如，前文讲过，最小的中枢是三笔相同价格的交易，那么在盘口上就可以看分笔成交，大多数转折的一笔交易造成的价格就是一瞬间，而不是三笔连续相同的价格。

当下是每个人的当下，因为每个人对当下的感觉都不同，因此当下的功夫也不同，重要的是对当下有本质上的认识，在此基础上修炼当下的功夫。许多人总觉得无从下手，其实还是在本质认识上不够深入，如果理解够深，任何一点细节都可以至少钻研几个月。

交易的功夫无止境，在市场面前，一生都是小学生……

必须要把级别的命名做统一规范了

和以前一样，今天是周五，没解盘。本来是周末故事会的时间，但一直以来在公众号留言里及有鱼里和缠友交流，最大的障碍就是大家对级别的定义不同，有的是5分钟图，有的是日线图，有的是笔中枢，有的是段中枢，每个人的定义都不同，这样的交流没有任何意义，为了解决这个问题，特别设计一套级别的命名规范，今后大家就按这个规范来定义级别，这样就没有任何歧义了。

造成级别不统一的最大根源是缠师当初为了简便，用几分钟K线图的名字代替了级别，缠师的本意是让大家更好理解，但没想到带来了更大的混乱。原因主

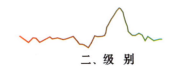

要是很多人没有理解 K 线图只是显微镜，1 分钟图的放大倍数最大，5 分钟图其次，而且，1 分钟图里的一个走势并不完全等价于 5 分钟图里的一段，这是最大的问题。

为了解决这个问题，我们现在把级别的命名做统一的规范，以消除该混乱，命名规则如下：

级别名称 = 显微镜级别（数字/字母）+ 中枢基本构件（B/D）+ 递归级别（数字）

级别的名称由 3 部分构成，第一部分，显微镜的级别，也就是最小级别用哪个图看的，如 1 分钟图，这部分就是 1，最小级别用 5 分钟图，这部分就是 5，如果是日线，就是 R，周线是 Z，月线是 Y，季线是 J，年线是 N，所以显微镜的级别如下：

1，5，15，30，60，120，R，Z，Y，J，N。

第二部分中枢的基本构件一般只有笔和段，很少有人用三根 K 线的重合，我们也不考虑这种情况，规定只有笔或者段才能作为中枢的基本构件，那么，如果是三笔重合构成的中枢，这部分名字就是 B；如果是三段重合构成的中枢，这部分名字就是 D，这很简单。

第三部分，递归级别，这是自然数。级别递归一次，也就是升级一次，就加 1，初始级别是 0，0 就表示没有递归，也就是最小级别的次级别。

例如，显微镜用 1 分钟 K 线图，那么三个 1 分钟线段构成的中枢级别就是 1D1，9 个 1 分钟线段构成的中枢（扩展了）就是 1D2。只有一个 1 分钟线段，其级别就是 1D0。

而有的人会直接先看日线图，大体有三笔的地方看作中枢，那么这个中枢级别就是 RB1，因为显微镜是日线的，中枢基本构件是笔，三笔重合形成的中枢，所以递归级别是 1。

以当前大盘为例，笔者平时是看 1 分钟 K 线图，也就是显微镜级别是 1，8 月 6~15 日的中枢是 9 段扩展递归上来的，其级别是 1D2，从 2757 点到 2891 点是 3 个 1 分钟线段上涨，没有下上下构成的中枢，级别就是 1D0，从 2891 点到昨天低点，中间有 204–207 的中枢，所以是一个 1D1 级别的回抽（见图 36）。

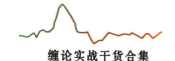

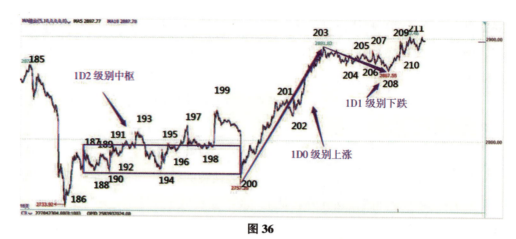

图 36

如果显微镜级别是 5 分钟，那么图 37 中 8 月 6~15 日的中枢就是 5D1 级别，2891 点到昨天低点也是一个 5D1 级别中枢，这和前文用 1 分钟显微镜的结论就有了差异。这种差异是由显微镜不同而造成的，并不矛盾，你用什么显微镜做分析，就会有相应的结论，如何消除因为显微镜不同而出现的不同结果，这是个人经验和能力的问题了。所以才要有这种级别的命名规则，否则大家之间的交流就会出现矛盾，而相互说不清，最后互骂对方。

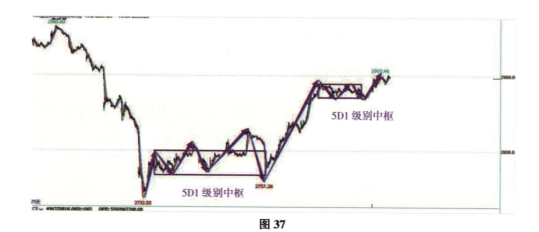

图 37

当然，你用了这个命名规则不代表所有人都用，但起码我们之间先把这个命名规则统一起来，如果你和其他缠友讨论，如果也有级别不统一的问题，那就把

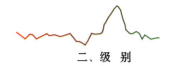

这篇文章发给他，先统一了再交流，节约大家的时间！

统一回复下大家最常问的一个问题

开始解盘之前，先统一回复大家最常问的问题，否则每个人都问一遍，不回答你觉得我故弄玄虚，但都回答一遍是很累人的，就统一答复一下吧，以后就参考这篇。

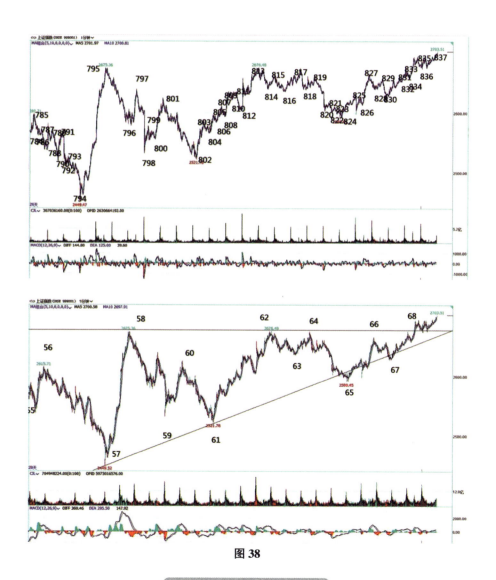

图 38

最近问得最多的问题就是为什么在 1 分钟图上标号只有一段，有时在 5 分钟图里也算一个次级别走势？从级别上明明不够嘛，如 1 分钟图中的 794-795，明明只有一段，但在 5 分钟图里也被标为 57-58，也算一个次级别走势，这是为什么？

答案很简单，就是利用了走势分解的结合律，虽然 794-795 只有一条线段，但从 795 点开始，确实在走构筑 30 分钟的中枢，为了更便于走势分解，可以将 794-795 看作是一个次级别，而且当该 30 分钟中枢完成后，总可以通过重新组合的方式，使 5 分钟上完全做到同级别分解，也就是 5 分钟上每一个次级别的内部都是完美的。以 794-795 为例，既可以向上一个走势借两段，使 792-795 成为 5 分钟的次级别，也可以向后借两段，使 794-797 成为向上的 1F 走势。

当该 30 分钟中枢完成后，也就是到 1 分钟的 824 开始为止，795-824 一共有 29 条线段，一个 30 分钟中枢至少应该有 27 条线段，因此，从数量上没完美的，那么结合律就完全可以运用。同理，801-802 虽然也只有一段，但依然是可以看作 5 分钟的次级别，这样做是走势分解的一个最重要的原则：最有利原则。最有利于分析、最有利于操作的分解就是好的分解，即使在 1 分钟和 5 分钟上的级别有所冲突，但由于当前走势还没完成，可以假定最有利的划分成立，而当走势完成之后，就只有一种分解，因为已经完成的走势是没有任何不确定性了，此时就没有结合律了。

非常理解大家对这个问题的困惑，因为正常的思维就应该是一一对应的关系，比如，5 分钟的一段就是 1 分钟的三段，30 分钟一笔就对应 5 分钟一段，但如果走势都这么标准，那缠论就太简单了、太机械了，显然这个世界并不是这样的，正是有了这样的"随意性""不对称"，走势才会具有自己独特的生命，艺术家最有灵感的创作并不是最标准、最刻板的作品，一定是有大多数人意想不到的"意外"和"不完美"。

缠论实战干货——如何确定走势和中枢的级别

今天的札记建议都要看一下，这节课很重要。

看到昨天很多人的留言都在问级别，今天就说说在实战中如何确定走势和中

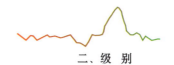

枢的级别。

如果每个走势都非常标准，那么就不存在级别不好确定的问题了，但由于有扩展、扩张、小转大、同级别、非同级别等头大的问题，使级别的确定成为一个难题。下面是几个常见的情况该如何确定级别。

（1）扩张：由扩张的定义可以知道，扩张是因为两个中枢的波动区间产生了重合，只要产生扩张，中枢级别就升级，中枢区间是两个中枢的波动区间重合的部分，举个例子，世纪星源（000005）（见图39）。

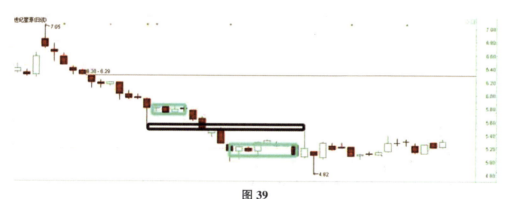

图 39

世纪星源从 4 月 12 日下来走了一个某级别的趋势，这个某级别可以不用叫几分钟级别，完全可以定义为 N1 级别，到 5 月 23 日时，盘中最高价突然到了 5.54 元，而第一个中枢的低点，也就是 4 月 27 日那天的低点 5.52 元，这样就产生了重合，因此级别升级，新的大级别中枢区间就是 5.52~5.54 元。

再看一个例子，华联控股（000036）（见图40）：

图 40

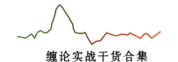

和世纪星源类似,白色框就是新的大级别的中枢。扩张不算难,其前提是首先确定好扩张之前的级别,扩张发生时,只需将级别放大一级即可。

(2)扩展:扩展是由于原来级别的中枢一直延伸出了9段,使级别升级。这个定义简单,难的是有时中枢内部非常复杂,并不知道是不是延伸了9段。有个小技巧可以帮助我们判断,那就是利用时间周期,假设原中枢是 N1 级别,那么就先看 N1 级别的中枢有多少根 K 线,如果扩展的中枢 K 线大于三倍 N1 的 K 线数量,则即可看作中枢扩展。例如,泛海控股(000046)从 2016 年 8 月 18 日开始下跌,第一波到 2016 年 9 月 12 日,之后到 9 月 30 日构筑第一个中枢,该中枢共 13 根 K 线,后面一直围绕该中枢震荡,直到 2016 年 12 月 1 日为止,一共53 根 K 线,那么这里就可以看作中枢已经升级(见图 41)。

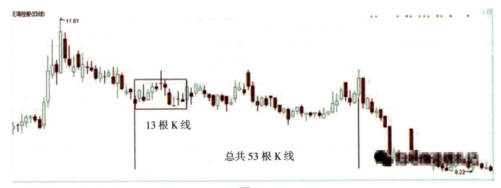

13 根 K 线

总共 53 根 K 线

图 41

(3)不同级别走势混杂:这是最容易搞晕的地方,直接用案例讲比较直观。

图 42 是大盘从 3016 点起来的走势,红色的是 1 分钟级别走势,黄色的是 5分钟级别走势,这不是随口说的,都是从 1 分钟的线段递归出来的,大家可以到1 分钟图中检验。那么此时该如何确定当前的走势级别?此时可以参考扩张的定义,由于两个 5 分钟级别走势重合,必然意味着围绕两个 5 分钟中枢的波动有重合,2-5 是一个 30 分钟级别的中枢,3016 点上来就是一个 30 分钟级别的走势类型。这里也许你会有疑问,认为 3-4 是一个 1 分钟级别的走势,不符合三个次级别走势,也就是 3 个 5 分钟走势重合构成 30 分钟中枢,但根据走势结合律,3-4这个 1 分钟级别走势必然可以与 2-3、4-5 两个 5 分钟级别经过重新组合形成 3

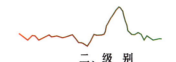

个 5 分钟级别的走势。这也是为什么昨天文中说从 3016 点起来的走势是 30 分钟级别的原因。因此，可以得到一个结论：在构筑大级别中枢过程或者中枢震荡过程中，一个力度和周期都和中枢的次级别走势相似的次次级别走势，是可以看作次级别走势的。

图 42

（4）非同级别和同级别分解：很多人搞不懂非同级别和同级别分解的区别，在分析实际走势时经常把两种分解弄混了，造成走势级别混乱。后面的札记中会专门对非同级别和同级别做相应的注解，这里不再赘述。但要注意一点，在今天的札记中，趋势转折后最弱的那种情况——最后一个级别的中枢扩展，这是从同级别分解转向非同级别分解最好的案例，大家可以认真看一下今天的札记，这节札记的内容是非常重要的。

（5）三段和五段：这个问题也困扰了很多人，根本原因是非同级别和同级别分解的视角问题。以最常见的小 b 中包含三买为例，由于提到小 b，那么这肯定是非同级别分解，那么小 b 以一个次级别 b1 离开中枢 A 后，有一个次级别回调走势 b2，b2 构成 A 的三买，之后又有 b3 加速上涨，并且最终在上方构筑第二个中枢 B，可以看到 b 中有 b1、b2、b3 三个次级别走势，此时应该算什么级别的呢？很简单，在非同级别分解中，三段和五段的级别是不同的，而站在同级别分解中，三段和五段是相同的。因此，在这个案例中，b 仍然是 A 的次级别走势，虽然它包含了 b1、b2、b3 三个次级别走势（见图 43）。

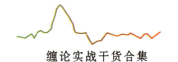

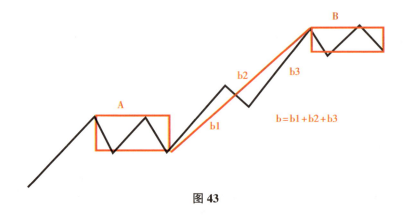

图 43

　　那么，三段和五段的级别何时相同呢？先假设 A 的内部由 A1、A2、A3 三个次级别走势构成，A1 是三段，A2 是五段，此时 A1 和 A2 的级别是相同的，为什么呢？因为构筑本级别中枢时，无须关心次级别内部是什么，或者说，此时是次级别走势的同级别分解，因为只要能分解出 3 个次级别走势重合，就能构筑成 A，最极端的是每个次级别都是 3 段，这样 9 段次次级别的走势也可以构筑成 A。

　　以上五种情况基本覆盖了级别不清的问题，如果还有其他情况，可以留言探讨。

　　可以预见的是，本部分的内容未必所有人都认同，那么不认同的话可以各自保留自己的观点，相信这里的大部分人都会有一些缠论方面的群，里面真牛人假牛人都不少，不妨将这些问题抛给他们，听听别人的意见。但有一条，那种不给理由就直接否定的人可以 Pass 掉；别的没学会，只学会缠师口气的 Pass 掉；不和你讨论这些问题，而是让你用它所谓的战法的也应 Pass 掉……这些都是虚的表现，正好帮你检验一下各路真假神仙。

　　此外，笔者看了下后台数据，发现看札记的人明显少于看解盘和干货的，这也说明现在的生活节奏确实太快了，没有人有耐心和时间能静下心来看长篇的东西，何况以前一定也都看过原文了，没什么新鲜感了。对于这个结果并不感到意外，毕竟这反映了真实的需求。但还是想啰嗦一下：所有的干货、解盘等这些结出的小果实其实都是在原文中提炼出来的，这也是写札记的主要原因，本想再用鱼和渔的故事教育一下，但想起一个剧情反转的段子，就自嘲一下吧：

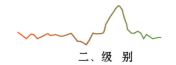

一高僧问一青年："一根鱼竿和一筐鱼，你选哪个？"

青年说："我要一筐鱼。"

高僧摇头笑道："施主肤浅了，授人以鱼，不如授人以渔，这个道理你懂吗？鱼你吃完就没了，鱼竿你可以钓很多鱼，可以用一辈子！"

青年说："我要一筐鱼之后把它卖了，可以买很多鱼竿。然后把鱼竿出租给别人，收租金……或优选好的鱼竿作为实物资本投资给专业钓鱼人参股，按经营周期持续拿分红……，实在不行，再买一根鱼竿！"

高僧："阿弥陀佛……以后不和学金融的说话！"

三、走势分解

同级别分解与非同级别分解实例

1 分钟级别如图 44 所示。

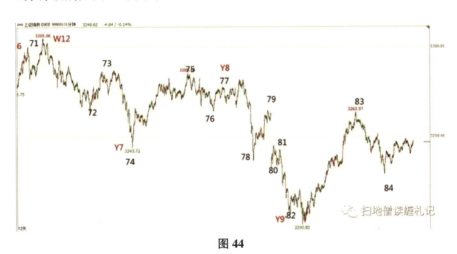

图 44

今天继续一天一个线段的节奏。图 44 中 84 点高于 82 点，这就不是最弱的情况，而且在日线上，继昨天一个上影线之后，今天走了一个长下影线，尾盘还在今天高点附近，是强震荡市，不出意外的话，明天还会去挑战 83 点。

分类上 Y9 可以确认，现在就是在走向上 1F 走势，明天的看点依然是 10 日均线能否有效突破。周线上，正好在 5 周线附近获得支撑，这次调整非常健康。

1 分钟的分类：

（1）84-85 与 82-83 比力度不够，围绕 83-84 构筑中枢。

（2）84-85 力度较大，直接挑战 71 高点，在 71 高点附近构筑中枢。

最弱的是后面每段反弹一波比一波低，从 85 开始走下跌 1F 走势，从而可以与 71-74 这个 1F 走势进行盘整背驰的比较（这是 5F 级别）。

5 分钟的分类重要是看两个关键点：

（1）Y9 开始向上 1F 走势在何处结束，如果直接突破 71，则任何的一个 1F 回调都是买点。

（2）如果不高于 71，则再次的一个 1F 下跌与 71-74 进行盘整背驰的比较。

今天创业板很强势，本周是脱离 30 分钟中枢的一个 1F 走势，仔细看了下创业板指数，发现正好可以用来做一个技术干货的案例分析。其实每天的文章内容都是当时想的，没有什么固定计划，当看到市场正好出现某个技术点时，就马上写出来，这样未来几天的走势也可以印证一下，这种当下的案例对学习来说会更好一些。

先看创业板指数的 1F 全貌，如图 45 所示。

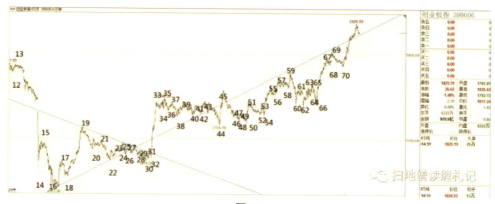

图 45

看过以前的解盘应该可以对得上标号，当时对创业板的分解：19-30 是第一个 5F 中枢，35-44 是第二个 5F 中枢，之后由于一直在走中枢扩展，就没再继续写下去。由于 35-62 正好够 27 段，可以知道，这里实际上已经扩展出了 30 分钟中枢，于是从非同级别分解的角度看，走势就可以分解成如下：

16-19：1F 盘整；

19-30：5F 中枢；

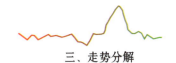

30-35：1F 趋势；

35-62：30F 中枢；

62-当下：1F 趋势（离开 30F 中枢的 1F 趋势）。

这样的分解就有了走势花开花落的味道，从小到大，各个级别的中枢都很清晰明了，那么接下来的操作机会就可以得出：

首先等待一个 1F 的回调，如果一个 1F 的线段直接破掉了 67-70 这个 1F 中枢，则小心小转大的发生，耐心等待 1F 回调出现盘背或背驰。如果这个回调范围在 67-70 这个 1F 中枢范围内，就是强势，最差的情况无非是在当前位置构筑 5F 中枢，那完全可以在一个向上的 1F 走势与 62-当下的这个 1F 趋势发生盘整背驰时卖掉，那时，这个离开 30F 中枢的走势将变成了次级别的离开，也就是一个 5F 级别的离开，然后等待下一个 5F 级别的返回，如果不能回到该 30F 中枢的话，就是一个 5F 级别的三买。

这样的分解对于大多数有一定基础的同学来讲应该不难，因为这是非同级别分解的最经典方式，但如果我们从同级别分解的角度看，就会发现别有洞天，如图 46 所示。

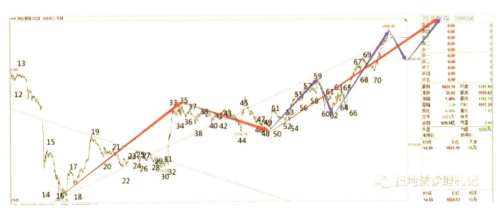

图 46

按照同级别分解，这个 30 分钟走势可以分为：

16-35：方向向上的 5 分钟盘整，其中 19-30 是 5F 中枢；

35-50：方向向下的 5 分钟盘整。

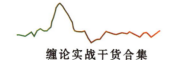

50-当下：方向向上的 5F 盘整，其内部又可分为：

50-59：1F 向上趋势（第一个蓝色箭头）。

59-62：1F 向下盘整（第二个蓝色箭头）。

62-71：1F 向上趋势（第三个蓝色箭头）。

62-71 比 50-59 的力度大，因此，如果下一个 1F 的回调不破 59 点，然后再新高，则该向上的 5F 走势就可以变为一个线段类的趋势上涨，就是如图 45 中 5 个蓝色箭头所示。

这时候就得到了另外一个经常问的问题的答案：图 45 中 5 个蓝色箭头的趋势是什么级别？答：在 30 分钟级别的视角看，这是 5 分钟级别。如果从 5F 级别或者 1F 级别的视角看，这是 1 分钟趋势。

原因很简单，在 30 分钟级别的视角，次级别走势，也就是 5 分钟级别的走势内部是什么形态不重要，只要有 3 个 1 分钟走势重合即可，那么在 30 分钟级别的视角看它内部，3 段无中枢和 5 段有中枢是一样的。但站在 5 分钟级别或者 1 分钟级别去看，由于没有 5 分钟中枢，那么这里就是 1 分钟趋势。这是由级别的视角所造成的，这个问题也是被问得最多的，今天顺便给出答案，以后再问的话就该被批评了。

在操作上，同级别分解的下一个操作也可以等一个 1F 的回调，就是博取图中第四个蓝色箭头的机会，一旦一个 1F 回调结束后，再次的 1F 向上与 62-71 形成盘背，那么也是一个卖点。站在 5F 的级别看，要等一个 5F 级别的回调买入，因为 50 以来的 5F 走势力度与 16-35 相比明显不背驰，那就可以等待下一个向上的 5F 走势与 62 点起来的 5F 走势的力度背驰时再卖出，而如果出现了一个 5F 级别的回调后，再出现 5F 级别的上涨，则在非同级别视角来看，大概率在 5F 回调的位置会扩展出新的 30 分钟中枢，然后 5F 的上涨构成趋势背驰，那么在同级别分解上也就得到了相同的卖点，从而发生共振。

其实非同级别和同级别分解到最后基本都会殊途同归，只是非同级别分解的角度会略微提前一些，就像上周五的解盘所讲，这两种分解正是因为相互验证，才会使走势分解并不是随意的，所谓最符合市场本意的分解其实是两种分解方式最终能够相互印证的分解，当你能体会到时，在走势分解上就算入门了。

详细解读同级别分解与非同级别分解

1 分钟级别如图 47 所示。

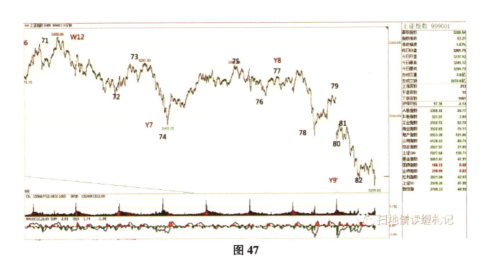

图 47

今天开盘跌破 78 点，当下就决定了昨天分类中选择了 Y8 开始的下跌 1 分钟走势延续，81 点没上 76 点，是三卖，82 点是个盘整背驰。从 71 点下来的 5 分钟中枢已经形成 72-81 点，中枢区间为 74-79，现在处于离开该中枢的走势中。

1 分钟接下来的分类为：

（1）继续向下形成线段，则今天 14:13 的高点是 83 点，是 78-81 这个 1 分钟中枢的三卖。83-84 与 81-82 背驰，形成了下跌的第二个 1F 中枢。

（2）继续向下形成线段，83-84 与 81-82 不背驰，则下跌继续延续，耐心等待第二个 1F 中枢。

（3）周一高开，突破 14:13 的高点，则 82-83 延续，不上 78 点就是三卖，接下来的分类如（1）和（2）。

（4）周一直接突破 14:13 的高点，并突破 78 点，继续 78-81 的中枢震荡。

其实是看下跌的 1F 走势是否成趋势。

5 分钟级别的分类也发生了改变，看 5 分图，如图 48 所示。

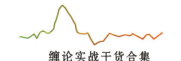

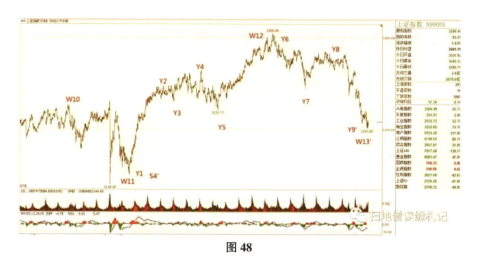

图 48

W12′成立，开始走下跌的 5F 走势，该下跌 5F 走势目前由 Y6–Y7、Y7–Y8、Y8–Y9′三个 1 分钟走势构成，Y8–Y9′目前力度比 Y6–Y7 大，因此接下来的走势分类如下：

（1）Y10 不高于 Y7，下跌延续，如果 Y11 小于 Y9，表示一个中枢级别是 1 分钟的趋势，如果 Y11 大于 Y9，则 5F 的中枢构成。

（2）Y10 高于 Y7，5F 中枢构成，可做中枢震荡操作。

注意，刚才在 1 分钟图中提到，5 分钟中枢已经形成，而 5 分钟图中的分析还没形成，这是非同级别和同级别分解的差异，这点很多人容易搞混，也不知道该以哪个分析为准。下面和大家讲讲这种情况应如何分析处理，注意听！

非同级别分解和同级别分解的差异是由于观察的视角级别不同而造成的，但随着走势的发展，最终它们的差别将逐渐消除，并统一起来。于是，当前的这种差异对我们的分析有很大的参考价值，因为最终的分解都将趋于统一，我们分析走势以及对未来走势的预判，自然优先选择能将它们的分解趋于一致的情况，这就是两个分解之间的参考作用。

以今天为例，在 1 分钟视角中，72–81 形成 5 分钟中枢，81 开始的走势是离开该中枢的次级别走势，那么后面一旦出现三段反弹，也就是一个 1 分钟级别的反弹，要关注的位置是 5 分钟中枢的下沿，也就是 74 点，这和 5 分钟图中，等待一个 1 分钟上涨要关注的点位相同。不同点在于，1 分钟视角里，不上 74 点就

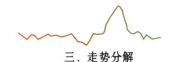

是 5 分钟的三卖，而 5 分钟视角中，上不上 74 点只是能否构成中枢，因此此时采用 1 分钟视角的分析就比较重要。

假设一个 1 分钟 Y9-Y10 的反弹没有上 74 点，形成了三卖，然后下跌，此时，如果从 1 分钟视角看，三卖之后的下跌是否有背驰，比较的是 Y10-Y11 与 81-Y9 点，但在 5 分钟级别上比较的是 Y8-Y9，这是有差别的，因为 81-Y9 只是 Y8-Y9 中的一部分，那么这时候应优先采用 5 分钟的视角，因为更容易出现背驰，而且 Y6-Y7、Y7-Y8、Y8-Y9、Y9-Y10、Y10-Y11 是一个标准的趋势，这个视角的分析更能反映出真实走势（见图 49）。

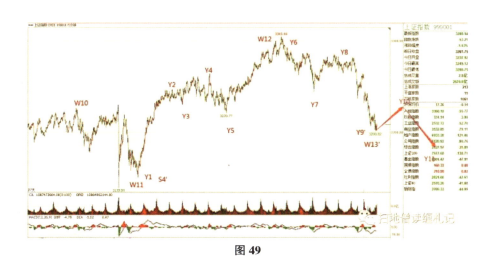

图 49

这时，要注意两种分解的统一性，如果 Y9 到 Y10，在 1 分钟上有 7 段，其中第 234 段构成中枢，567 段是中枢震荡，Y8 到 Y9 最后一个中枢在 Y9-Y10 内，那么从非同级别的视角看，此时第二个 5 分钟中枢就形成了，因为 Y8-Y9 的最后一个中枢有 3 段，加上 Y9-Y10 的 7 段，数量上就形成了中枢扩展，那么此时 5 分钟视角和 1 分钟视角的分解就出现了统一性。因为 1 分钟视角是趋势，而 5 分钟视角同样也是趋势，两个趋势的级别是相同的，这解释了为什么有时三段和五段的级别相同。

当然，这是一个理想情况，如果在 1 分钟视角上，到 Y11 时还没有形成 5 分钟中枢，那么 Y11 背驰后，必然有一个向上的 1 分钟走势，使 Y9-Y12 形成 5 分

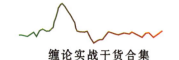

钟中枢，此时，在 1 分钟视角上，这是第二个中枢，而在 5 分钟视角上这是第一个中枢，后面如果有背驰，则 1 分钟视角上的 5 分钟下跌走势是趋势，而 5 分钟视角的 5 分钟下跌是盘整，但最终都在背驰的地方结束，至此，两个视角的走势分解又趋于统一。

估计有人看了会晕掉，没办法，一边看一边用手画画图，然后认真地来回切换地想想，这样的练习做多了，自然也就熟练了。

如何递归走势

今天市场强，大家应该有心情了，那就把最近 N 多人在后台问有关 5F 图里的标号代表了什么，是怎么弄的在此详细地统一回复，以后此类问题就不再啰嗦了。

其实，大家的问题如果认真拆分开，应该分为两个，一个是有关最小级别的基本构件，另一个是有关同级别分解与非同级别分解。

根据 108 课里的内容，最小级别里的中枢基本构件，是由笔划分出线段，然后线段是最小级别的中枢的基本构件，大家的学习也都按照这个套路，但笔和线段无非是刻画走势的一种度量衡而已，只要是度量衡，就会带来精度的问题，缠师告诉大家的是，不熟练的就都严格按照笔和线段进行划分。

也就是说，对于大多数的学缠者，严格按照笔和线段的划分就可以了，无须考虑其他因素。但这并不代表着严格按照笔和线段的划分，就是最贴近真实走势的，只是一种机械地执行，将所有走势都放在笔和线段这个带刻度的尺子下丈量而已，用该尺子丈量出来的东西只是走势的一种描述，但未必是最真实的描述。陷入笔和线段里的缠徒，就是没想明白，这个世界是先存在的，而尺子只是人发明的，没有了尺子，世界依然存在。

所以，笔者的 1F 图里，都是按照笔和线段严格划分，这是照顾到大多数缠友的习惯，而向上递归到 5F 时，就不仅仅只考虑笔和线段了，可以看一下这个案例《笔和段的硬伤》。

而关于同级别与非同级别分解的问题，不是几句话就能说明白的，可直接用实际走势来讲。今天就拿 2915 下来的走势为例，如图 50 所示。

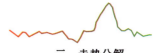
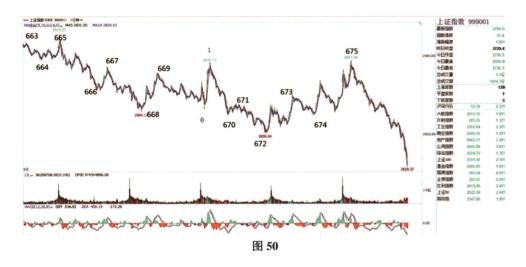

图 50

图 50 中，665 是 7 月 26 日的 2915 点，可以看到，666-675 有 9 段，从而可以扩展出 5F 中枢，而从 665 开始，还可以按照 665-668、668-1、1-672、672-675 划分出 4 个 1F 级别的走势，其中 0-1 虽然只有一笔，构不成段，但此时处理成段其实更贴近市场的真实表达。

注意，还有一个细节问题，很多人搞不懂为什么有时 3 段成 1 个 1F 走势，有时 5 段（带中枢），没有为什么，就是看市场的真实表达，如图 4-9 中如果没有 0-1 那笔，那么显然，这个划分可以是 665-672、672-675 两个 1F 走势，其中 665-672 是 7 段，有中枢。为什么可以如此？因此时的视角是 5F 级别的，在 5F 的视角下，1F 走势的内部是 3 段还是 5 段都一样，只要不少于 3 段就可以。

于是在 5F 图里，就可以加上 27 到 30 这样的标号了，27-30 构成第一个 5F 中枢，如图 51 所示。

从 675 继续向后看。

675 向后，从 676 到 685，又出现了 9 段重合，我们知道第二个 5F 中枢要形成。那么可以将该 5F 中枢暂时分解为 676-679、679-682、682-685 三个 1F 走势。然后继续向后看（见图 52 和图 53）。

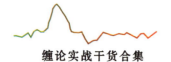

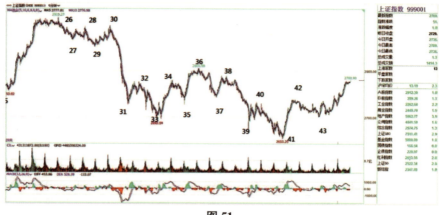

图 51

图 52

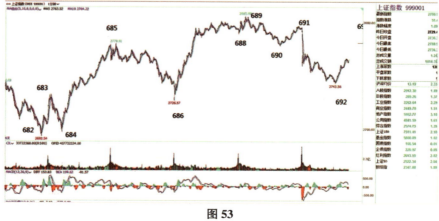

图 53

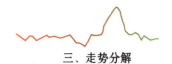
从严格分段看，685-686 只有一段，但看过解盘的都知道，这里笔者是看作一个 1F 走势的，并且在 5F 图中有相应标号，那么 682-689 就被分解为 3 个 1F 走势：682-685、685-686、686-689，从而构成盘整背驰。于是在 5F 图中，将刚才分解的 1F 走势标上标号，如图 54 所示。

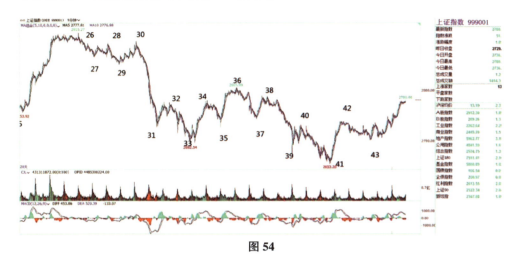

图 54

但是，刚才提到的从 676 到 685，出现了 9 段重合而分解出 3 个 1F 走势，这是非同级别分解，因为 675-676 只有一段，这是 1F 级别以下的级别，那么站在同级别分解的角度，675-682 才是一个完整的 1F 走势，于是，在同级别分解中，5F 图的标号如图 55 所示。

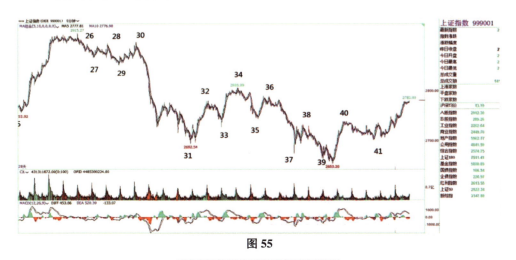

图 55

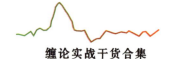

继续向后看，如图 56 所示。

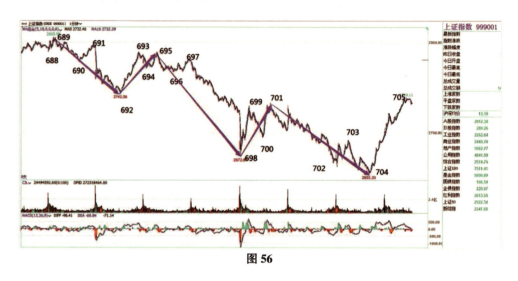

图 56

从 689 向后，非同级别看，690-693 是第一个 1F 中枢，698-701 是第二个，同级别分解看，整个走势可以分解为 689-692、692-695、695-698、698-701、701-704 这五段趋势。这时，整个市场都充满了悲观，很少有人指出这个买点，笔者却勇敢地提出了《四重区间套!》，精准地提前预判了这个 5F 一买，有历史解盘为证！

有意思的是，刚才的 685-686 这一段有分歧，严格画段是一段，按照走势理解则是一个 1F 走势，如果遵守严格画段，685-689 只是一个 1F 走势，但到此时，这个分歧可以消除，如图 57 所示，这下跌的第二个 5F 中枢就是 31-34 点，34-37 则是 c1，c2，c3 方式的背驰段，所以，两种分解方式最终都可以得到 704，也就是 5F 图中 37 点这个 5F 级别的第一类买点。那么，缠师让大家严格分笔分段，在高级别走势里，误差最终基本都可以消除，唯一的区别在 1F 级别里，相应的买卖点不同。

当图 58 中 37 点这个 5F 的第一类买点出现后，也就意味着 26 点（2915 点）开始的 5F 下跌趋势结束了，要相应地在 30F 图中标上 5F 级别的下跌趋势，如图 58 所示。

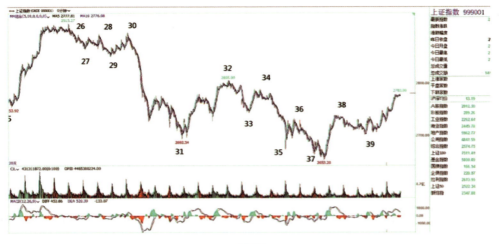

图 57

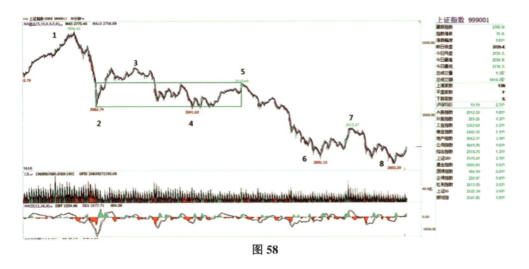

图 58

图 58 中 7—8 点，就是下跌 5F 趋势在 30F 上的标号。

当该 5F 级别的趋势确认结束后，在 5F 图中，那些不确定、有分歧的暂定的标号都可以全部确定下来，并且按照最简的原则进行，参考上文 4 张 5F 图可以发现，图 58 的标号最为简化清晰，此时就以该图为准。

这就是整个 5F 走势的递归过程！

稍等稍等，知道你们一定会问同级别分解和非同级别分解，操作上以哪个为准，哪种分析更好之类的问题，别人说得再多，没有用，自己去体验一把就知道

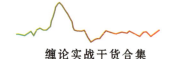

了。笔者只想说两点：

（1）非同级别分解比同级别分解快一些。

（2）两个分解方式在高级别的视角下最终将趋于一致。

缠论实战干货——实际走势分析中的多义性

昨天的札记《扫地僧读缠论 108 课札记 37-走势的多义性》和《缠论实战干货——复权的本质》的解盘部分讲的是多义性，在缠论中，多义性是个难点，可以这么说，90%的人并不知道多义性是怎么回事，由于人对抽象的概念的理解比较困难，今天就结合当下的走势讲讲多义性。

首先，多义性产生的原因是由于走势没有完成，在花开到花落的过程中会有各种的变换，一旦走势确定完成，则不存在多义性了，因为走势从生到死已经完成，变成了历史，历史就是确定的，不可更改。

这段话该如何理解？还是以昨天讲的创业板指数为例，如图 59 所示。

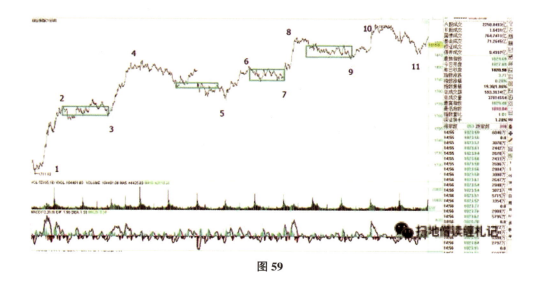

图 59

从 1 点开始，2-3 是一个 1F 中枢，当走到 4 时，我们的分析就是围绕 2-3 这个 1F 中枢，那么 4 是一个盘背，当 4 走到 5 时，4-5 也有一个 1F 的中枢，此时有两种分解方式，第一种是非同级别分解，也就是说 2-3 这个中枢和 4-5 这个

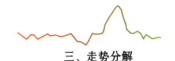
中枢重合，产生了 2-5 这个 5F 级别的中枢，这是非同级别分解的方式。第二种是同级别分解的方式，即 1-4 是一个 1F 走势，4-5 是一个 1F 走势。造成这两种不同的分析是由于当前上涨的 5F 级别走势没有完成，此时完全可以按照两种分解方式中的任何一种来进行分析。

接下来，从 5 走到 8，内部有 6-7 这个 1F 中枢，从这个 1F 内部看，并没有盘整背驰出现。然后走到 9，8-9 内部又有一个 1F 的中枢，这时，又有不同的分析：

（1）4-5，5-8，8-9 可以看作三个 1 分钟的走势重合，从而构成了 5 分钟中枢，该 5 分钟中枢区间为 4-9。

（2）延续 2-5 这个 5 分钟中枢，5 点起来的 1 分钟走势还在构筑第二个中枢。

此时究竟哪种分析方式更好？由于第一种分析，其 5 分钟中枢是 4-9，下一个买点由于只有 5F 的第三类买点，那么至少要从 9 点起来一个 1 分钟级别的离开中枢的走势，然后有一个 1 分钟级别的回抽，不回到 4 点下方才能构成。而如果是第二种分析，从 5 点起来的 1 分钟走势已经走成了趋势，只要再走一个 1 分钟回调不破 2-3 的高点即可构成 5 分钟的三买。因此，第二种分析的三买会来得快一些，此时就应该以这种分析优先。

而当 10 点出来后，已经当下可以确认，5-10 点是一个标准的 1 分钟级别的趋势上涨，并且以背驰的方式结束趋势，此时，由于 5-10 点是一个完整的 1 分钟趋势并且以背驰结束，则 5-10 这个 1 分钟的走势彻底完成，5-10 这个走势不可分割，即第一种分析也就不适合了，因为第一种分析是将 5-10 这个趋势上涨分成了三个走势，已经不能最恰当地表达市场走势了。

所以，昨天才讲过，2-5 是 5F 中枢，5-10 是 1 分钟的趋势离开，接下来从 10 点起，只要走一个 1F 的盘整并不破 2 点，就可以构成 5F 走势的三买。目前也只有这一种分析方式是最贴近市场的，此时不存在多义性。

当然，当前的这个 5F 走势还没有走完，以后不排除再出现多种分解和分析，那是根据以后的走势演化的，就目前而言，由于 5-10 这个趋势背驰的存在，使得原来的多义性消失了。

我们可以再来看大盘，也有类似的分析，如图 60 所示。

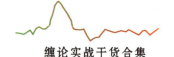

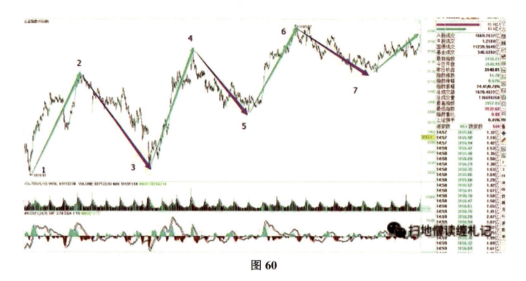

图 60

图 60 中，红色的箭头代表 1F 走势，黄色箭头代表 5F 走势。这里先不探讨为什么级别不一样，这是由 1 分钟图里递归上来的，级别没有问题。

当走势从 1 走到 4，这时 3-4 与 1-2 进行力度比较，没有盘背。4 走到 5 时，当下可以知道 2-3 这里的 5F 中枢扩张了，与 4-5 这个 5F 中枢有了重合，重合区间是 2-5，级别是 30 分钟中枢。接下来走到 6，由于 5-6 的级别是 1 分钟的，因此此时只能用 5-6 与 3-4 做盘整背驰的比较，6 点盘背后走到 7 点，6-7 又是一个 5F 级别的走势，此时有三种分析方式：

（1）2-5 依然是 30 分钟级别中枢，5 点以来离开这个 30 分钟中枢的走势刚刚构筑 5 分钟级别中枢，当 5 点以来的 5 分钟级别上涨结束时，与 1-2 进行比较。

（2）1-4 看作是一个 5F 上涨，4-5 是一个 5F 下跌，5 点以来又是一个 5F 的上涨，5 点起来的上涨结束时与 1-4 进行比较。

（3）2-3，3-6，6-7 看作是 30 分钟中枢的三个次级别走势，从 7 点起来等待一个 5F 级别的上涨，然后与 1-2 比较。

从以上的分析可以看出，第三种分析由于还要等从 7 点开始的 5 分钟走势，目前从 7 点开始的上涨只有一个 1 分钟中枢，因此这种分析是最迟的，可以先排除，只需要在分析一和分析二中选择。

分析一和分析二的区别在于 5 点起来的 5 分钟上涨是与 1-2 比较还是与 1-4

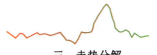

比较，显然，1-4 的力度肯定比 1-2 的力度大，那么自然要选择与 1-4 比较，因为如果 5 点起来的 5 分钟走势力度处于 1-2 和 1-4 的力度之间时，对于分析二依然可以得到一个盘背的卖点，而分析一抓不到这个卖点了。而且分析二也是同级别分解中 Ai+2 与 Ai 的力度比较，不违反任何原则。

我们再看看一下从 5 点起来的走势内部，如图 61 所示。

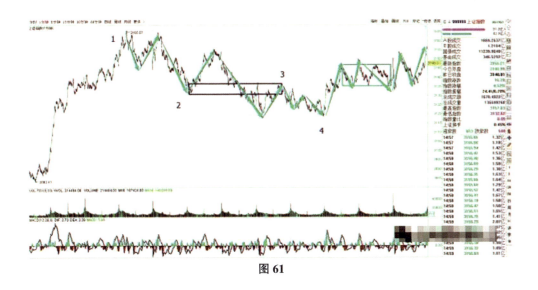

图 61

图 61 中的 1 点对应图 60 里的 6 点，4 点对应图 60 里的 7 点。

图 60 中 6-7 这个 5 分钟中枢区间如何确认？很简单，由于是 5F 中枢内部，无须关注 1F 级别里是什么样子的，完全可以三段组合，1-2 是一个 1F 走势，2-3 是一个，3-4 是一个，那么 5F 中枢的区间就取 1-2，2-3，3-4 这 3 个 1F 走势的重合区间，也就是 2-3。这个 5F 中枢在当下的分析中有重要的参考价值。

今天 1F 中枢的位置也正好在 5F 中枢上方附近，今天早盘急跌后，这个 1F 中枢完成，之后走了两波上涨段，力度逐渐加强，并且开始摆脱下方的 1F 和 5F 中枢，所以今天的大盘走得很健康。

以上讲这么多就是一步步地手把手地教你如何分析走势以及选择最优的分析，重要的是分析思路，然后是多加练习，自己掌握了那就是自己的东西，谁也拿不走！

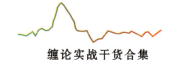

走势划分中的一个技巧

各级别分析：

1 分（1D1）：这次从 275 点下来，已经由 1 分钟走势演变为 5 分钟级别的走势，从 280 开始出现了中枢扩展。今天全天依然在上方通道内，高点逐步降低，如图 62 所示。

图 62

5 分（1D2）：5 分图上，走势的划分有了复杂性，此时可以将 176-181 看作 5 分下，181-184 看作 5 分上，184 开始走 5 分下，如图 63 所示。

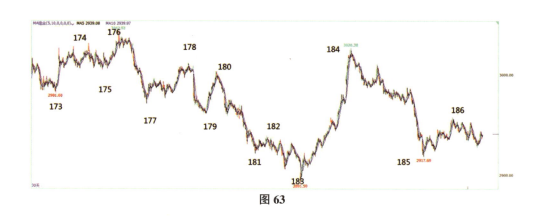

图 63

30 分（1D3）：现在依然是中枢震荡中，如图 64 所示。

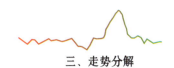
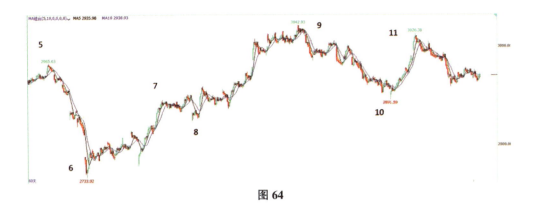

图 64

今天选择了昨天分类中的 2，扩展出 5 分中枢，此时一定有人会疑惑了，怎么又变成了 5 分下跌？其实昨天有个网友的留言一语道破，如图 65 所示。

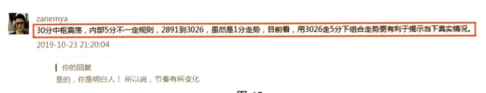

图 65

也就是说，5 分图中的 183-184 可以看作一个向上的 5F 走势，其实并不是说级别上可以随意这么混，而是完全可以将 181-184 组合成一个 5 分，由于高低点是 183-184，所以这样看是没问题的，而且更清晰了。

正是基于此，昨天解盘才会指出现在的节奏变了，也就是 3026 开始的 1 分下跌实际上要演化出 5 分级别的走势，早盘的时候也对今天的行情做出了这样的预判，如图 66 所示。

图 66

至此，现在这种分解就让人感觉舒服多了，这也是缠师曾说过走势划分时尽量以简单明朗的分解为准的原因。当然，这种方式并不是说任何走势都可以这样

任意画，一定是在大级别的中枢构造或震荡中，这样其中某个急促的大幅的次次级别走势总可以通过借用相邻的次级别走势中的一部分使自己的级别够次级别。

最近的一个案例是5分图里的179-180，那里实际上只有一个1分钟的线段，如图67所示，对应的是252-253，此时可以借用254-255，使252-255变成一个1分的向上。因为在5分钟级别的视角下，次级别走势的内部是什么并不需要关心，只要够三个1分钟线段即可。

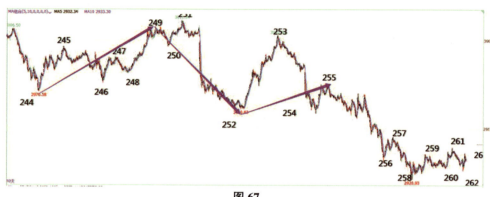

图67

下周要开会，对于中线的走势，现在依然没有改变其结构，现在要盯的是下跌5分走势能否出现盘整背驰。

日线上，5日、10日均线已经死叉3天了，明天上不去的话就容易变盘，上方以10日均线的位置为参考压力，大概也是昨天的高点，如果再被压下来，那就要向下挑战2891的位置了。操作上，向下破2917时关注盘整背驰，如果向上突破10日均线，则等一个反向回抽确认。

走势分解的两个原则

昨天解盘《历史上快速反弹后的宿命》中有一个细节，就是最初的分解是从2685点起来，先是421-424形成中枢，426出三买，然后昨天提到此时可以分解变为418-423形成五段1分走势，423-426构成中枢，426后看离开中枢的走势是否有背驰。前后两种分解方式如图68所示。

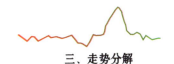
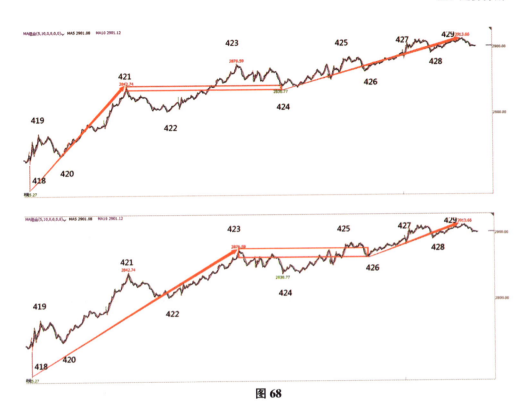

图 68

将前者的分解变为后者，最主要的原因是走势分解中有两个原则：

（1）尽量保持趋势的完整。

（2）最有利于分析和理解走势。

昨天 428-429 还没走出时，此时 418-423 是一个五段趋势，根据原则（1），此时尽量保持趋势的完整，那么将 418-423 看作一个 1 分走势比较合适，这样整个走势可以分解为趋势上涨+盘整+未完成的走势，这种分解更加清晰，也符合原则（2）。

而今天 427-428 的回落没有触碰 425，那么走势分解上根据原则（1），也可以将 424-429 看作一个五段趋势背驰，尾盘的回落是该背驰后的调整。同时形成第二个 1 分钟中枢，如图 69 所示。

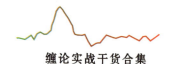

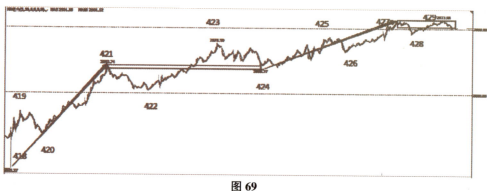

图 69

而如果按照昨天第二种分解，则目前是 ABC 式的盘背，如图 70 所示。

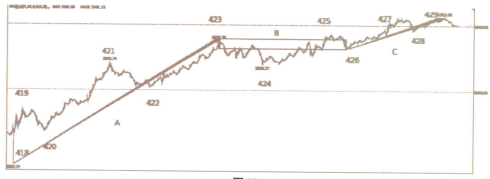

图 70

无论哪种分解，429 点都是一个小级别卖点，第一种分解中，429 是 424—429 五段背驰点；第二种分解中，429 是一个盘整背驰，尤其 428—429 的内部还是一个五笔趋势背驰，甚至最后一笔内部也是一个趋势背驰，非常漂亮的区间套。

这种经典的多重区间套，自然可以当下一把，如图 72 所示。

两种方式都至少有一段下跌，尾盘这段下跌还没走完。由于这段下跌未完成，现在不能说两种分解方式哪种更合理，但可以做一个分类：

（1）如果明天这段下跌直接跌破 423，也就是 2876 点，则分解二更合理，也就是 ABC 盘背更有利于分析。

（2）如果这段下跌未跌下去，继续围绕 427—428 波动，甚至还创出新高，则显然按分解方式一更有利于分析，因为新高时可以判断是否有 1 分钟趋势背驰。

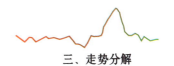

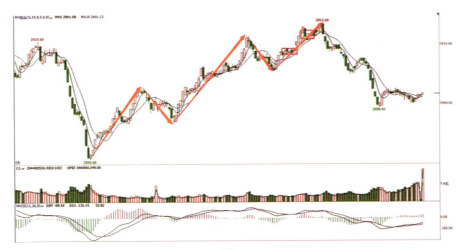

图 71

图 72

　　选择哪种分类明天开盘后基本可以确定，也无须纠结，盯着 2876 点即可。消息上如果没有大的变化，分解方式二是很大概率。

　　今天的涨幅榜里，补涨形态的仍然很多，说明资金现在趋于谨慎，毕竟这种快速反弹比较难持续，等大部分没涨的股票都补涨之后，这波反弹也就到尾声了。

　　技术上，如果明天选择分解方式一，则要关注该 1 分趋势最后一个中枢是否有效跌破，也就是 427—430，只要还在这个位置附近震荡，就是构筑 5 分中枢的节奏，一旦中枢完成，还有可能继续新高，从而以 5 分盘背的形式结束。否则，还是先减一些仓位出来，因为现在的波动幅度较大，即使是 1 分的趋势回调，空间也不会太小。

　　如果选择分解方式二，最好的是构筑 5 分中枢，然后找机会上去回补缺口，

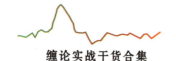
但最终也将以 5 分盘整背驰结束。

将一将 2440 到现在的各级别走势

昨天提到警报拉响，理由是 30 分中枢的背驰段已经随时可完美，3 个剧本，已基本排除了剧本 1，目前按照剧本 2 的节奏走，昨天的剧本依旧有效，不再啰嗦。

本来想等走势都明朗了之后再回顾一下 2440 以来的这波走势，但既然昨天后台有人问，今天就先将一将吧。

在分解走势时，有两种分解方式：同级别分解和非同级别分解。简单来说，非同级别分解就是允许 9 段扩展成 5 分中枢，27 段扩展成 30 分中枢，分析研究的重点是中枢的分布。而同级别分解是将走势肢解成一个个的某个级别走势的连接，比如，按照 5 分钟级别来同级别分解的话，那么所有走势都可以被分解成为 5 分钟上和 5 分钟下的首尾相连。

通常来说，非同级别分解里是最先出来高级别中枢，因为只要有 9 段重合即可以扩展出来，但最终非同级别分解和同级别分解都将归于统一，结论上的差别仅仅是整体走势没有完全走出来，一旦整体走势走出来后，两种分解方式将趋于统一。以前写过一篇有关同级别与非同级别分解的文章也提到过这一点，大家可以参考一下《详细解读同级别分解与非同级别分解》一书。

于是，从 2440 起来的走势可以按两种分解方式依次分析，先看非同级别分解，如图 73 所示。

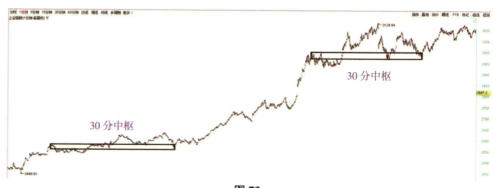

图 73

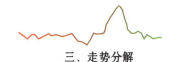

具体的 1 分钟分段大家在当时的解盘里找吧，总之从 1 月 9 日到 1 月 29 日，至少走了 27 个 1 分钟段，下方已经可以扩展出 30 分钟级别的中枢。同理，上方自 2 月 26 日到 3 月 14 日也扩展出了第二个 30 分中枢，从 3 月 14 日起至今是这第二个 30 分中枢的背驰段。

这个背驰段内部如图 74 所示。

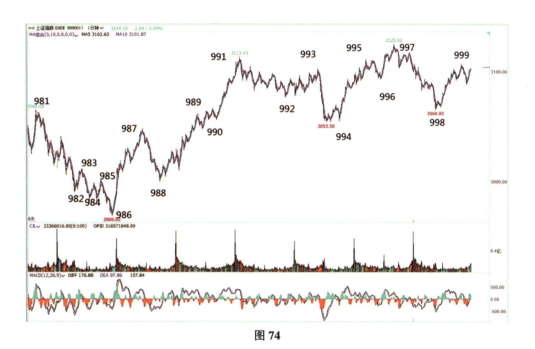

图 74

由于 994 点低于 989 点，所以根据 333 原则，一个 5 分钟中枢就已经形成：987-990，990-993，993-996，中枢区间也就是这 3 个 1 分走势的重合区间是 989-994，目前依然围绕该中枢进行震荡。

注意，这是因为走势还没完全走完，使 5 分钟中枢看起来很别扭，如果 999 点就此结束，那么该 5 分中枢就可以变为 991-994，994-997，997-1000，这样会清晰许多，也是多义性的体现。

从这个角度看，背驰段的级别已经随时完美，也就是说，可以随时结束，这也是昨天提示风险的重要原因。

而非同级别分解，首先确定分析的级别，因为这波行情的级别是 30 分钟的，

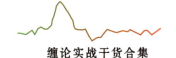

那么就以 5 分钟级别作为分解的级别，那么每一个 5 分钟级别的内部可以用非同级别递归，5 分钟级别的走势就一个挨一个，因此，这 5 分级别的同级别分解如图 75 所示。

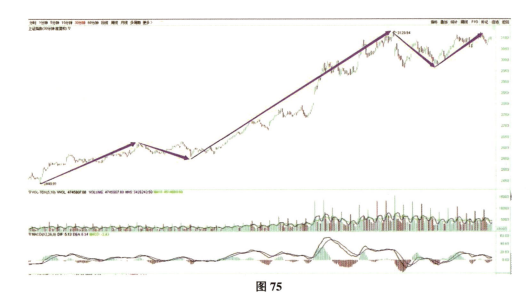

图 75

其中，前两个 5 分钟走势由 3 个 1 分钟走势构成，1 月 29 日开始的 5 分钟上涨，其中枢是从 2 月 26 日开始到 3 月 1 日扩展出来的，一直到 3 月 7 日出现背驰，从 3 月 7 日开始的 5 分钟下跌，也是由 3 个 1 分钟走势构成，形成了收敛三角形，而最后从 3 月 14 日开始上涨的 5 分钟走势，如果周一直接下跌，确定了 997 点是高点，那么该 5 分钟上涨由 3 个 1 分钟走势构成，分别是 986－991，991-994，994-997，如果走剧本 2，继续新高，那么该 5 分钟上涨内部可以以非同级别分解的视角看，其 5 分中枢是 987-998。

所以，无论是从非同级别分解的角度还是同级别分解的角度看，目前都处于背驰段，结论一致！

至于今天，又是一个小长腿，有人可能会说，不是说第二波调整吗，怎么没来？这就是典型的只看标题不看内容，或者是说看了内容也没看懂，于是就简单地贴一个标签：扫地僧说明天要跌！这是大部分人的思维惯性，能够理解，实属正常，但这也是缠论学习的一个坎，迈不过去，脑子里永远想的是如何预测明日

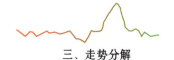

的涨跌；迈过去了，就知道涨跌只是过程，关注点应该在分类和分类的边界确认上，也就是所谓的眼中只有买卖点。

昨天的标题《拉响警报！准备迎接第二波调整》没毛病，背驰段级别随时完美，就是准备迎接调整，如果真的标准的第一类卖点出现了，标题就不会有准备迎接的字眼了！

如果你有心，倒不妨用心看看这背驰段是如何结束的！

四、背　驰

非标准背驰的处理方法

今天的创业板是弱势，拖累市场，大盘虽然下跌 1%，但正如昨天提到的，30F 的 MACD 黄白线依然在回抽 0 轴过程中，这属正常。

昨天解盘后，留了一个思考题：629-630 严格划分是一段，但理论上出三段是完美，实战中如何处理？如何理解这种精确定义与实际走势有偏差的情况？

如图 76 所示，分解上可以这样：612-621 是 9 段扩展出的 5F 中枢，621-626 是一个 1F 离开，626-629 是返回，629-630 是再次离开，但 629-630 如果是三段则在级别上一切完美，但严格按照线段划分的原则来说，这里只有一段，先说一下这种精确定义与实际走势有偏差的情况该如何理解。

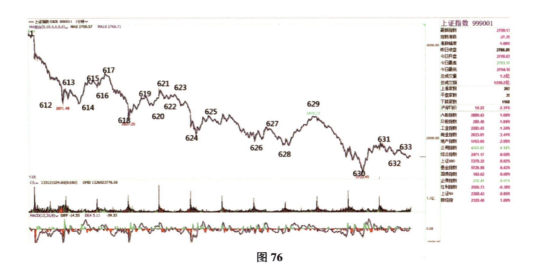

图 76

笔和线段是构筑最低级别中枢的基本构件，相当于是定义了走势划分这个递归函数的 a0，当定义好 a0 后，所有高级别的走势划分都将基于该最低级别的 a0，但并不是说笔和线段的 a0 是最精确的、最能体现客观走势的，a0 无非是刻画了最低级别的显微镜刻度，让一切走势都在该显微镜下进行描述，所以，基于 a0 的走势划分和实际的客观走势间总会有或多或少的偏差，在最低级别上，这种偏差较为明显。随着级别的升级，这种偏差可以忽略不计了。这是精确定义与实际走势有偏差的最本质的认识。

那么，在实战中该如何处理？以昨天为例，当走到 630 时，我们知道此时出现了偏差，则不妨用一些不精确的方式作为辅助，如均线吻，如图 77 所示。

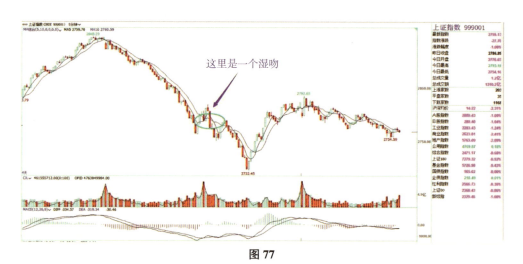

图 77

图 77 是 5F 图，中间有一个湿吻，这个位置也是 629–630 特征序列第二种情况的地方，此时均线吻系统上的级别出现了完美，如果此时有背驰配合出现，则完全可以以均线吻系统作为判断依据。

于是，所有的问题集中在了背驰的判断上，注意，这里的背驰并非是标准的趋势背驰，而是泛指趋势背驰和盘整背驰，就是缠师在前 20 课中用贵州茅台、驰宏锌锗等个股所讲的背驰，这在实战中具有非常高的实战价值。

在《扫地僧读缠论 108 课札记 17——没有趋势，没有背驰》中，缠师明确提到：下跌背驰是"下跌+盘整+下跌"走势中，前后两个下跌都是趋势，是两个趋

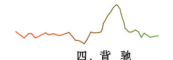

势的力度发生了背离而产生的，上涨反之。这个结论，缠师在当时的回复中曾反复提到，后面在《解盘与回复札记》中也会详细讲到。于是，当出现"下跌+盘整+下跌"这种形态时，前后两个趋势的力度有背离，就可以认为是背驰。

我们看一下大盘在 621 后的走势，如图 78 所示。

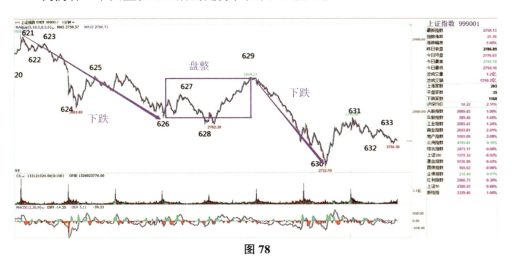

图 78

621–626 是第一个下跌，626–629 是盘整，629–630 是第二个下跌，在 5F 图中，629–630 所对应的 MACD 面积之和要小于 621–626 所对应的 MACD 面积和，背驰产生。从前文可以知道，629–630 在均线吻上，级别是够的，那么它内部如图 79 所示。

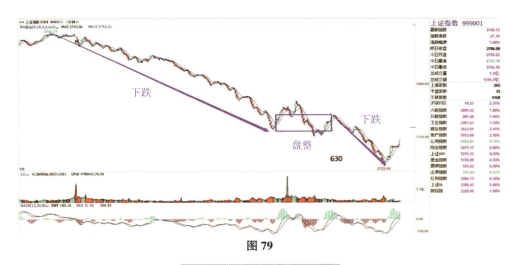

图 79

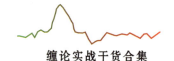

可以看到，它的内部也是一个"下跌+盘整+下跌"的走势，后面的下跌所对应的 MACD 面积之和显然比前面的下跌所对应的 MACD 面积和要小，这就是背驰的产生。

此外，今天大盘的震荡回落低点也符合背驰的特征，如图 80 所示：

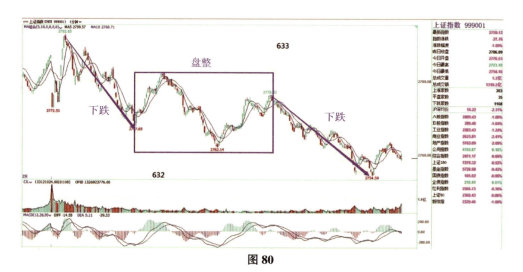

图 80

今天从最高点到最低点，走势上也是"下跌+盘整+下跌"的情况，第二个下跌的力度比第一个下跌力度小，并且在第二个下跌的内部也是如此，如图 81 所示。

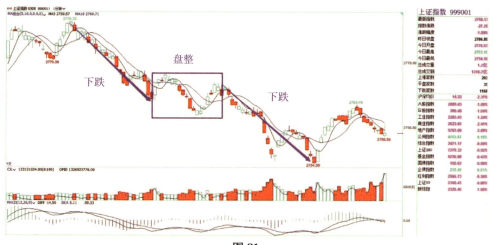

图 81

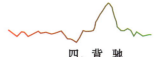

第二个下跌的内部（今天 14:12~14:40）也分为"下跌+盘整+下跌"，第二个下跌的力度比第一个下跌的力度小。并且第二个下跌的内部有个更小级别的背驰。

这个背驰的实战技巧如果掌握得好，在实战中的用处非常大，这也是近期在写《缠论解盘与回复札记》（公众号菜单中栏"解盘回复"）时得到的感悟，希望大家能细细揣摩，多多练习，必有大的收获！

干货分享：线段内背驰的两个经典案例

今天上证指数的下跌让指数上演了一出急转折，周五的干货是小转大，今天讲两个线段内背驰的案例。这两个案例都在这几天的走势中，如图 82 所示。

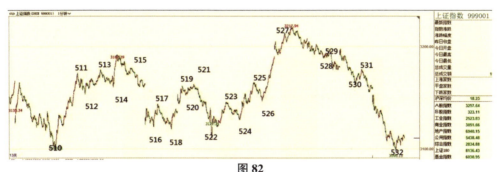

图 82

1. 案例一：ABC 式背驰

图 81 中 526-527 这段，我们来看内部的图，如图 83 所示。

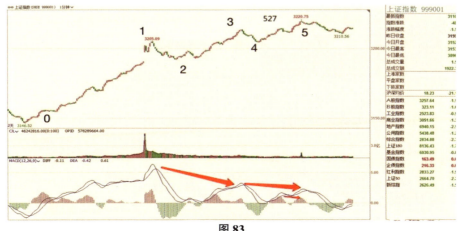

图 83

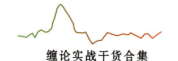

从图 83 中可以看到，01，23，45 所对应的 MACD 面积以及黄白线的高度分别呈现了逐步背离，代表了力度上在逐步衰减，其中，4 点低于 1 点，构成了一个笔中枢，而从图 83 中还可以看到 4–5 内部的 MACD 也有背离的迹象（小箭头），从而使 5 点出现了双重区间套，引发线段结束转折。

2. 案例二：趋势背驰

今天的 531–532 这段，内部是一个趋势背驰，如图 84 所示。

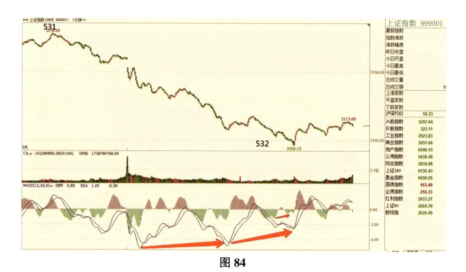

图 84

图 84 中有 3 波 MACD 黄白线回抽 0 轴的过程，第二波和第一波的黄白线位置相差不大，并且 MACD 绿柱子面积也相差不多，但经过仔细计算，第二波的 MACD 绿柱子面积略大于第一波，而最后一波的 MACD 无论是面积还是黄白线都明显出现了背驰，而且背驰段内部同样有一个区间套，图 84 中小箭头的地方，是标准的 c1，c2，c3 引发的背驰。

这两个案例是最经典的两个背驰，一个是盘整背驰，一个是趋势背驰，分别都有区间套，即使是线段这样最小的级别，也同样适用。

缠论答疑系列——背驰段

长假结束，来一篇收心文，帮助大家收收心！

有几个关于背驰段的问题，主要集中在 c 段中的三买以及背驰段的级别，这

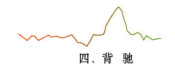
里统一解答，答案还需要从书中找。

（1）《扫地僧读缠论 108 课札记 41——背驰的再分辨》中片段及注解

c 必然是次级别的，也就是说，c 至少包含对 B 的一个第三类买卖点，否则，就可以看成是 B 中枢的小级别波动，完全可以用盘整背驰来处理。【扫地僧：c 内部包含 B 的第三类买点这个问题也是困扰很多人的一个问题，这个问题后面会有详细说明，在这里先直接给出结论：c 有两种形式，第一种形式是由 c1，c2，c3 组成的，其中 c2 包含了 B 的第三类买点，第二种形式是 c 内部是一个趋势，其第二个中枢可以看作是对 B 的第三类买点，如图 85、图 86 所示】

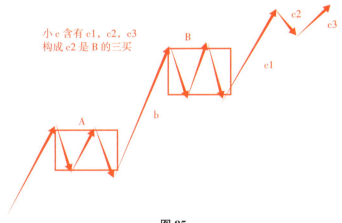

图 85

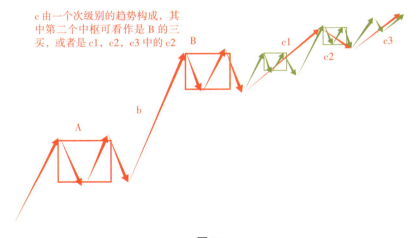

图 86

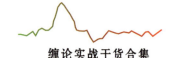

还有，如果 a+A+b+B+c 是上涨，c 一定要创出新高；a+A+b+B+c 是下跌，c 一定要创出新低。否则，就算 c 包含 B 的第三类买卖点，也可以对围绕 B 的次级别震荡用盘整背驰的方式进行判断。对 c 的内部进行分析，由于 c 包含 B 的第三类买卖点，则 c 至少包含两个次级别中枢，否则满足不了次级别离开后且回拉不重回中枢的条件。这两个中枢构成次级别趋势的关系，是最标准、最常见的情况【扫地僧：这就是前面所说的，c 的第二种形态，即 c 也是一个标准的两中枢趋势】这种情况下，就可以继续套用 a+A+b+B+c 的形式进行次级别分析并确定 c 中内部结构里次级别趋势的背驰问题，形成类似区间套的状态，由此对其后的背驰就可以更精确地进行定位了。【扫地僧：补充一个观点：为什么趋势背驰要包含最后一个中枢的第三类买卖点？因为背驰的本意是一个离开中枢的走势出现了力度减弱，比中枢之前的趋势力度弱了，表达为 c 比 b 背驰了。要有一个第三类买卖点能证明这是离开中枢的走势，并非是围绕中枢的波动，因此，c 要包含一个 B 的第三类买卖点】

（2）《扫地僧读缠论 108 课札记 48——小级别背驰引发大级别转折》中片段及注解

c 至少要包含一个 5 分钟的中枢，否则，中枢 B 就不可能完成，因为这样不可能形成一个第三类的买点。【扫地僧：这句话所包含的内容比较多，首先，c 必须包含对 B 的三买，否则不能确定 B 的完成，也就不能认为 c 是离开 B 的背驰段。其次，这句话的另一个含义是，一个在 B 之上的 5F 中枢是可以看作对 B 的三买，这也是很多人所讲的"类三买"的理论依据】

（3）《扫地僧读缠论 108 课札记 53——利润率最大的操作模式》中的片段及注解

这里必须注意，中枢震荡中出现的类似盘整背驰的走势段，与中枢完成的向上移动出现的背驰段不同，两者分别在第三类买点的前后，在出现第三类买点前，中枢未被破坏，当然有所谓的中枢震荡，其后，中枢已经完成，就无所谓中枢震荡了，所以这个问题必须清楚，是有严格区分的，不能搞糊涂了。【扫地僧：中枢震荡与背驰段的严格区别，就是离开中枢的走势是否包含第三类买卖点，如果没包含，那就是中枢震荡；如果包含了，那就是背驰段，并非所有离开中枢的

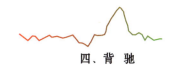

走势都是背驰段。那么比较时的区别就在于，背驰段比的是中枢两端的趋势，而中枢震荡比较的是最近同向的次级别走势，也就是 Ai 与 Ai+2 比较，具体的比较方法请看《扫地僧读缠论 108 课札记 28》】

以上内容基本对背驰段做了最详尽的解读，很多问题的答案其实就在原文中，只是散落在各处不容易找出，笔者的札记是将这些散落的知识点加以解读注释，以帮助大家更多地挖掘出原文中的宝藏。

缠论实战干货——如何判断均线吻背驰

由于中原高速今天回落到了 15 分钟的 B 段内，没有选择走 5 分钟的 C 段，因此多重的区间套不存在了，如昨天文中最后给的分类，60 分钟的 C 段的结束，要放到下一个 15 分钟的向上段中判断了，因此今天先不讲这个，等它走出来后再分析（见图 87）。

图 87

注：要等 15 分钟的 C 走出来后再判断了。

那么今天也要结合当下的大盘重点讲一讲均线吻的背驰判断。6 月 2 日发了一篇《如何应用均线吻系统》，重点讲了均线吻的背驰，今天的大盘也同样出现了背驰，下午的上涨正是由这个背驰引发的。

上一次讲的背驰条件是：价格新高/低，但所对应的 MACD 柱子比上一个 K

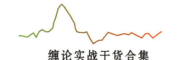

线的短，今天大盘早盘在 15 分钟上明显出了一个标准的背驰，如图 88 所示。

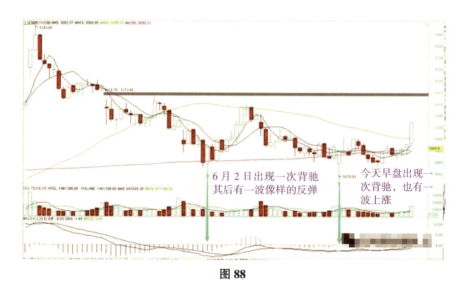

6月2日出现一次背驰
其后有一波像样的反弹

今天早盘出现一
次背驰，也有一
波上涨

图 88

早盘出现底背驰后，上冲了一把，但后面逐渐回落，这个二次低点在 5 分钟图中也是可以找到的，如图 89 所示。

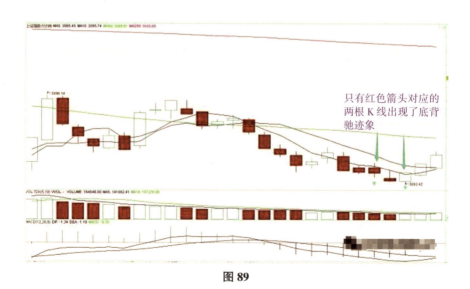

只有红色箭头对应的
两根 K 线出现了底背
驰迹象

图 89

5 分钟图里，只有红色箭头对应的两根 K 线出现了底背驰，第一个地方 MACD 缩短得并不太明显，而且还收了一根阴线，因此其有效程度自然不会太

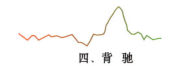

高，而第二根 K 线非常标准了，MACD 缩短明显，还收了阳线，有效程度自然高。

这个方法自然也符合区间套，我们再看 1 分钟图，如图 90 所示。

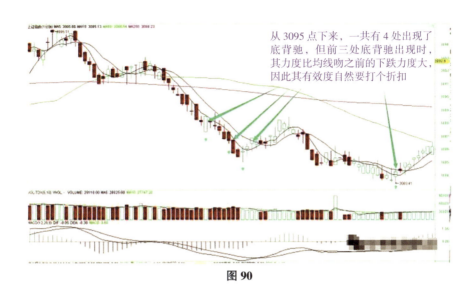

从 3095 点下来，一共有 4 处出现了底背驰，但前三处底背驰出现时，其力度比均线吻之前的下跌力度大，因此其有效度自然要打个折扣

图 90

1 分钟图中，从 3095 下来，一共有 4 处出现了底背驰，但前三处的底背驰出现时，当时下跌的力度比上一个均线吻前的下跌力度大，则有效性自然要打折扣了。而最后一个底背驰出现时则不同，这波力度比上一个均线吻之前，也就是前三个底背驰所处的下跌走势的力度要弱得多，那么后面的上涨概率非常大。

因此，这个均线吻背驰的判断方法完全可以用区间套去套用，这对实战非常有帮助。

当然，这个方法并非是 100% 准确的，尤其在小级别中，其成功率会大大降低，但可以通过其他方法过滤一些，如上文提到的 MACD 缩短是否明显，以及当前所处走势与上一个均线吻之前的走势力度对比，而在大级别上，其准确率大大提高，使这个方法具有实战意义，因为即使底背驰出现后，有被破坏的情况，只要及时止损认错，其损失是有限的也是可控的。而在大级别中，一旦判断成功，将面临的是整个走势的转折，后面的空间将大大超过止损空间，这样的话，实战上完全没有问题。

以今天涨停的波导股份为例，如图 91 所示。

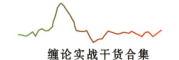

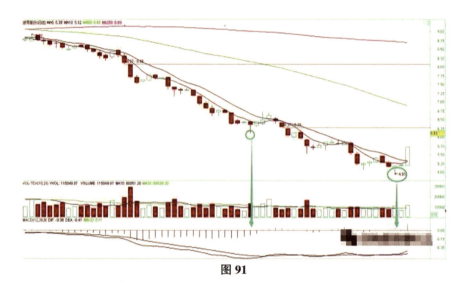

图 91

图 90 是波导股份的日线图，这波下跌中，只出现了两次底背驰信号，第一次是 4 月 27 日的长下影线，之后有 3 天的反弹，然后继续新低，但这个信号发生在力度最大的下跌中，其信号的有效性是打折扣的，即使当天尾盘进入，在 5 月 8 日新低时止损，也只有 5% 的亏损，而第二个底背驰信号就非常标准，介入后，今天就是一个涨停。

同样的还有华锋股份（002806），同洲电子（002052），得润电子（002055）等，大家可以打开 K 线图找一找，这里就不再一一列举了。

背驰段的最细解读

上周三的解盘《再温习背驰段的两种形式》中关于背驰段还是有很多朋友觉得模糊，那么今天就跟僧哥一起从缠师的 108 课、解盘和回复中看看能否找到答案。

先看 108 课里的第 37 课"扫地僧读缠论 108 课札记 41——背驰的再分辨"，其中有如下两段：

另外，c 必然是次级别的，也就是说，c 至少包含对 B 的一个第三类买卖点，否则，就可以看成是 B 中枢的小级别波动，完全可以用盘整背驰来处理。

还有，如果 a+A+b+B+c 是上涨，c 一定要创出新高；a+A+b+B+c 是下跌，c 一定要创出新低。否则，就算 c 包含 B 的第三类买卖点，也可以对围绕 B 的次级

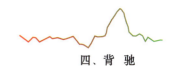

别震荡用盘整背驰的方式进行判断。对 c 的内部进行分析，由于 c 包含 B 的第三类买卖点，则 c 至少包含两个次级别中枢，否则满足不了次级别离开后且回拉不重回中枢的条件。这两个中枢构成次级别趋势的关系，是最标准、最常见的情况，这种情况下，就可以继续套用 a+A+b+B+c 的形式进行次级别分析确定 c 中内部结构里次级别趋势的背驰问题，形成类似区间套的状态，这样对其后的背驰就可以更精确地进行定位了。

第一段明确提到背驰段必须包含对中枢 B 的第三类买卖点，第二段还做了一个补充，那就是背驰段 c 至少有两个次级别中枢，这两个中枢构成次级别趋势是最标准、最常见的情况（文中红色字体），那么，也就意味着这背驰段既可以是 c1，c2，c3 构成的，也可以是次级别趋势构成，只是次级别趋势构成的背驰段是最标准、最常见的情况。

在《缠论 108 课详解中》也有相应的配图，如图 92、图 93 所示。

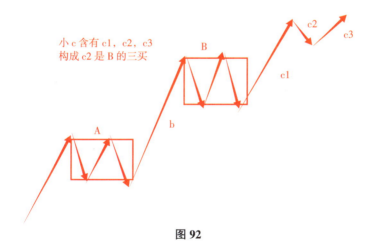

图 92

为了印证这个结论，我们可以从缠师的解盘中寻找背驰的案例。我在《缠论解盘详解》一书中找到了几个案例，以印证这个结论。

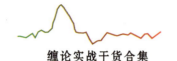

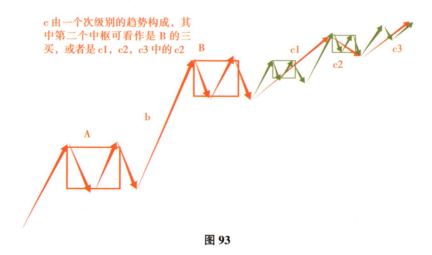

c 由一个次级别的趋势构成，其中第二个中枢可看作是 B 的三买，或者是 c1，c2，c3 中的 c2

图 93

1. 2007 年 6 月 5 日

缠中说禅　2007-06-05　15:23:01

今天，如果你还看不明白昨天说的背驰段，然后今天是如何精确定位的，那就好好学习吧。图 94 中 19 段结束位置是 3404 点（为什么，如何当下去判断，好好研究好，这是真功夫），后面的走势，上面已经提及，下午走的是第 20 段，该段结束后，就进入上文所说的中枢震荡中。明天的任务，就是看好这第 20 段的结束。

大走势，就是月线的 5 均线，今天盘中假突破，而且还是 3434 点一般的位置，这不难看出来。

扫地僧：当时还没有讲到线段划分的标准，17-18 作为一段，并不是严格按照后面所讲的线段划分的标准。

图 94 中，18-19 这段的力度看起来似乎比 16-17 这段的力度大，但将它们所对应的 MACD 绿柱子面积相加就可以知道，18-19 所对应的 MACD 绿柱子面积远小于 16-17 所对应的绿柱子面积。

从图 95 中可以看到，18-19 这个背驰段内部是一个标准的趋势。

2. 2007 年 10 月 23 日

上升通道下轨支持如期反弹（2007-10-23　15:40:39）

昨天说得很清楚，1 分钟下跌底背驰后，一轮反弹将展开。今天的技术走势

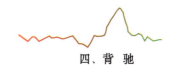
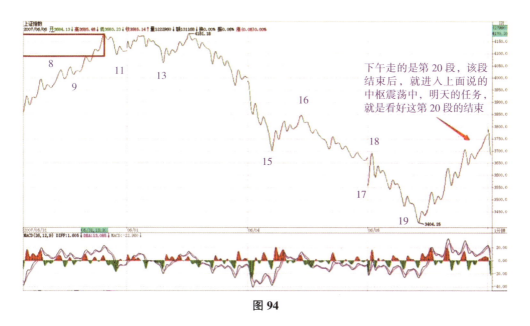

下午走的是第 20 段，该段
结束后，就进入上面说的
中枢震荡中，明天的任务，
就是看好这第 20 段的结束

图 94

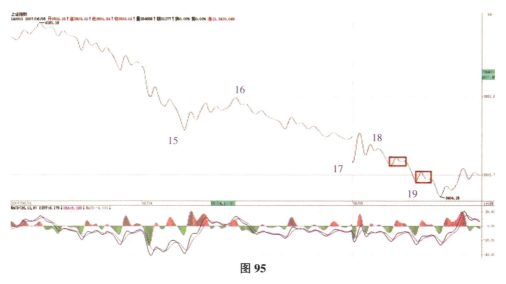

图 95

十分标准，更重要的是，这里既是 3600 点上来的上升通道下轨位置，又是缺口位置，因此技术上必须有这次反弹。

　　扫地僧：这是一个三中枢的趋势背驰，非常标准，最后背驰段 174–175 的内部也是一个趋势。

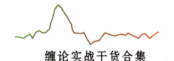

缠论实战干货合集

（扫二维码加我微信）

图 96 中，该背驰段内部也是一个趋势。

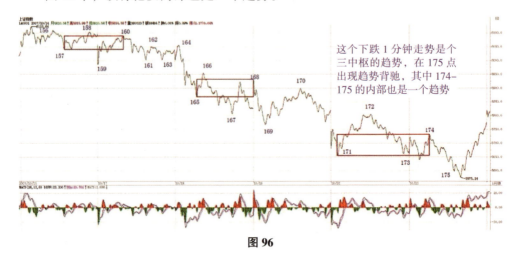

这个下跌 1 分钟走势是个三中枢的趋势，在 175 点出现趋势背驰，其中 174-175 的内部也是一个趋势

图 96

3. 2007 年 11 月 12 日

1000 点小康跌幅胜利完成（2007-11-12　15:28:57）

本 ID 宣布做空时说，没有 1000 点的下跌空间，不爽，所以要先拉出空间来。今天，1000 点的基本任务已经胜利完成，本 ID 在前文已经给了这个跌幅一个名字，叫小康水平的跌幅。请问，各位是希望下一步小康就算了，还是要继续富裕下去？

今天，5 月均线大埋伏剧本继续演绎，今天的利空，刚好为 6004 点下来的 1 分钟下跌构成底背驰做最后的贡献。本 ID 已经早说了，6004 点下来的 1 分钟下跌一旦背驰，就会出现较大级别反弹。现在，5 月均线大埋伏剧本与 1 分钟下跌背驰剧本最终两剧合一。

注意，这个 1 分钟下跌，搞出来了三个中枢，然后在今天有一个完美的底背驰。最后的一个 1 分钟中枢的第三类卖点，就是早上的补缺失败走势，然后继续的下跌构成了线段的类背驰，这和 1 分钟大走势的背驰段构成完美的区间套，这么教科书式的走势，请好好去研究。

扫地僧：这个下跌的 1 分钟趋势有三个中枢，最后的背驰段是以 c_1，c_2，c_3 的形式完成的，c_2 的高点就是 214 点，也是最后一个中枢的三卖。

图 97 中，背驰段是 c_1，c_2，c_3 式的。

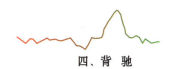

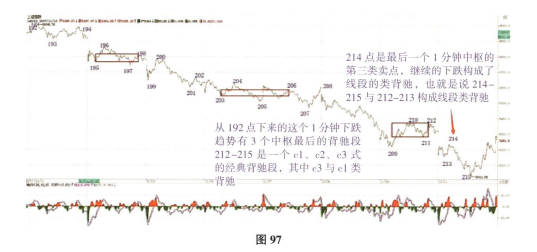

214 点是最后一个 1 分钟中枢的第三类卖点，继续的下跌构成了线段的类背驰，也就是说 214-215 与 212-213 构成线段类背驰

从 192 点下来的这个 1 分钟下跌趋势有 3 个中枢最后的背驰段 212-215 是一个 c1、c2、c3 式的经典背驰段，其中 c3 与 c1 类背驰

图 97

4. 2008 年 2 月 26 日

缠中说禅　2008-02-26　15:14:39

当然，从超短线的角度，昨天已明确指出 1 分钟底背驰出现后的机会。今天的走势简直是超级教科书，下午一开盘的第三类卖点，然后破底，在 2 点半形成最后的底背驰，如此教科书的走势，如果都不能看明白并操作，那么唯一的办法就是继续读书。

扫地僧：这个教科书式的背驰，其背驰段是经典的 c1，c2，c3 式的，也就是包含第三类买卖点的背驰段。

图 98 的背驰段也是一个 c1，c2，c3 式的背驰段。

5. 2008 年 6 月 18 日

缠中说禅　2008-06-19　08:11:01

至于股票，没有任何可能昏头的地方，逼近 2700 点，加上小级别的区间套，一切都顺理成章地展开了第二中枢的反弹，只要站住 2917 点并能继续满足笔的延伸条件，那么抄底进去的就可以继续保持。否则，就要分批撤除。

注意，这里的节奏可不是站稳前天高点或 2917 点才进场，而是区间套成立就进场，看是否站稳前面的位置决定是否出场，为什么这样，课程里说得很清楚，昏头可是自找的。

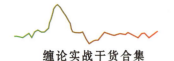

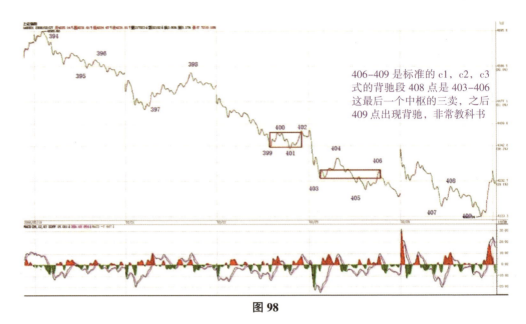

406-409 是标准的 c1，c2，c3
式的背驰段 408 点是 403-406
这最后一个中枢的三卖，之后
409 点出现背驰，非常教科书

图 98

扫地僧：这是缠师早上开盘之前发的，当天如期出现了 1 分钟级别的趋势背驰第一类买点。

图 99 中，背驰段也是 c1，c2，c3 式的。

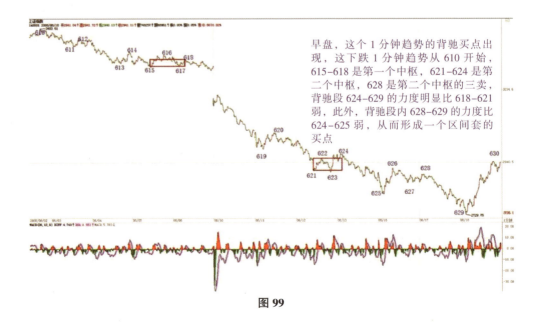

早盘，这个 1 分钟趋势的背驰买点出
现，这下跌 1 分钟趋势从 610 开始，
615-618 是第一个中枢，621-624 是第
二个中枢，628 是第二个中枢的三卖，
背驰段 624-629 的力度明显比 618-621
弱，此外，背驰段内 628-629 的力度比
624-625 弱，从而形成一个区间套的
买点

图 99

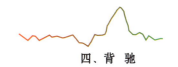
以上案例都是从缠师当年的解盘中整理出来的，可以看到背驰段有两个是标准趋势，有 3 个案例是 c1，c2，c3 式的，再无其他，因此，背驰段的形态只有这两种：趋势或 c1，c2，c3。

缠论实战干货——趋势与 MACD

《教你炒股票 103 课》中讲的防狼术是 MACD，在一段下跌趋势中其 MACD 黄白线基本一直在 0 轴下方，那么反过来，在上涨趋势中，一般 MACD 黄白线也会一直在 0 轴上方，我们先来看几个趋势的图形，如图 100~图 104 所示。

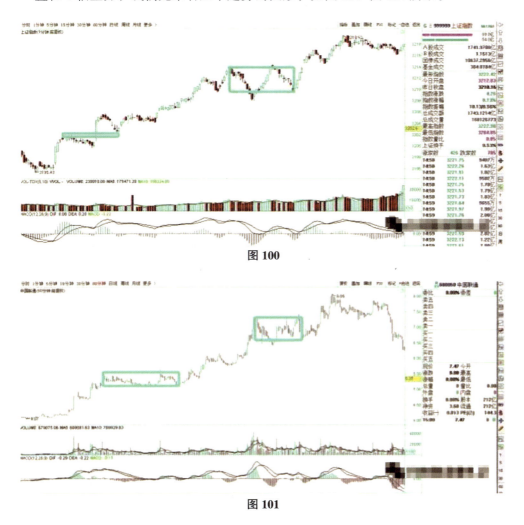

图 100

图 101

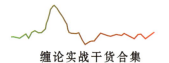

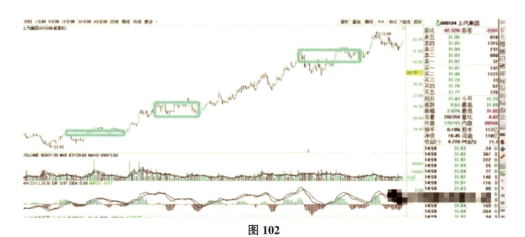

图 102

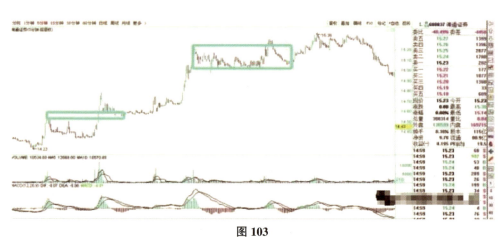

图 103

图 104

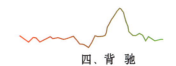

可以看到，MACD 黄白线也一直在 0 轴上方，但如果观察得够仔细，还会发现两个规律：

（1）中枢的形成往往会使黄白线回抽或双回抽 0 轴。

（2）三买一般会使黄白线回抽或双回抽 0 轴。

这两个规律看似简单，但对实际操作有很大帮助，因为在一个上涨趋势中，除第一买点外，二买、三买的出现往往伴随 MACD 黄白线回抽 0 轴。所以，当每次 MACD 黄白线回抽 0 轴附近时一般是出手的时机，这也可以帮你判断次级别是否结束。

此外，通过两个规律还可以得到一个实战技巧：当一个中枢形成后使 MACD 黄白线刚好回抽或双回抽 0 轴，那么下一次 MACD 黄白线回抽 0 轴时往往是买入机会。仍然是上面的例图，可以去验证一下。

本部分文字不多，但绝对干货，一定多看图去细细体会，相信会有"哇"的那种感觉！

缠论实战干货——防狼术的反向应用（附解盘）

在《缠论实战干货——趋势与 MACD》中提炼出了两个重要规律：

（1）中枢的形成往往会使黄白线回抽或双回抽 0 轴。

（2）三买一般也会使黄白线回抽或双回抽 0 轴。

其实这两个规律在缠论原文《教你炒股票 103：学屠龙术前先学好防狼术》中已经有所涉及，只是没有明显地提出来而已。根据这两个规律可以设计出一个高效的选股方法：

（1）只选择某级别图形中，MACD 黄白线刚从 0 轴下方回到 0 轴上方的股票，将它列入跟踪池。

（2）当该股票形成第一个中枢时，也就是说完成了第一个下上下的次级别走势时，如果 MACD 黄白线刚好回抽 0 轴或者双回抽 0 轴，则买入。

（3）当 MACD 黄白线全跌破 0 轴，严格止损，并将它剔除跟踪池。

以日线为例，看看近期涨得好的漂亮 50 中的票是不是可以这么做，如图 105~图 111 所示。

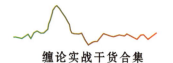

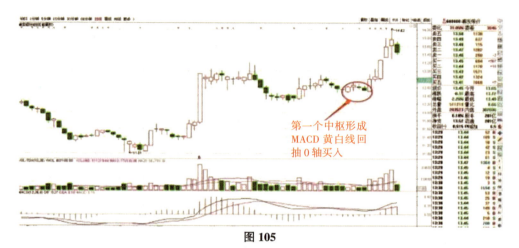

第一个中枢形成
MACD 黄白线回
抽 0 轴买入

图 105

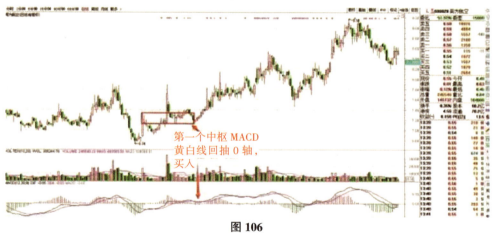

第一个中枢 MACD
黄白线回抽 0 轴，
买入

图 106

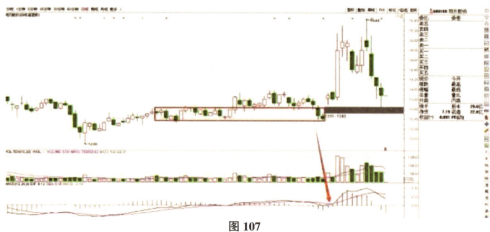

图 107

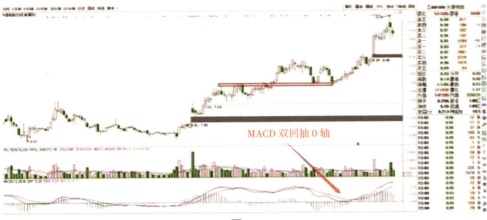

MACD 双回抽 0 轴

图 108

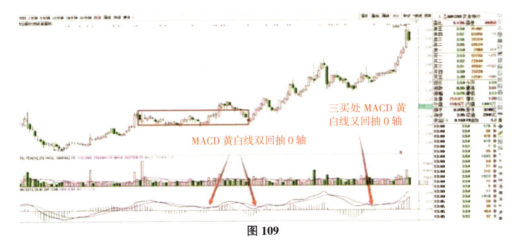

三买处 MACD 黄
白线又回抽 0 轴

MACD 黄白线双回抽 0 轴

图 109

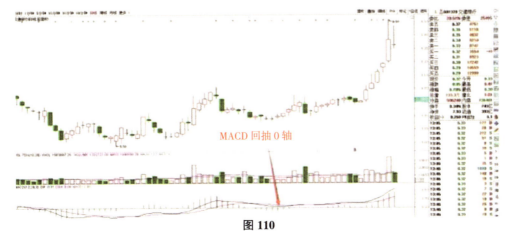

MACD 回抽 0 轴

图 110

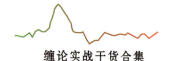

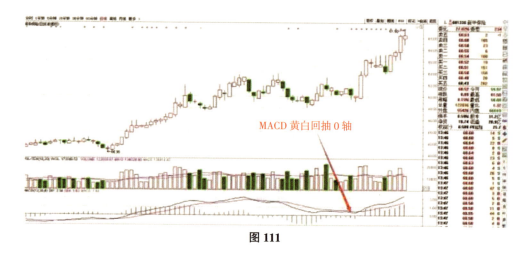

MACD 黄白回抽 0 轴

图 111

可以看到，这种模式效率非常高，当然，有的股票由于节奏不一致，未必会在日线上呈现这种状态，或者日线上总是黄白线刚跌破 0 轴就涨起来，但由于有止损，伤害不会太大，若成功一次，盈亏比是比较大的。

此外，还可以只做三买的模式：就是当完成第一个中枢时，MACD 黄白线回抽或双回抽 0 轴后，出现了脱离中枢的次级别走势，然后一个回抽不破中枢，并且 MACD 黄白线再次回抽 0 轴，则买入。这样做的好处是：当中枢刚好使 MACD 回抽或双回抽 0 轴，后面就出现脱离中枢的次级别走势，说明中枢的节奏基本确定，那么下一次 MACD 黄白线回抽 0 轴附近往往是回调结束，因为该股的节奏已经确认，一般不会改变。

贵州茅台的日线图非常明显，如图 112 所示。

北方稀土在 60 分钟图上也比较明显，如图 113 所示。

需要注意的是：并非所有股票的中枢都在当前级别的图形上使 MACD 黄白线回抽 0 轴，这是因为级别不同，节奏不同，但守株待兔的方法是只选当前图形符合的股票。

此外，在中枢完成时回抽或双回抽 0 轴入场，这种模式触发止损的概率会大一些，三买出现 MACD 黄白线回抽 0 轴的成功率要高一些，但符合条件的个股会少很多。

最后需要注意的是，级别不要太小，否则很容易当天止损而出不来。

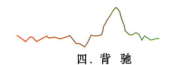

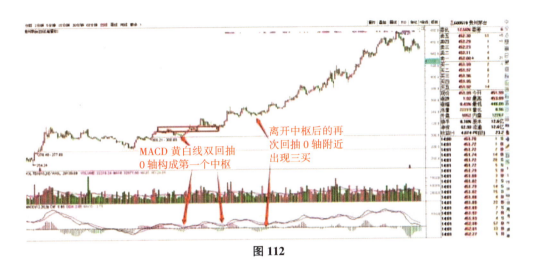

图 112

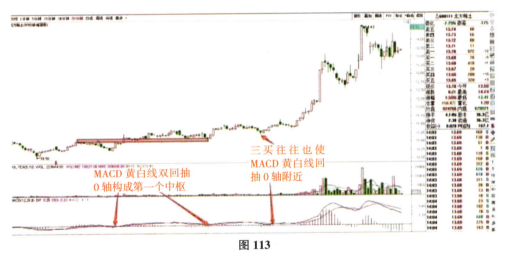

图 113

关于新书的进度（附干货）

昨天发了一些一买的案例，有几位朋友提到，这是成功的案例，还有很多背了又背的情况，于是今天专门花了一个多小时的时间找这个"背了又背"的案例，结果比较失望，最终只找到一只看起来是经典的"背了又背"的案例，我们一起来分析一下，看看是否存在背了又背。

龙源技术（300105）从 3 月 9 日到 6 月 2 日，在 60 分钟图上的走势，如图 114 所示。

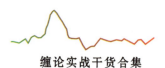

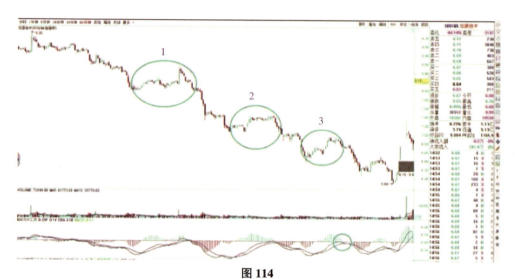

图 114

图 114 中三个圆圈的地方是三个中枢，其中 2 中枢后的下跌力度比 2 之前的那段下跌力度弱，可为什么后面没有回到中枢内呢？

问题出在 2 这个中枢的级别上，看一下 15 分钟图，如图 115 所示。

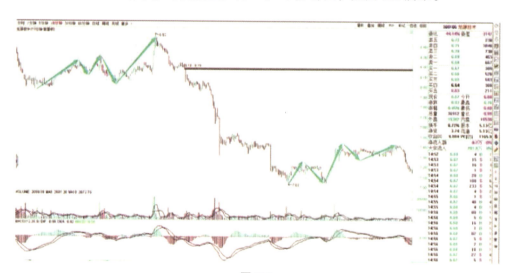

图 115

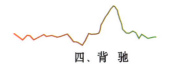

图 115、图 116 分别是 1 和 2 的对比，2 和 3 的对比，可以看到，1 和 3 都是由五笔构成，其中三笔重合有中枢，而 2 虽然是五笔，但没有中枢的趋势，它们的级别是不同的，所以问题的根结就在于将 2 看作同等的中枢了。

图 116

再欣赏一下标准的背驰段吧。

背驰段是 c1，c2，c3 盘背构成的，如图 117 所示。

图 117

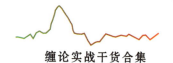

背驰段是标准的趋势区间套，如图 118 所示。

图 118

五、笔、线段

线段划分中的特殊案例

解盘前，讲一个线段划分中的特殊案例，看今天大盘的 1F 图，如图 119 所示。

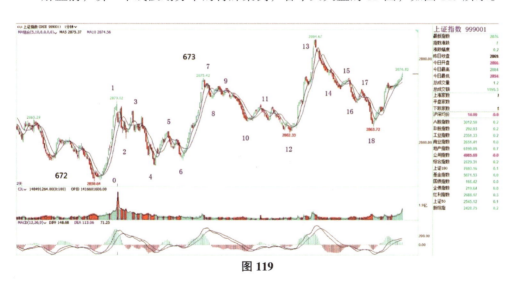

图 119

图 118 中 0 点的位置是 2850 点，从 0 点开始向上段的特征序列分别是：1-2，3-4，5-6，7-8，9-10，11-12。其中，3-4 与 5-6 包含处理，高低点为 3-6。8 点高于 3 点，也高于 1 点，所以这是特征序列的第二种情况。注意，此时有个细节，如果 8 点小于 1 点，但高于 3 点，算不算有缺口的第二种情况？要回答这个问题，应先思考线段代表的是什么，线段其实代表了最小级别走势的次级别，由于在最小级别里，笔的稳定性不够好，所以才设计了线段，线段本身也是一种走势。

在这种情况下，如果 8 点低于 1 点，那么 7–12 这个反向的走势势必与 1–4 这个反向走势有重合，从中枢扩张的角度看，这里其实发生了线段级别的中枢扩张，使中枢的级别升级，而级别的升级也就意味着原有的线段必然结束，这里至少有两段，如果还按照有缺口的情况去判断显然不合适，因此，如果 8 点小于 1，只要 10 点低于 8，则必然分两段：0–7，7–后面向下段的结束。 但由于 8 点高于 1 点，所以此时是有缺口的第二种情况。那么接下来要看 7 点后的线段如何结束。

接着往下来，7–12 走了下上下上下五笔，并且 11 点低于 8 点，但我们知道，从 7 点开始的下跌段已经是一种待定状态，也就是上一段特征序列有缺口的情况后，此时不需要考虑特征序列的缺口情况。于是，由于 12–13 直接一笔新高，那么根据定义，原有线段延续至 13 点。

这个结论看起来没有问题，但请注意：如果抛开其他不看，1–4，4–7，7–12 刚好有 3 个线段构成了一个 1F 中枢，那么 0–13 这一段内竟然包含了一个 1F 级别的中枢！

这该怎么办！到底怎么划分才能最好地贴近真实的走势？其实，今天这个案例是个非常特殊的案例，比较少见，如果 1–4 只有一笔，或者 4–7 只有一笔并且 7 点下来只有三笔，那么 0–13 是一段完全没有问题，因为内部找不到 3 段重合构成的 1F 中枢，原有的线段划分方法没有问题，但因为非常巧合而出现了 1–4，4–7，7–12 分别都成段，才使得这种划分不自然。因为缠师当初在设计线段的划分方法时，也很难考虑得那么周全，这种极其特殊的例子即使用脑子想，也很难想出来。

用特征序列这方法划分线段，考虑的是大多数情况，比如这里 1–4 是一笔，那么就没问题了，或者 4–7 也只有一笔，那么也没有问题。但无巧不成书，都凑一块了，就带来了麻烦。更有甚者，如果 14 点高于 7 点，明天开盘直接突破 13 点，那么按照经典线段划分的方法，这线段依旧延续，但真的不能表达最真实的走势了。尤其在 5 分钟图上，0 点起来的走势很明显是一个 1F 级别的走势了，而并非一个线段。

因此，在划分线段时，不得不再加上一个考虑：如果出现今天这种有三个线

段能够构成 1F 中枢，就拆分为两段，而最合理的划分是 0–7 一段，7 点以来是第二段，那么从 12 点开始，按复杂线段的处理方式，看 12–13 这笔波动内是否有一段被另一段破坏，如果有，则 7–12 是一段。如果没有，则迟早会突破 12–13，向上突破，则 7–12 这段也结束了，如果尾盘直接向下一笔突破 12 点，则 7 点向下的线段延续。

复杂线段的划分方法

昨天有朋友看出昨天图中 50–51 那段中间的笔经过包含处理后，只有 4 根 K 线，赞一个先！当时确实没看清，因此分段需要做一下调整，如图 120 所示。

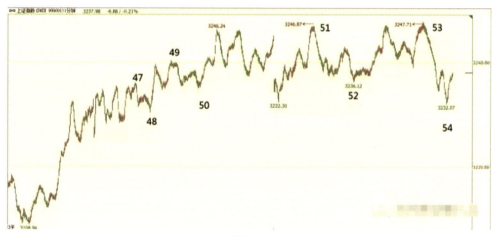

图 120

目前正在 1 分钟的中枢延伸，预计明天将扩展出 5 分钟级别中枢。今天 53 这个点是一个 ABC 的卖点，其中 A=46–47，B=47–50，C=50–53，而 50–53 内部也有盘背，也就是 52–53 与 50–51 对比也有盘背，52–53 内部也有笔盘背，所以 53 点是个区间套的卖点，后面下跌的力度会稍大一些。

今天开盘的跳空缺口可以看作一笔，其中 50–51 这段最为复杂，今天深入讲讲复杂线段的划分方法。

复杂的线段大部分都在中枢震荡中产生，单边趋势中的线段一般都很简单。所有的复杂古怪的线段都是因为线段破坏的第一种情况的第一笔破坏后最终没有

在该笔的方向上延伸出线段。通俗点讲，就是突然一个力度很大的笔，但其后的波动基本都在这个笔的范围之内。

就以50–51这一段做案例，重新给笔标记一下，如图121所示。

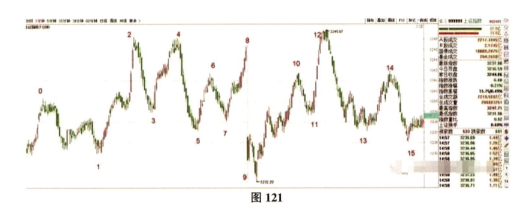

图121

0–1这段对应的是49–50这段。1点之后，1–2笔破坏了0–1，后面一直到8点，所有的波动都没有超过1–2这笔的范围，因此看起来比较复杂和古怪。

这种复杂和古怪的线段无论怎么复杂，最终无非是在第一笔范围内形成向上或者向下的线段，那么需要注意的是，这个范围内的线段能否被后面的线段破坏，如果被破坏，则第一笔前的线段结束。比如，图120中，2–5在1–2这一笔范围内形成了一段，之后被5–8这个线段破坏，那么此时可以当下确认0–1这个下跌的线段结束了，当前在走向上的线段。

那么接下来需要考量的是5–8这个线段如何被后面的线段所破坏，根据特征序列8–9下跌笔包含了10–11，可以合并为8–11，然后是12–13，14–15，特征序列顶分型成立，因此从1点开始的上涨线段最终在12点结束。

这里虽然8–9也像1–2那样一笔破坏，但不同的是，12点突破了8点，如果12点在8点之下，也可以用刚才的原则来划分：8–9一笔破坏之后，9–12在8–9的范围内走出一段，之后9–12这段被12–15线段破坏，因此8–9之前的线段结束，也就是1–8段结束，8–15开始，不同的是，1点起来的线段结束的位置变成了8点，这是由于假设12点低于8点造成的。

所以，当遇到复杂线段时，首先找出第一笔破坏之后所形成的第一个线段，

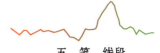

其次看该线段是否被后面的线段所破坏即可，按照这个方法，所有的复杂线段都可以轻松划分。

有的人会严格按照特征序列来划分，但有一种情况是有问题的，如图 122 所示。

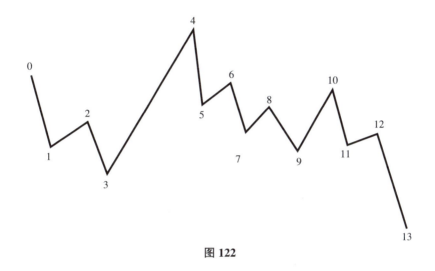

图 122

如果按照特征序列，3-4 分别于 5-6，7-8 形成包含关系，处理之后变为 3-8，然后 1-2，3-8，9-10 构成了底分型，此时会认为 0-3 这个下跌段结束了，但从线段的定义看，一个线段必然要被另一个线段所破坏，从 3 点开始并未向上走出真正的一个线段，也就是说，从 4 点开始的线段一直是一个下跌的线段，由于 3-4 只是一笔破坏，因此 4-13 这个下跌线段其实只是 0-3 这个下跌线段的延续，这一点缠师在《教你炒股票 78》课中有一个案例专门说明，大家可以去认真品读！

以后再遇到复杂古怪的线段时，就用这个方法划分，不会错！

再谈复杂线段的划分

昨天重温了震荡市的操作技巧，在震荡市中，最常遇到的就是复杂线段，也正是因为复杂线段的出现，使中枢震荡看起来十分复杂，缠论原文中对复杂线段的划分方法有一定描述，但仍有争议，笔者写过一篇《复杂线段的划分方法》一

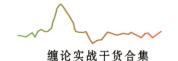

文，已将复杂线段的划分方法讲清，今天看到这两天又出了这种复杂线段，不妨拿出来再次巩固一下，以后遇到复杂的线段如果还不会划分，就真的该被批评了。

看一下这几天的分段情况，如图 123 所示。

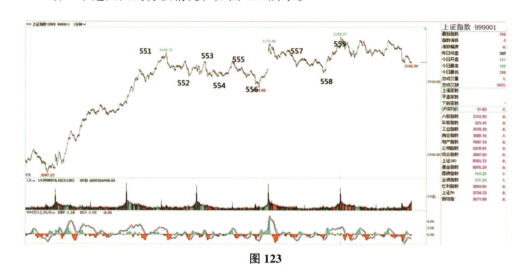

图 123

其中，556-557 算是一个复杂线段，559 以来也算是一个复杂线段，注意，凡是复杂线段，必然是由一个力度较大的笔破坏而产生，那么复杂线段的处理原则是在这个力度较大的笔之内如果有一个线段破坏了另一个线段，那么该笔必然破坏了原线段，我们先看 556-557，如图 124 所示。

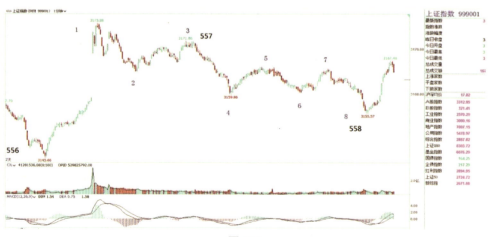

图 124

556 到图 123 中的 1 点，是对 555-556 的一笔破坏，根据复杂线段的处理原则，要看 1 点之后有没有出现一个线段被另一个线段破坏的情况。从图 123 中可以看出，1-2 段被 2-3 段线段破坏，有人对 1-2 是否成段有异议，那没关系，即使 1-2 不成段，那么 2-3 也会被 3-8 这个线段所破坏，因此 556 点到 1 这笔必然结束了原下跌段 555-556，而 556-558，内部有一个向上的线段（2-3）被向下的线段所破坏（3-8），那么可以据此划分出两个线段，那就是 556-557，557-558，因此 557 点就是上涨线段的结束点，虽然它并不是该线段的最高点。

再看 559 点下来的这段内部，如图 125 所示。

图 125

比较复杂，我们一步步讲。

5-6 是对 559-5 点这一段的笔破坏，之后就要看是否有线段被另外一个线段破坏的情况发生，可以看到，6-11 是一个下跌段，之后出现了 11-12 的一笔破坏，然后在该笔破坏内部又走出 12-尾盘的下跌段，至此，并没有出现一个线段被另一个线段破坏的情况，因此，559 点以来依然是下跌段的延续。注意，此处还有一个细节，那就是 12 点如果是高于 6 点，那么将会分为 3 段：559-5，5-12，12-尾盘。这是因为如果 12 点高于 6 点，那么 5-12 点将构成上涨的一个线段，从而破坏了 559-6 这个下跌段。虽然 12 点与 6 点相差不到一个点，但没有高于 6 点，因此，下跌段继续，今天全天都没有完成一个线段。

走势上，目前 5F 的中枢已经形成，现在是该中枢的第二个下，该中枢形成后，应密切关注是否有盘背出现，上方有 60 日均线和缺口压制，如果出现了盘背迹象，后面不排除再次回到 3100 点附近积蓄力量。当然，如果能一举攻破 3242 的缺口是最好不过，使这里折腾出一个大箱体。

大盘中线上是在 120 周和 250 周均线之间调整，要想走好，必然要站稳 120 周均线，现在是 3258 点，也就是说回补缺口是中线走好的前提。

该 5F 中枢形成后，下周预计将见分晓：是走出向上离开该中枢的强劲趋势，还是继续围绕该中枢震荡，甚至掉头向下，预计下周将很快明朗。短线上，现在这个 5F 中枢震荡还未触碰 5 日均线，下周可能会出现一个向 10 日均线的快速下探，如果能迅速收回，那么该 5F 中枢震荡基本要结束；否则，调整的周期和级别都会加大。

笔和段的硬伤

今日解盘：

上证指数如图 126 所示。

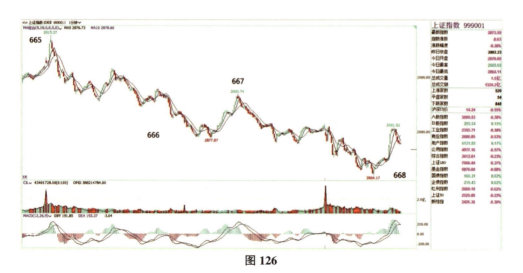

图 126

昨天解盘《二三卖重合》中的上证明日关注点是：665 点开始的 1F 下跌是否有背驰出现，今天的任务就是盯着 1F 的背驰，今天上午 10:12 的低点正是由 1F

的背驰产生。如果只会画笔画段看走势，那么这个背驰点很显然是看不到的，因为从 665 下来只有三段，顶多拿 667-668 与 665-666 比较力度，但这个比较是不能准确把握走势的，这是严格画笔画段所带来的硬伤。

再次说明这点：笔和段，只是用来当作最小周期图上最小级别走势中枢的基本构件，并不代表画准了笔和线段就能表达最真实的走势。

就以 665 下来的这个 1F 走势为例，在 1F 图上严格画笔画段，只有三段，没有经典的背驰，但如果你切换到 5 分钟图看，如图 127 所示。

图 127

5 分钟图中，这波下跌出现了三个湿吻，而且，很明显的是第三个湿吻几乎被第二个湿吻包含，这是一个盘整的特征，于是根据"下跌+盘整+下跌"找买点可以知道，图 126 中两个红色箭头的走势来比较力度，其所对应的 MACD 面积明显背驰。

在 1F 图里，可以很清晰地分解出"下跌+盘整+下跌"，如图 128 所示。

前后的力度背驰是比较明显的，而且第二个下跌的内部一样可以区间套，如图 129 所示。

1-8 是第二个下跌的内部，这是多么熟悉的图形，1-2 是 A，2-5 是 B，5-8 是 C，5-8 所对应的 MACD 面积也没有 1-2 对应的 MACD 面积大，并且 7-8 对比 5-6 依然是力度背驰，可以说这是一个多重的区间套。

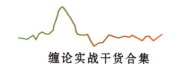

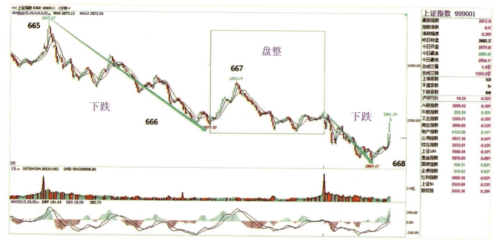

图 128

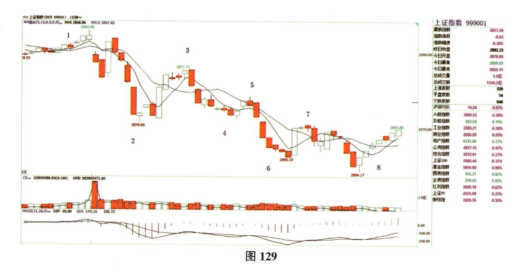

图 129

　　由于这是个 1F 盘整背驰，所以理论上只能保证有向上的一段，目标位是中枢所在的位置，也就是 666 附近，今天的一段反弹，冲到了 667 附近，力度和空间也算可以。

　　还要强调：今天这个解盘并不是说要完全否定笔、线段，当你不熟练时，自然要有一把尺子来衡量走势，这个尺子就是笔、段。就像一个炮手，不熟练时看到目标自然还要像电视里那样竖起大拇指，眯着眼测算距离、高度，但一个资深老炮手自然就不需要这个动作。**笔和段其实是帮助你度过新手的一把尺子而已。**

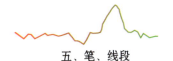
有缠友问：现在能确定 668 点就是这波下跌 1F 走势的结束点吗？或者说这个 5F 走势的三买能立刻确定吗？

如果 668 点是个趋势背驰，那么可以确定这个下跌 1F 走势必然结束，这里就是 5F 三买，如果是盘整背驰，只能说结束的概率大，但并不排除周一继续新低，因为盘整背驰只能保证一个次级别回抽，现在这个次级别回抽已经结束。这是纯理论上的，实战中出现这样的盘背基本就是介入信号了，只不过一旦发现再次向上的同级别走势力度不够的话，一定要先卖掉，这就是为什么这两天提到 5F 三买并不是性价比好的三买，因为前面离开中枢的走势力度太大了，三买后向上的 1F 走势出现背驰的概率大大增加。此外，需要加个保护套，当后面跌破该盘背的低点时，也要无脑走掉，虽然可能会接着出现背驰，但不能赌，等它出现的时候重新买进。万一不出现，那就会被套在相对高的位置了。所以，一定的止损是必要的。此外，尽量在下午买股票，因为距离收盘的时间比较近，当天跌破止损位的可能性较小，T+1 当天卖不掉，如果上午盘背买入，一个小级别反弹上午完成后，下午可能就又跌回去从而触发止损。

缠论实战干货——缺口的处理原则

今天依旧是中枢震荡，日线上的顶分型迟迟不出，好强呀！今天收了一个带上下影线的小阴线，这就给明天的走势提供了参考点位，那就是今天的高低点，如果出顶分，今天的低点是必破的。如果继续新高，则要看离开 5 分钟中枢的走势是否有盘整背驰。

盘面上看，应该还会有一次调整，毕竟日线上的吻是出于多头陷阱中，除非一根大阳线改三观，感觉不是很乐观，今天的分段如图 130 所示。

昨天讲了新笔和老笔，有朋友问缺口该如何处理，今天就讲讲处理缺口的原则。

先引用原文中的一段话，来自《教你炒股票 56–530 印花税当日行情图解》：

"缺口，被看成最低级别的，而 1 分钟以下级别，在 1 分钟图上，被看成没有内部结构的线段，所以缺口和 1 分钟以下级别在 1 分钟图上是同级别的"。

这句话首先确定了缺口的级别只能是 1 分钟以下级别，1 分钟以下级别有线段、笔和 K 线，这就决定了缺口只能被当作线段、笔或 K 线中的一种。因此，

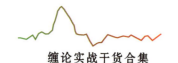

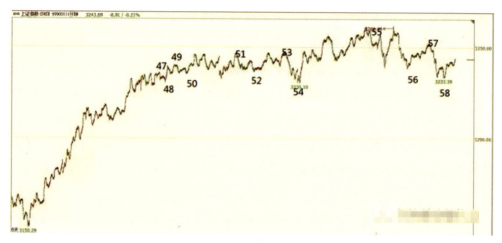

图 130

如果有人将缺口看作是 1 分钟或以上级别的走势，那一定是对原文读得不够通透。

接下来，要看什么时候看作一段，什么时候看作一笔，什么时候看作一根 K 线。

看作一根 K 线的情况比较简单，主要有两种情况：

（1）缺口的方向与当前笔的方向一致，此时缺口无非是当前笔的延续，可以看作是一根光头实体 K 线。

（2）有的一笔只有 4 根 K 线，但中间有一个缺口，此时该缺口可以看作是一根 K 线，那么该笔因为有缺口而成立。

缺口看作笔的情况稍微复杂一些，而且争议比较大，但从笔和段的设计初衷触发，会变得比较简单。

笔的设计初衷是为了消除盘中的偶然因素，线段的设计初衷是让构成中枢的构件更加稳定，因此在笔的基础上加了一个类似分型的自相似性结构，这样，一个线段的结束只能是被另一个线段所破坏，而像古怪线段中那一笔大幅破坏的情况也需要后面的破坏线段才能确认上一段的结束，这在上周五的《复杂线段的划分方法》一文中有详细讲述。因此，一个缺口即使跌破或升破上一个线段的高低点也并不能成为一个线段，这和一笔破坏是相同的原理。

那么缺口何时可以看作是一段？从缠论通篇看，缺口被当作线段的例子只出现了一次，那就是 2007 年 530 那次，而 530 当天的缺口与其他缺口唯一不同之处

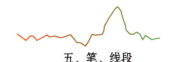

在于原来的 30 分钟上涨走势进入了背驰段，但 529 当天收盘时没有出现区间套，精确卖点并未出现，但由于收盘后的突发消息，使第二天直接以缺口低开，并且该缺口直接跌破了最后一个 1 分钟走势的最后一个中枢，由此确认了 529 当天背驰段的结束，原上涨走势已经完成，那么该缺口自然可以作为新的下跌走势的第一个线段。

但为了简化判断流程，可以给出一个原则：如果一个缺口是反向的，该缺口空间包含原 1 分钟走势的最后一个中枢区间，就可以认为该缺口是一个线段。

也就是说，如果当前的 1 分钟走势是向上的，并且处于最后一个 1 分钟中枢上方，此时突然出现一个缺口，该缺口直接跌破了最后一个中枢区间，那么此时大概率是原 1 分钟向上走势结束，可以假定该缺口是新的下跌 1 分钟走势的第一个线段了。注意，这只是为了简化处理，而非本质含义，本质含义是该缺口能够当下确认原走势结束，那么这个缺口可以认为是一段。

除此之外，无论是缺口包含最后一笔，还是包含最后一段，都要看作是一笔，至此，缺口被当作 K 线、笔和线段的区别就全部明白了。

这个原则从最本质的角度出发，没有什么可争议的，因为这是最能反映走势的处理原则！

新笔和老笔的本质含义

今天依旧是中枢震荡，日线上继续新高，因此日线的顶分型还没出现，尾盘的下跌留了一个上影线，因此明天的看点在于是否有日线顶分型出现。如图 131 所示。

此外，有人提到新笔和老笔的问题，因为新笔和老笔的区别使图中 50-51 这段有分一段还是三段的区别。其实这无非就是 a0 的取舍，用哪个都可以，重要的是一直坚持同样的标准，这在缠师的回复中也有提及。

为什么要有新笔和老笔之分？

新笔和老笔的区别在于顶底分型中间的独立 K 线是否考虑包含关系，新笔是不考虑包含关系的，只要顶底分型之间有一根独立 K 线即可，而老笔必须经过包含处理之后，顶底分型之间存在一根独立 K 线，显然老笔的定义对笔的形成更严

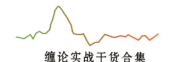

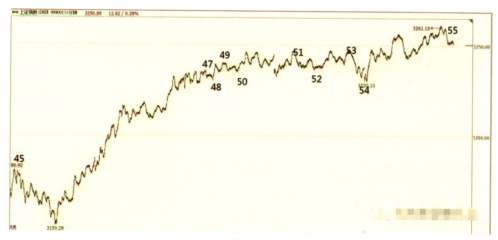

图 131

格一些。

其中，新笔需要注意的是，包含关系的处理是针对中间独立 K 线的，不包括分型，分型中第一、第二或者第二、第三 K 线之间是不能有包含关系的，必须经过包含处理。

众所周知，新笔的定义是为了适应有股指期货的市场，那么为什么新笔的定义会更适合有股指期货的市场呢？这是因为有了股指期货的影响，会使指数波动的趋同性更强，期货的趋同性比股票强，这是由交易规则决定的，因为期货中多空转换的阻力更小，平掉多单之后可以立刻开空单，而股票则不行。所以，期货里可以经常看到各种小转大、V 型和 M 型顶底，平台型的比较少，这都是趋同性强的原因。

注意，缠师设计笔和线段的初衷是为了过滤掉小级别上的偶然因素，那么由于老笔的定义更严格一些，因此老笔的稳定性更强，但当趋同性变得更强时，一个偶然的波动也容易引起多空的转换，那么不得不从一定程度上考虑这种偶然因素了，因此新笔的定义要稍不严格一些。

如果在一个趋同性非常强的市场里，笔的定义还能再宽松一些吗？从理论上说，当然可以，完全可以将独立 K 线去掉，只保留顶底分型，但这只是理论上的，同时也要兼顾可操作性，笔的定义越宽松，其中包含的偶然因素必然更多，

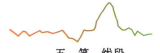

这会影响操作性。况且，笔只是作为最小级别的基本构件，其上面还有线段、中枢和走势类型，笔的轻微改变并不足以改变所有的线段、中枢和走势类型，因此笔的定义坚持一种标准即可，更重要的是对走势的把握。

108 课中寻找复杂线段的划分方法

周五的解盘里，问得最多的一个问题是 29–30 是分一段还是三段，如图 132 所示。

图 132

争议主要来自图 132 中 3–8 算不算一段。认为算一段的，其理由是 3–4 这个特征序列与 5–6 有包含关系，包含处理后新的特征序列是 3–6，然后 1–2，3–6，7–8 可以构成特征序列底分型，于是 3–8 成一段。

这是个复杂线段的情况。关于复杂线段的处理，之前写过两篇文章：

复杂线段的划分方法。

再谈复杂线段的划分（干货分享）。

复杂线段的划分，缠师没有明确讲过具体方法，但依然可以从缠论原文中对复杂线段的划分方法进行推理。先看《扫地僧读缠论 108 课札记 81——一些概念的再分辨》中的段落：

有一种复杂的情况，在今天的 80–83 的划分中就出现了。就是对 80–81 出现了第一笔的笔破坏，然后是一个符合线段标准的走势 A，但没有创新低，这样当

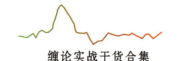

然不能算是原线段的延续，但线段的破坏也不能算，为什么？因为没有符合要求的三笔。接下来，一个反弹，也满足线段的要求，然后就转头继续创新低。这里有一个细微的区别，如果这个反弹只是一笔，那么就没有破坏走势 A，后面接着的新低，就意味着走势 A 依然延续，所以走势 A 就是原来 80-81 的延续。

但现在的问题是，这个反弹把走势 A 用线段破坏了，因此，说走势 A 依然延续显然是不对的，所以后面的走势和走势 A 无关，因此，唯一合理的划分是把第一笔的笔破坏、走势 A、一个反弹合成一个线段，这完全满足线段的定义，所以就有了 81-82。

图 133 中，81 开始的一笔反弹幅度比较大，然后又走出一个下跌线段 2-9（原文中的走势 A），但线段低点还没跌破 81，之后又走了一个反弹段 9-82，缠师提到，如果 9-82 是一段，那么 80-83 分为三段，如果 9-82 只是一笔，那么 80-83 只有一段。

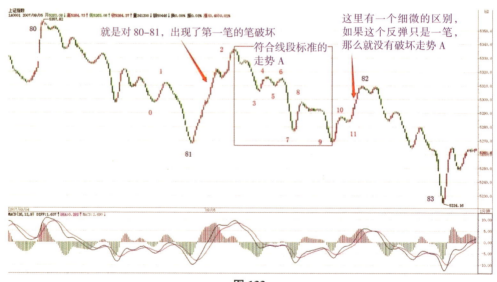

图 133

我们假设 9-82 只是一笔，如果按照将 29-30 分为三段的方法，81 开始的那个特征序列不断向后进行包含处理，最终可以得到 0-1，81-8，9-82 特征序列底分型，按道理，81-82 应该是一段。但缠师原文中明确指出，如果 9-82 是一笔，

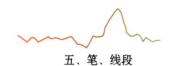

则 81-82 并不是一段，只是 80-81 的延续。

其实，问题的核心就在于，当出现复杂线段时，在幅度最大那笔的范围内有没有出现过线段被另外的线段破坏，以 81 课的这个图为例，如果 9-82 是一个线段，那么 9-82 是对 2-9 的线段破坏，所以 9-82 成一段，如果 9-82 只是一笔，即使此时包含处理后有特征序列底分型，也不是一段，因为没有出现线段被反向的线段破坏。

再看 29-30 的图，如图 134 所示。

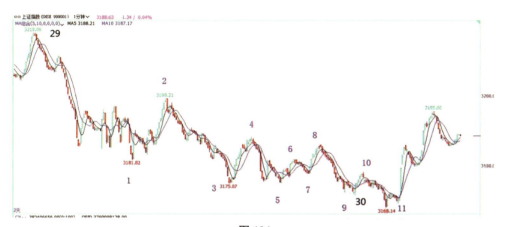

图 134

5-8 这个向上段范围一直在 3-4 这一笔内，此时仍然处于无方向状态，但后面 9 直接跌破了 3 的低点，说明依然是 29-3 这个下跌段的延续，如果 9 点的位置高于 3 点，那就说明在 3-4 内，出现了 5-8 这个上涨段被一个下跌段给破坏了，那这个上涨段自然成立！这也是把 29-30 看作一段的原因。

《缠论 108 课详解》78 课里笔者写过一段详解，贴出来以供大家参考：

【扫地僧：上面几段话都是在讲复杂线段的问题，一般人看到这里都会晕了，下面用一张图来解释上面几段话的内容：

图中 1-4 是向下的线段 B，4-5 是一笔破坏，第一种情况是 5 点后面又走出下跌的线段，并最终跌破了 4 点，也就是绿色线段所表达的，此时依然是线段 B 的延续，1-10 是一段。

第二种情况是 10 点没破 4 点，之后有一笔反弹，并且该笔反弹高于上一个

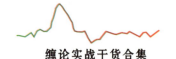

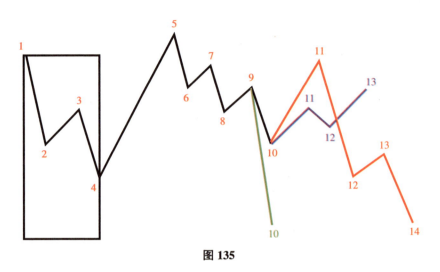

图 135

向上笔 9 点，然后又继续下跌，最终跌破 4 点，就是图中红色线段所示的，此时的争议在于，对于下跌线段 B 的特征序列，4-5，6-7，8-9 可以经过包含处理得到 4-9，然后由于 11 点高于 9 点，因此 2-3，4-9，10-11 构成 B 的特征序列的底分型，此时看，线段 B 结束了，4-11 形成上涨线段，11-14 又是一个下跌线段。但如果是从"线段必须被线段破坏"这个定义来看，10-11 只是对 5-10 的笔破坏，而后面 12 点跌破 10 点和 4 点，依然是 5-10 这个下跌线段的延续，而 4-5 只是一笔破坏 1-4 这个线段 B，因此 5-14 还是 1-4 这个线段 B 的延续，那么 1-14 应该是一段。从上面的几段话内容来看，是支持 1-14 是一段的划分。

还有一种情况，从 10 点起来线段破坏了 5-10 这个下跌线段，此时由于 10-13（图中蓝色线段所示）已经破坏了 5-10，因此 10-13 必然是一个向上的线段，无论此时 13 点是否高于 5 点都是线段破坏，都符合定义，因此，此时的划分为 1-4 是一个下跌线段，4-13 是一个上涨线段】

干货分享：回顾分型的辅助操作

大盘今天出现一根中阴线，收盘在 5 日均线附近。这个走势很经典，所以要拿来当作一个当下的案例讲。

先看今天的大盘 1F 图，如图 136 所示。

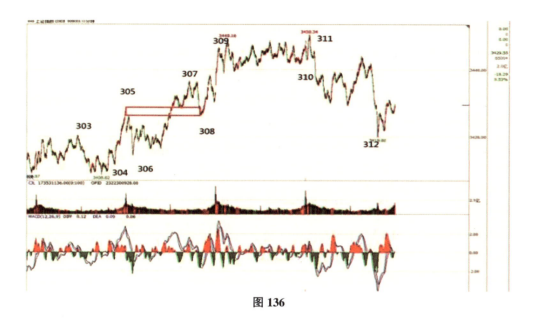

图 136

305-308 是 1F 中枢，310 是三买，但 310-311 与 308-309 对比有盘背，这就是三买后走盘背，必定形成更大级别中枢，312 点回到了 301 下方，那么一个 5F 中枢就形成了，如图 137 所示。

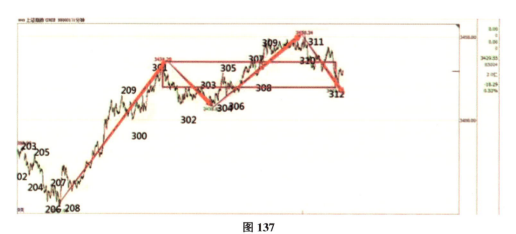

图 137

这里虽然 311-312 是一个 1F 的线段，即使明日从 312 点起来直接新高，该中枢同样可以如此看，因为可以通过组合使该 5F 中枢的 3 个次级别为 301-304，304-309，309-312。

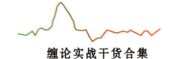

312 起来虽然有一个线段，但由于是特征序列的第二种情况，所以暂定。

那么在日线上，今天的阴线包含了昨日的阳线，如果明天不能创新高，那么一个顶分型就呼之欲出了。有关顶分型的辅助操作，可以看一下原文。

注意，利用顶分型进行操作时，必须配合小级别的图。本质上，分型都是某小级别的第一、第二买卖点成立后出现的。用卖点来说，如果第二卖点后次级别跌破后不形成盘整背驰，那么调整的力度肯定大，如果时间一延长，就搞出笔来了，特别日线上的向下笔，都是比较长时间较大调整形成的，那肯定是要有效跌破 5 日线的，而第二卖点后次级别跌破形成盘整背驰，那调整最多就演化成更大级别的震荡，其力度就有限，一般 5 日线不会被有效跌破。【扫地僧：核心还是走势本身，只不过小级别的走势可以用大级别的分型来辅助操作而已，分型只是辅助作用，有具体的点位可参考，包括 5 日均线也一样，只是参考的位置，核心还是走势】

利用上面的性质，实质上并不需要在顶分型全部形成后再操作，如 000938，0904 那天（见图 138），不需要等到收盘，而在其冲高时，一看在前一天高位下形成小级别卖点，就可以坚决出掉，然后下来形成顶分型，等跌破 5 日线后，看是否出现小级别的盘整背驰，一旦出现，就回补，所以就有了 9 月 5 日的走势，这样，等于打了一个 10% 多的短差。【扫地僧：由于分钟级别的 K 线看不到了，我们就看一下 9 月 4 日、5 日的分时图：可以看到，9 月 4 日从高点 19.28 下跌至

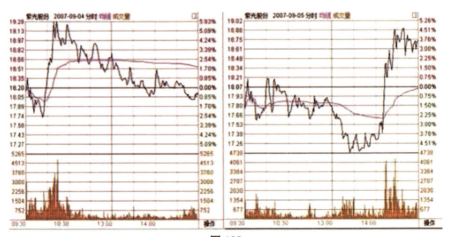

图 138

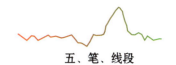

16.05 附近，跌幅 1.2 元多，第二天在 18 元附近做小级别中枢，午后从 17.9 元附近跌至 17 元，跌幅 9 毛，是个小盘背，可以回补】

注意，操作的难点在于：

（1）必须与小级别的第二买卖点配合看，如果小级别看不明白，只看今天冲起采没破前一天高位或没跌破前一天低位，这样操作的效果不会太好。【扫地僧：核心仍然是走势本身】

（2）要利用好盘整背驰，这样就不会漏掉回补，或者是非盘整背驰而回补早了，一般来说，非盘整背驰的，一定要等待背驰出现时才可以回补。买点的情况反过来就是了。

注意，大级别的分型和某小级别的第一、第二买卖点并不是绝对的对应关系，有前者一定有后者，但有后者并不一定有前者，所以前者只是一个辅助。

最后可以看一个综合的例子，600008，如图 139 所示。

808 日，顶分型后跌破 5 日线，然后调整到均线吻起来再启动。903 日，顶分型后没有有效跌破 5 日线，然后继续上涨，第二天有一个盘整背驰的回补点。

图 139

扫地僧：分别截取了当时的日线图和 8 月 30 日至 9 月 4 日的分时图。

注意，顶分型的时候是形成顶分型那天冲高卖，而不是收盘等顶分型都很明确了再走，例如，在 600008 的 903 的例子里，只要当天不破 20.9，肯定就是顶分型，这不需要收盘才知道，没开盘都知道的。关键是结合小级别的走势，当下就确认这卖点。然后第二天的回补关键看 5 日线是否有效跌破，而判断的关键，其实不在 5 日线，而在小级别是否盘整背驰上。【扫地僧：日线分型操作的级别对于新手来说太小，建议从月线或周线的分型开始练习，步骤是：①先看当前是

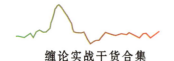

向上笔还是向下笔；②确定当前笔的最高点和最低点；③看本周/月的内部小级别走势是否有相应的买卖点，如果有并且不能创新高/低，则进行操作】

这些细微的技术问题，都需要不断磨炼才能操作自如，现在，最好多找些图来看，先感受一下，否则一点概念都没有，操作什么？

扫地僧：分型操作的核心还是小级别的走势本身，分型只是一个辅助判断的工具。

分型的辅助操作，核心仍然是走势本身，对于当前的大盘，如果将 311 看作是第一类卖点（这里仅仅是一个盘整背驰的卖点，并非严格的趋势一卖），那么明天的一段 1F 上涨，能否突破 311 则是能否形成顶分型的关键，如果从 312 开始的一个 1F 上涨线段段内出现背驰或者盘背，但仍未突破 311 点，那么形成顶分型的可能性就会大大增加。

于是，下一个关键点是昨天的最低点 3435 点，因为昨天的 K 线被今天的阴线完全包含，经过包含处理后，这个顶分型的中间 K 线低点就是昨日的低点。于是，明天如果反弹，要看的关键点位是：

（1）今日高点 3450 点，突破该点则向上笔延续。

（2）昨日低点 3435 点，如果连这个位置都上不去，说明反弹很弱，顶分型成立。

假设明天的第一波反弹较弱，也就是所谓的小级别"二卖"出现了，那么接下来的调整就要时刻关注是否有盘背。由于今天的收盘在 5 日均线处，并且也是前天 K 线的中间位置，如果这个调整跌破 312 点后没有与 311–312 形成盘背，那么必定有效跌破了 5 日均线，其后的调整时间就会加长。

于是，经过以上分析，对于明日大盘的看点基本有了一定的预判，是强是弱已经提前分类出来了，明日只是等市场进行选择而已。

此外，由于这种操作级别比较小，一定要考虑到 T+1 的限制，如果是自己已有的持仓做短差则没有问题；如果是新开仓的股票，并且操作级别比较小，则要看一下开仓的时间点，在下午两点以后甚至尾盘时就可以大胆一些，而上午时就要小心一点，因为级别太小，上午买进的下午未必出得去。像今天在有鱼 18 上给大家看的尾盘买了一点罗莱生活（002293），原因是尾盘的操作可以激进一点，

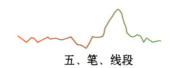
明天能卖得掉。

分型与 5 日均线

写书的时候看到缠师曾经说过一句话：分型成立后能否延伸为笔，关键看 5 日线，只要不能重上，那么这个底分型就有破坏的可能。

回顾一下今年的行情，可以发现自 3587 点以来，只要突破 5 日均线后，第二天不再跌破，最终都向上延伸出了日线笔。

先看 2 月到 4 月的行情，只要下跌笔成立，5 日均线开始远离 10 日均线后出现的反弹，都符合这个经验（见图 140）。

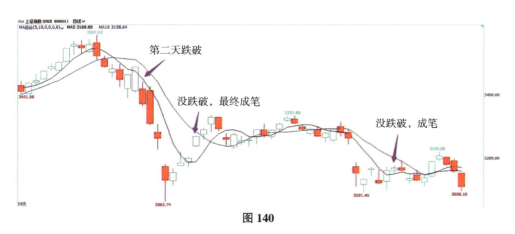

图 140

然后是 4 月到 10 月的，无一例外（见图 141）。

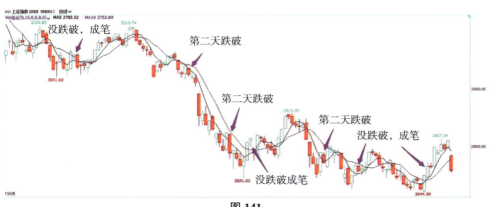

图 141

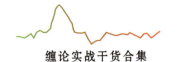

最后是 10 月以来的走势，这段走势比较复杂，10 月 19 日站上 5 日线，22 日继续大阳线拉，显然由于短期上涨过多，后面有了一周多的震荡调整，但最终延伸出向上笔。12 月 3 日的跳空是突破后没有跌破 5 日均线，虽然最终没能够延伸出向上笔，但后面还有二次反弹（12 月 10 日至 13 日的反弹），如图 142 所示。

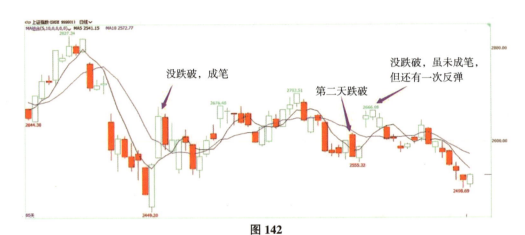

图 142

可以看到，唯一的一次没延伸出向上笔，也是因为突破 5 日均线后第二天上涨过多，引发继续调整，而之后的二次反弹没能创新高。

重要结论：日线底分型如果上不去 5 日均线，就不用关注，一旦反弹至 5 日均线上，并且第二天回抽不破 5 日均线（第二天也不要再大涨，如果再大涨往往会有调整），那么延伸出向上笔的概率非常大！

今天这复杂线段怎么分？

今天的线段划分比较复杂，涉及很多有争议的地方，值得掰开来讲讲。先看图 143 所示。

图 143 中每个标号之间代表一笔（9-10 除外）。

昨天尾盘收盘到 9 点，此时从 1 点开始走了两段，1-4，4-7，如果 9-10 是一笔的话，那就简单多了，可是 9-10 间只有 3 根 K 线，加一个缺口，根据《缠论实战干货——缺口的处理原则》，此时的缺口看作 1 根 K 线，那么 9-10 不够一笔，之后 11 点直接突破了 9 点，所以，9-10 这笔被消融了，此时可以假设 9-10 的 K 线没发

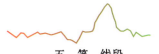
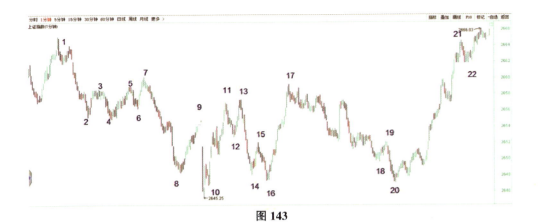

图 143

生过，可以从图中擦去，那么从 7 点下来应该是 7-8，8-11，11-12，12-13……

那么从 4 点开始的向上段，其特征序列为：5-6，7-8，11-12，13-14，其中 7-8 包含 11-12，包含处理后特征序列为 5-6，7-12，13-14，构成顶分型，因此，7 点就是 4-7 这个线段的结束点。

7 点下来，特征序列为 8-11，12-13，14-15，16-17，18-19，20-21，22-23，其中 16-17 包含 18-19，处理后是 16-19。从 7 点后，能形成特征序列底分型的地方只有 18-19，20-21，22-23，16 点附近由于有包含关系，处理后就成了 14-15，16-19，20-21，但 20 比 16 低，所以形不成底分型。因此，从 7 点开始的下跌段到 20 点结束。

从线段破坏的角度看，7 点开始只有 8-11 有线段破坏，但此时 7-8 形不成段，所以这里没有线段破坏，只有在 20 处才有标准的线段破坏。

因此，这里的分段标准应该是 1-4，4-7，7-20，20-尾盘，一共 4 段。

这样的划分看起来可能会感觉比较别扭，主要原因是 9-10 这几根 K 线被消融的原因，此时，为了看着舒服，可以这样划分：1-10，10-13，13-20（1-10，10-17，17-20 也行），那么看起来就会舒服得多。

而从形态的角度看，1-8 看作下跌，8-17 是盘整，17-20 是下跌，后下跌力度比前下跌力度小，构成背驰。注意，在这个角度里，9-10 是被消融的。

能看懂今天的分段的，则对线段的划分可以说基本掌握了，不需要再沉迷进线段里，多研究研究形态。

六、小转大

小转大的实际应用

今天一大早，就给市场编写了两个剧本，如图 144 所示。

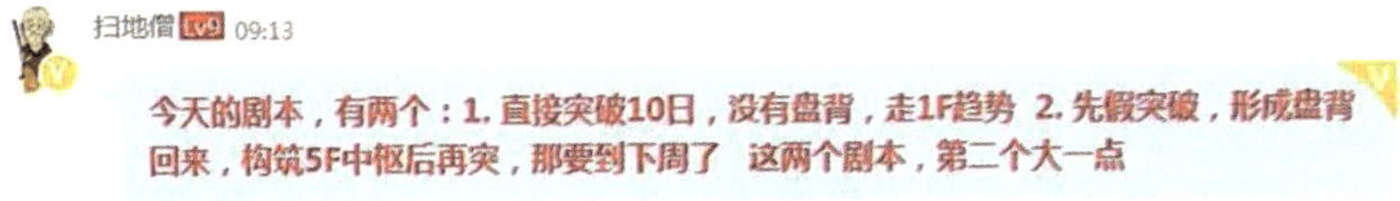

扫地僧 09:13

今天的剧本，有两个：1. 直接突破10日，没有盘背，走1F趋势 2. 先假突破，形成盘背回来，构筑5F中枢后再突，那要到下周了 这两个剧本，第二个大一点

图 144

早盘低开后，挑战昨天的低点，段内还有个小背驰，加上这个回抽动作刚好是突破 5F 下降通道上沿后的回抽，此等良机当然不能放过，止损空间有限，向上的空间远大于止损空间，于是就干。但大盘并未马上就涨，一直到上午收盘，还是在 5 日均线下晃悠，午后开始向上推升，并且最终突破了本周高点和 10 日均线，此时当然要关注剧本里的第二种情况：假突破。

到底是不是假突破，只有到内部去看。从内部看，也没有背驰出现，但为什么下午的这个回落力度还不小呢？

这里面有一个实战技巧：小转大的预判。在《扫地僧读缠论 108 课札记 47——有关背驰的补习课》一文中有这样一句话：

这种小级别背驰最终转化成大级别转折的情况，最值得注意的，是出现在趋势走势的冲顶或赶底之中，这种情况一般都会引发大级别的转折，这种例子前面都说过，如 20070104 的工行、20061207 的北辰实业、20070122 的水井坊等。

这种小转大不仅仅在大级别的冲顶赶底中，在小级别里同样适用，其关键点在于冲顶/赶底。看一下当时的 1F 图，如图 145 所示。

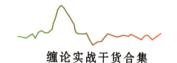

缠论实战干货合集

（扫二维码加我微信）

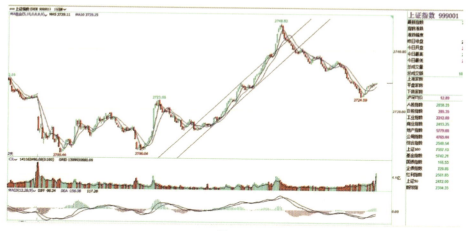

图145

可以看到，下午的上涨刚开始沿着一个通道在走，接近顶部时，突然加速，并且是在该通道的上轨上方，此时要密切注意这个冲顶的加速动作了，只要内部有背驰，往往预示着这波走势要歇歇了。于是，13：52的K线就出现了价格新高而MACD红柱子不再创新高的情况，背驰出现，此时小转大的概率就太大了。

加上有剧本的预判，操作上当然就不能太犹豫，如图146所示。

成交时间	合约	买卖	开平	成交价格
13:54:21	10001311	卖出	平仓	0.1198
09:41:05	10001311	买入	开仓	0.0907

时间 ▲	合约	状态	买卖	开平	委托价
09:48:37	IH1809	全成	买	开	2437.4
13:54:42	IH1809	全成	卖	开	2490.0

图146

这种小转大的技巧是高级货，但其实并不难，在缠师的回复里提及过，用心的能看到。

干货：小转大的一个处理技巧

上次解盘《补缺继续》中提到，银行股短线要歇一歇，到今天为止，已经歇了两天，把本周的涨幅基本都吃了回去。今天早盘有一个技术上的小转大卖点，这

132

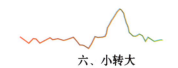

里给大家讲一讲。

图 147 是本周大盘的 1F 分段图。可以看出，526-527 的力度最大，但从 527 开始却走出下跌 1F 走势，这是明显的小转大。我们知道，一波比较强的走势后出现的调整如果一直在该走势的最后一个中枢范围内，则该调整算正常的，对于 526-527 这段来说，就是周三早盘调整的低点 3190 附近，528-529 刚好在其附近，因为 528-529 这段太偶然，很难判断出这段的结束，因此 529 点并不具备可操作性。

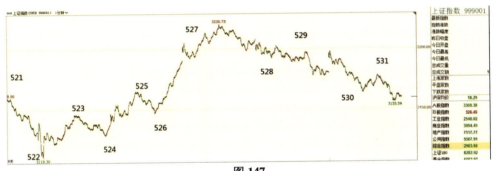

图 147

可以看出，528-529 这段的结束在内部也是小转大，因此不具备实战上的可操作性。而昨天下午到收盘时，已经确认了 528-529 的结束，此时立刻确认 527 点下来的级别已经转为 1F 了，小转大已经发生了。那么根据小转大的处理原则，只要有反弹的一段不创新高就应该卖掉，而今天早盘的跳空高开则正好给了反弹一段的预期，但比较不幸的是，跳空高开后立刻掉头向下了，使昨天下午的低点开始并没有折腾出上涨的一段。

而在当下，我们并不能立刻确认今天能否走出上涨一段，因此早盘回落后的一个横盘，刚好构筑了一个笔中枢，就是 9:45~10:05，当跌破这个横盘的笔中枢时，可以认为今天的反弹已经有疲态，确认反弹结束，图 148 中画红圈的位置是一个比较好的卖出点。

有人说万一你走了之后又拉起，然后向上走新的 1F 走势怎么办？

首先，这是一个假设，虽然有这个可能性，但我们这里讨论的是 1F 级别的操作，如果站在 5F 的角度，完全不用卖出，耐心等待下一个 1F 的反弹再看力度

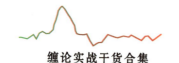

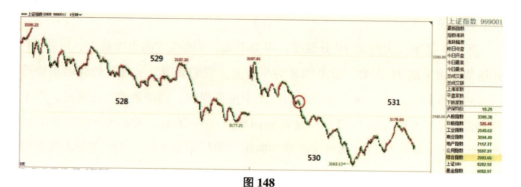

图 148

即可。而对于 1F 级别，今天上午如果卖出就是一个好操作，即使后面出现拉升，那必然使后面的走势结构发生改变，在 1F 级别上也会继续出现该买点，这并不矛盾，你的操作就是要做好最坏打算，然后在盘中用实际的走势来印证。

复习——如何预防小转大

1 分钟级别如图 149 所示。

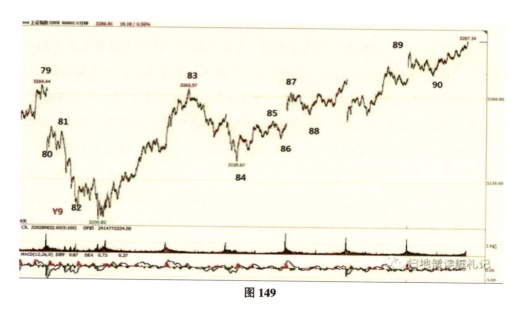

图 149

82 点起来的 1F 趋势走得比较曲折，虽然目前还未出现第二个 1F 中枢，但当下要注意了，因为从 86 点起，一个线段类趋势在尾盘时有在走背驰段的意思了。

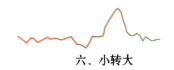
明天开盘如果不能维持强势，那么第二个中枢的构成就没什么悬念。

1 分钟的分类如下：

（1）90-91 力度加大，该 1F 趋势第二个中枢在更高的位置形成。

（2）90-91 有背驰，89-92 构成第二个 1F 中枢。

（3）从 91 点起，直接走下跌的 1F 走势。

5 分钟的分类没有变化，不再啰嗦。

创业板的 1F 回调随时可完成完美，非常健康的调整，看好继续新高。

明日观点：主板和创业板双双挑战新高。

今天的上证走势图中，暗藏了一个适合讲小转大的图形，82 点起来的这个 1F 走势，83-86 是第一个中枢，86-91 是一个线段类上涨趋势，假设 91 点是线段类趋势的背驰点，那么此时，首先要注意最差的情况是什么。显然，最差的情况就是此时发生小转大，即 86-91 这个线段类趋势背驰引发了 82 开始的这个上涨的 1F 走势结束，从而走出反向的 1F 走势。

小转大是无法预测的，也就是说，当出现了一个小级别背驰后，是无法当下就确认后面必然要走小转大，小转大只有走出来之后才知道是小级别转大级别，无法提前预测，凡是想提前预测的，最终不会有结果，无非是概率的问题。

但我们可以通过一些操作，可以预防小转大的发生。假设 91 点是线段类背驰点，如果 92 点后的一段回调直接跌破 87 点（87 点是包含 83-86 这个 1F 中枢三买的次级别回抽的高点，也就是说 87-88 构成三买），那么任何的一段反弹都要卖掉，而如果 92 点后的一段回调也在 89-90 范围内，则无须紧张。这就是预防小转大的操作，当然，即使 92 点后的回调跌破了 87 点，后面也可能直接创新高，但那无非是第二类卖点而已，后面看到回调的 1F 有买点时再接回。

关于小转大的具体操作，在札记中有详细图解，或者直接看原文《教你炒股票 44——小级别背驰引发大级别转折》。

缠论实战干货——V 型反转

今天不解盘了，分享一个实战干货！

近期次新股表现抢眼，虽然昨天和今天有所调整，但次新的波动性和赚钱效

应比较明显，动不动就是涨停跌停的，V型反转很常见，尤其是新股开板后的阶段性高点，基本都是V型反转下来的，今天重点谈谈如何做V型反转的股票。

凡是V型反转，其MACD必然呈现倒三角形，也就是说MACD的红绿柱子是呈扩张放大型的，比如海立股份（600619）在5月24日的正V型和6月22日的倒V型，在30分钟图中，其MACD都呈现了扩张三角形形态，如图150所示。

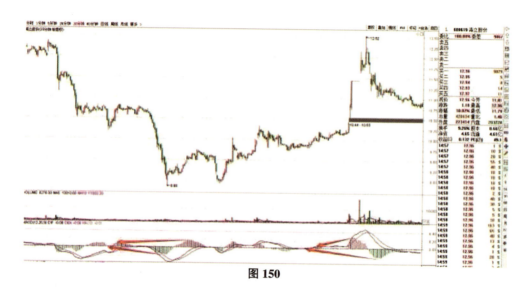

图150

一般出现这种形态都会伴随V型反转。对于倒V型，要考虑的是卖点，在实战中，有两个方法卖出：

（1）纯缠论的卖点：用小转大的处理方式，凡是V型反转必然伴随着小转大，即如果一波下跌直接跌破了V型前猛烈上涨时最后一个小级别的中枢，而后的一个反弹如果不能创新高，甚至连该中枢都不能碰到，就要立刻卖掉。

比如，在6月22日，海立股份前两个小时构筑了一个小级别中枢，午后直接跌破该中枢（见图151），第二天的反弹也没能上去，此时就要卖掉。

再例如，5月16日的创业环保V型反转，如图152所示。

（2）第一个是经典的缠论处理小转大的方式，但对缠论的功底要求较高，对于缠论初学者，还有一个简单的方法可以参考：如果MACD黄白线从下方回抽0轴而上不去，则卖出。

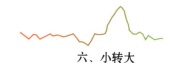
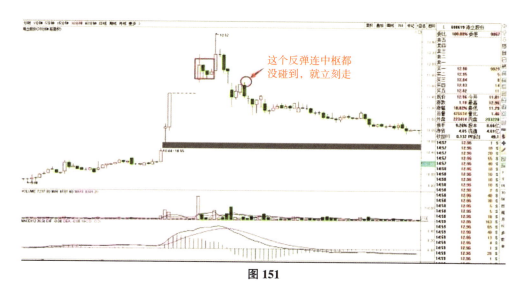

这个反弹连中枢都没碰到，就立刻走

图 151

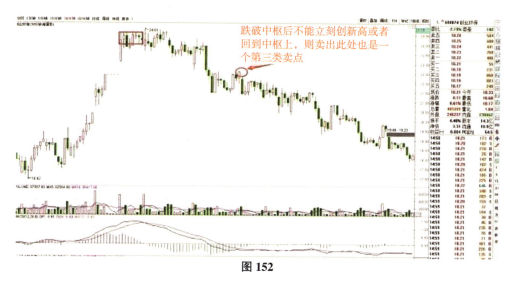

跌破中枢后不能立刻创新高或者回到中枢上，则卖出此处也是一个第三类卖点

图 152

还是以上面两只股票为例，如图 153、图 154 所示。

这是一个简单而直观的办法，虽然卖点不是十分精准，但大概能卖到高点附近。需要注意的是，最好在第一次出现时卖出。

这是倒 V 型的情况，对于正 V 型，我们要考虑在什么位置买股票。买股票的方法没那么复杂，只需等待 MACD 黄白线在 0 轴上方出现双回抽或者三回抽时买入。

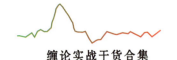

MACD 回抽 0 轴而上不去时卖出

图 153

MACD 回抽 0 轴而上不去时卖出

图 154

还以海立股份为例，如图 155 所示。

再看几个其他的例子，如图 156、图 157 所示。

这些是从今天涨幅榜的股票中选取历史走势作为案例的，大家可以任意地翻一翻任意股票的历史走势，看看出现 V 型反转时，该方法是否好用，好的方法其普适性一定强，并不是只有笔者举的几个特殊案例符合，其他的就不好用了。

所以，V 型反转并不可怕，或者说小转大不可怕，有好的方法就足以应对！

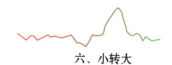

三次回抽

图 155

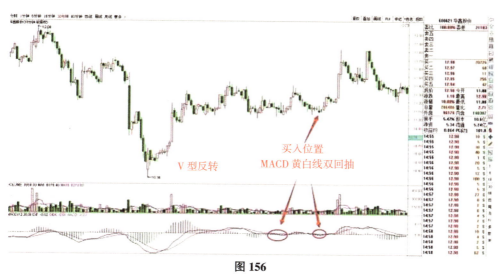

V 型反转

买入位置
MACD 黄白线双回抽

图 156

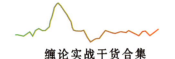

图 157

缠论实战干货——继续讲 V 型反转

昨天讲的 V 型反转可能很多人没有感觉，我们看看这次次新股的行情有什么共性，为了证明具有普适性，就倒序选取 5 只 2017 年 5 月上市的股票，然后选 5 只 2017 年 4 月上市的股票依次看，如图 158~图 162 所示。

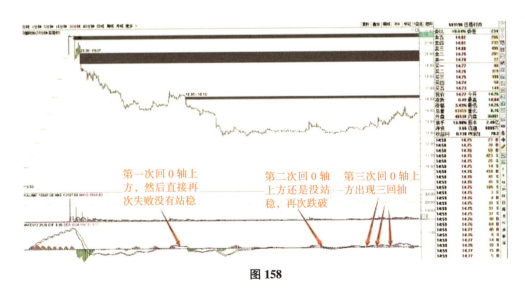

图 158

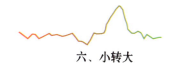

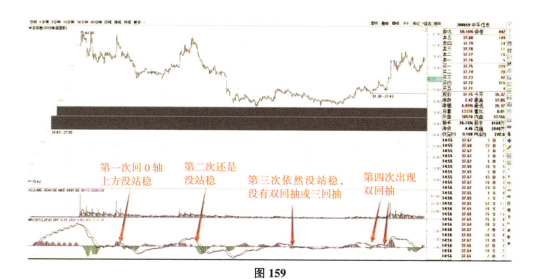

图159

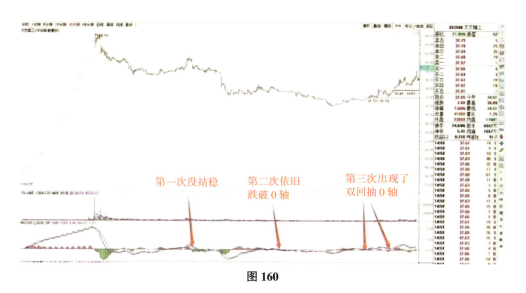

图160

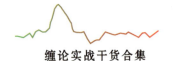

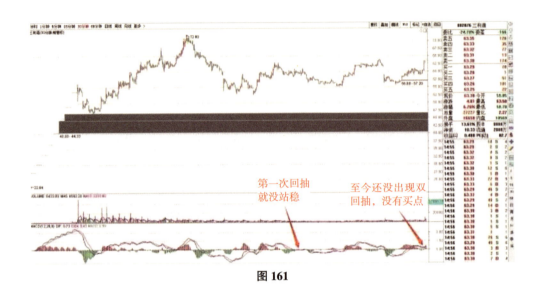

图 161

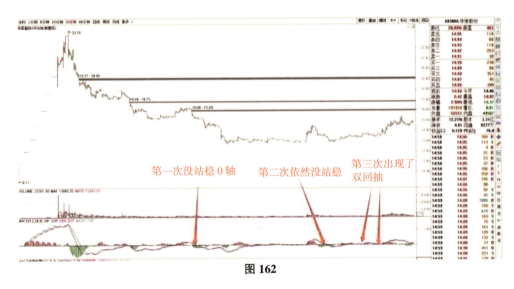

图 162

下面是 4 月上市的 5 只股票，从 4 月 30 日向前数，如图 163~图 167 所示。

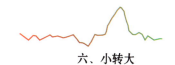

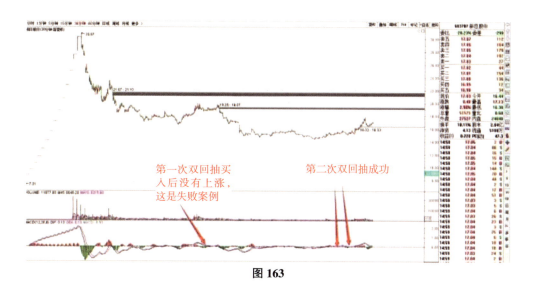

第一次双回抽买入后没有上涨，这是失败案例

第二次双回抽成功

图 163

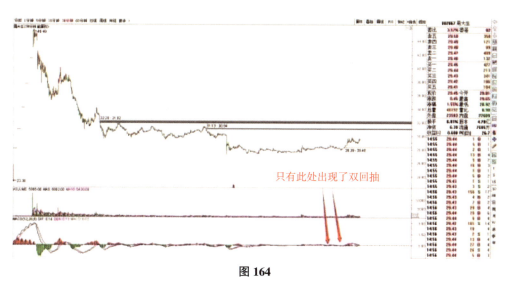

只有此处出现了双回抽

图 164

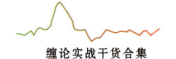

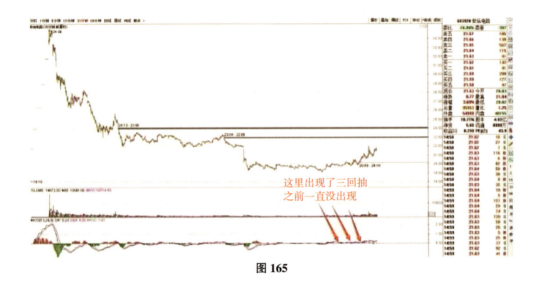

这里出现了三回抽
之前一直没出现

图 165

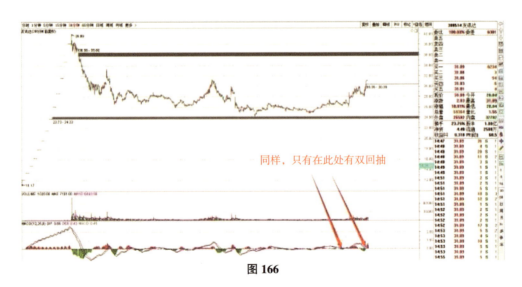

同样，只有在此处有双回抽

图 166

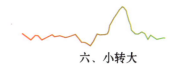
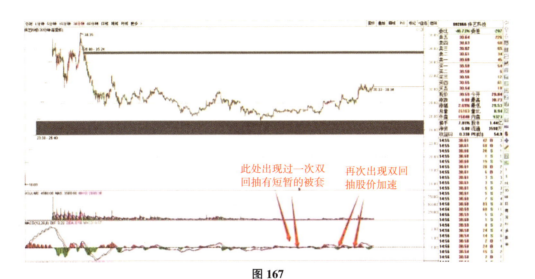

此处出现过一次双回抽有短暂的被套

再次出现双回抽股价加速

图 167

可以看到，虽然该方法不是万能的，其中也有失败的案例，但总体的胜率非常高，对于次新股，用该方法操作，基本都能在爆发前夕埋伏进去。

此外，不仅仅对次新股有用，对其他个股也一样，随机从今天涨幅榜中看到两只股票，如图 168、图 169 所示。

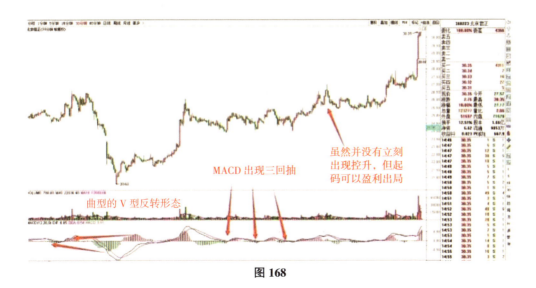

MACD 出现三回抽

虽然并没有立刻出现拉升，但起码可以盈利出局

曲型的 V 型反转形态

图 168

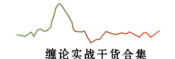

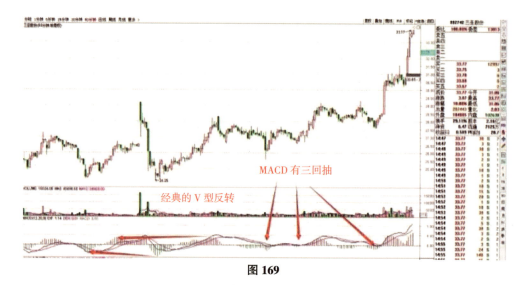

经典的 V 型反转

MACD 有三回抽

图 169

用该方法有三大好处：

（1）很多个股中枢一旦构筑后，就会立刻走出脱离中枢的走势，该买点买入后，可以避开构筑中枢的磨人时期，增加资金使用效率。

（2）买入点基本在中枢下沿附近，风险收益比会比较好，加上胜率较大，总体风险可控。

（3）可以避开许多失败的反转，一般失败的反转在 MACD 上 0 轴后，往往只有单回抽，第二次回抽就直接跌破，从而延续下跌。

此外，这种处理方法也可以区间套，如今天涨停的运达科技，在 60 分钟图上，一个 V 型反转形态后出现了 MACD 双回抽，如图 169 所示。

然后看第二次回抽的内部，在 5 分钟图上，如图 170 所示。

5 分钟图上出现了三回抽后进入加速，非常漂亮的一个区间套。

今天一个长下影，起到了一定的洗盘作用，但考虑到 5 日均线还未有走横的迹象，预计接下来还要调整，最好是能将缺口回补上，省得为日后埋下隐患。

现在中枢级别升为 5 分钟级别，接下来会围绕该 5 分钟级别的中枢震荡，紧盯第三类买卖点即可。

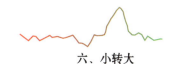

图 170

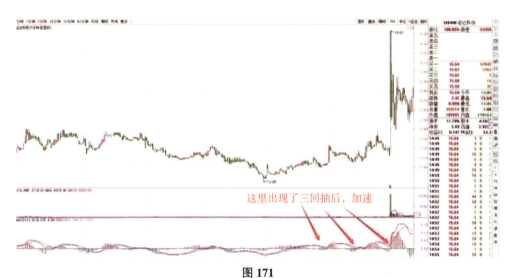

图 171

此外，也可以用今天讲的方法操作，如图 172 所示。

5 分钟图上，今天的长下影线正好是一个 V 型反转，接下来耐心等待看是否会出现双回抽，如果调整继续探底，那么一般等不到双回抽就会跌破 0 轴；如果向上走，大概率会出现双回抽或三回抽，让市场给答案吧！

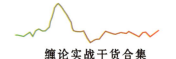

图 172

非背驰转折的处理方法

缠论的一个难点就在于并非所有的走势都是以本级别的背驰或者盘背结束，经常会遇到非背驰就转折的情况。比如，上证在 7 月 26 日那天的高点，就是在 5F 级别上的一个小转大。除了小转大，还有没有背驰段的转折，比如"上涨 + 盘整 + 下跌"。

非背驰转折在实战中给大家带来的问题就是高位时等背驰，结果转折被套，低位时等背驰，结果错过抄底。那么，缠师以前遇到这种情况时，是如何处理的呢？

我们看一下 2007 年 3 月 7 日《教你炒股票 34：宁当面首，莫成怨男》文后缠师的回复中有这么一句：

大盘只要不有效站稳 2915，最终形成第三类买点，则下面中枢依然不能摆脱。

而在 3 月 8 日《论语详解 35》文后，缠师对当天的解盘里有如下一句：

昨天尾盘与今天早盘构成的 5 分钟回试，没有重新跌回 2858 原 30 分钟中枢，就构成完美的第三类买点。

附上当时的 5 分钟图，如图 173 所示。

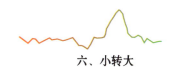

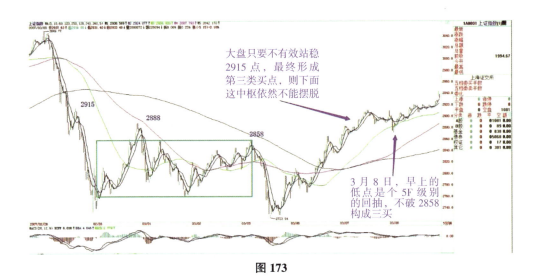

大盘只要不有效站稳
2915 点，最终形成
第三类买点，则下面
这中枢依然不能摆脱

3月8日，早上的
低点是个 5F 级别
的回抽，不破 2858
构成三买

图 173

从图 172 中可以看到，2 月 28 日到 3 月 5 日，构成了一个 30F 级别的中枢，3 月 5 日的低点跌破了该中枢，但注意，这个低点是 1 分钟级别以下的背驰所引发的，并不是 5F 级别的背驰，所以当时无法确认那里就是下跌 30F 的结束点。此时缠师是以 30F 中枢为参考的，看是否能形成该中枢的三买。在 3 月 8 日早盘，出现了三买。

还有 2007 年 8 月 3 日那天的解盘也是如此，这里不再多啰嗦，大家可以翻一下原文。

所以，对于非背驰转折，重要的是最近中枢的第三类买卖点。

其理论逻辑是这样的：

由于没有背驰，因此自然没有第一类的买卖点，而由于没有第一类买卖点，自然无法确定当时的高低点就是转折点，那么第二类的买卖点也就没有了依据，所以，第二类买卖点也无法操作。但无论怎样，总要折腾出中枢来，只要有了中枢，第三类买卖点的操作依据就有了，所以，此时只能用第三类买卖点作为重要的操作依据！这就是处理非背驰转折的理论依据！

如何处理小转大

小转大，全名是小级别背驰转大级别，上一章讲到，返回中枢的走势力度大

小是非常关键的因素，只要选择返回走势力度小的就可以大大提高三买的成功率。

那么接下来是如何确定返回走势结束的问题了，也就是三买的当下问题。关于当下，如果对缠论有正确认识的应该知道，当下是一门功夫，功夫越高越接近走势的转折点，这是人的修炼问题，那么对于毫无根基的人来说，想抓住当下的走势转折点是不现实的，那么该如何解决这个问题？

有两个方向：

（1）左侧交易：由于返回走势力度小的定义是跌幅不超过离开走势的一半，因此可以在接近离开走势一半的价格附近提前埋伏，赌这次回跌不超过离开走势的一半，如果跌破了离开走势一半的价格则止损。这个方法的好处是止损的空间可以自己控制，止损不会太大。但坏处是除了成功的三买之外，其余所有不成功的都会参与，并被止损，使止损发生的次数大大增加。

（2）右侧交易：当返回的走势开始企稳并拐头向上时介入，此时丧失了一部分底部空间的利润，但却可以避开一部分三买失败的情况。最极端的是当再次出现新高时介入。右侧交易的好处是大大降低了交易频率，提高了成功率，而不好的地方是买入时的价位距离真正的三买点有一定空间。

凡事有利有弊，左侧交易或者右侧交易没有好和坏，究竟采用哪个其实就是一个词：舍得，有舍才有得。你要思考的就是先要舍掉什么！

七、日 内

重温日内分类走势的应用

这几天大盘一直没出现加速下跌，也没有见底反弹，一直沿着 5 日线稳步下移，一步三回首，进三退二的节奏，在这个过程中，也会伴随着大量的复杂线段产生。这种行情里比较容易打脸，尤其是这几天，每一次盘中急拉，都是追高者的坟墓。而那些线段、笔什么的更复杂，有没有简单有效的办法来辅助判断？

当然有，这就是缠师曾讲过的日内走势分类的方法 《扫地僧读缠论 108 课札记 50——每日走势的分类》，去年笔者也讲过两次，如下：

（1）缠论实战干货——日内走势分类应用要注意的细节。

（2）缠论实战干货——每日走势分类在震荡市中的运用。

细节大家可以到上面文章中去找，这里直接说要点：

（1）这是震荡市里的短差技术。

（2）先等大盘形成第一个 3K 组成的中枢。

（3）然后等待一波离开该中枢波动区间的走势。

（4）在离开中枢的走势内部，如出现小级别背驰（价格新低/高，MACD 柱子缩短），则就是相应的买卖点。

（5）一般在买卖点出现后，走势会回到中枢内。

对于个股的操作，这技术只有短差的意义，而对于做股指或者期权的，这技术就厉害了。

先看看今天如何应用这技术。

30F 图如图 174 所示。

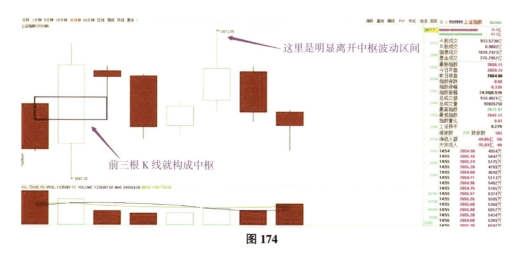

图 174

1F 图如图 175 所示。

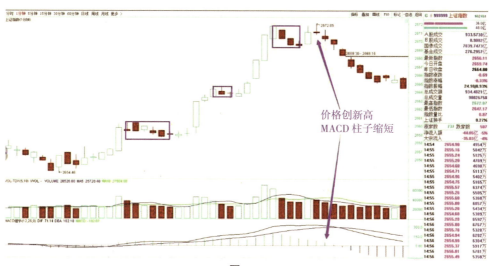

图 175

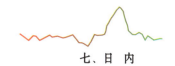
9 月 11 日走势如图 176、图 177 所示。

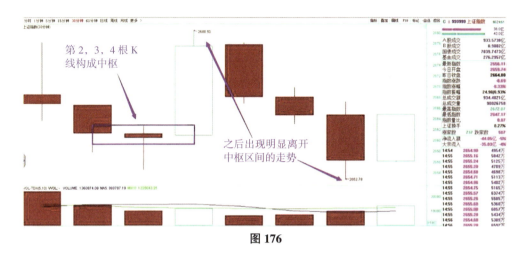

图 176

图 177

缠论实战干货合集

9 月 10 日走势如图 178、图 179 所示。

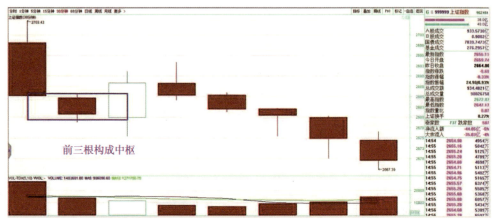

前三根构成中枢

图 178

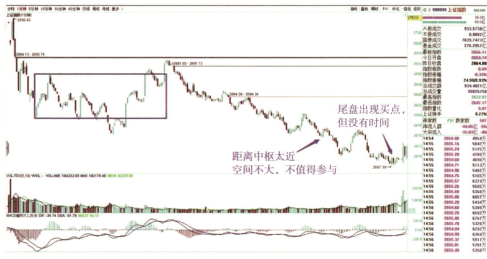

尾盘出现买点，
但没有时间

距离中枢太近
空间不大，不值得参与

图 179

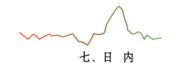

9月7日由于是第4，5，6根K线才构成中枢，时间来不及，没买卖点，如图180所示。

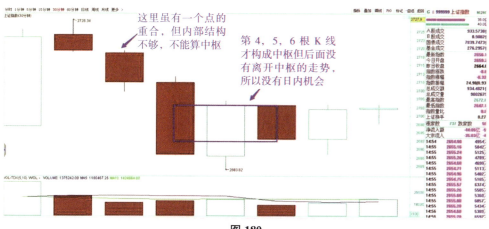

图 180

9月6日走势如图181、图182所示。

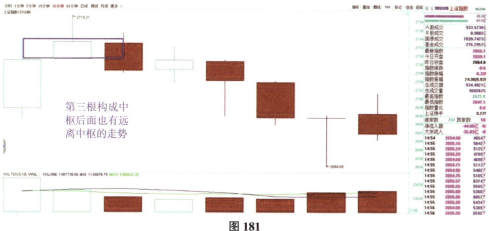

图 181

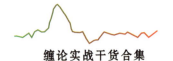

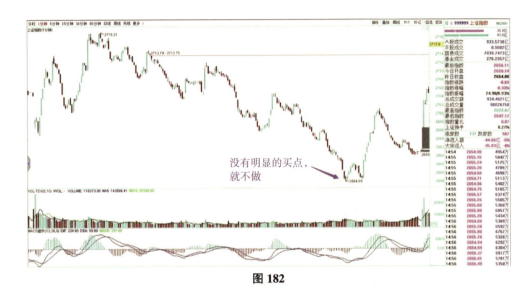

图 182

9 月 5 日是单边下跌，但下跌途中确实没出现相应的买点，如图 183、图 184 所示。

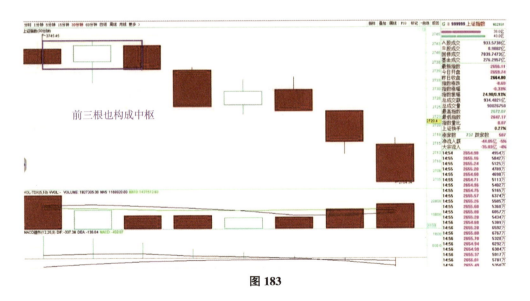

图 183

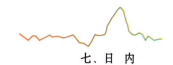

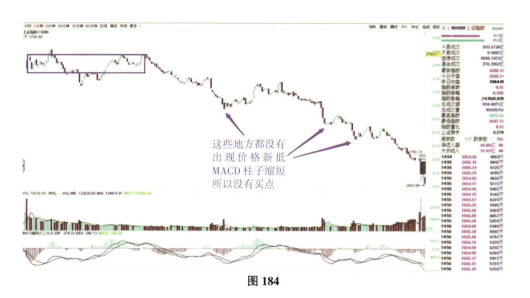

图 184

9 月 4 日则出现两个操作点，非常经典，如图 185、图 186 所示。

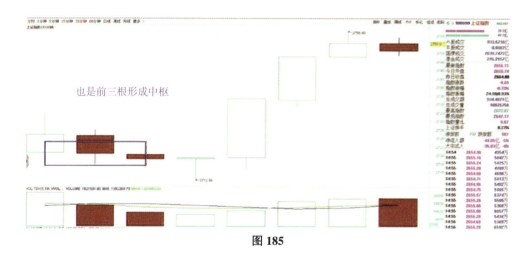

图 185

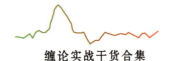

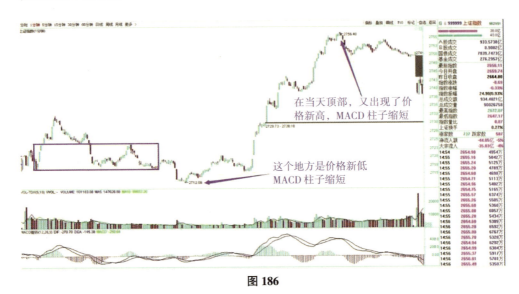

图 186

这一招在股指上非常好用，用在个股上的话，会有一定的难度和限制，如股票最好是大众情人，小级别的背驰看 5F 图……以大众情人贵州茅台为例。

30F 上，前三根 K 线重合构成中枢，如图 187 所示。

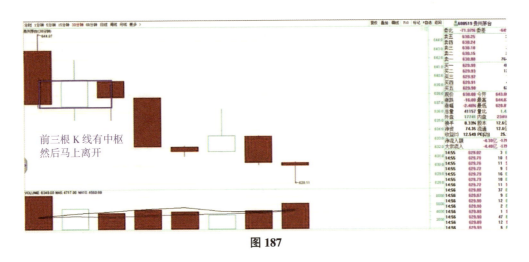

图 187

然后立刻离开该中枢，5F 图上直到 13:10 出现了买点，之后一波反弹，回到中枢波动区间内，这样日内的短差就完成了。

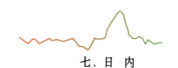
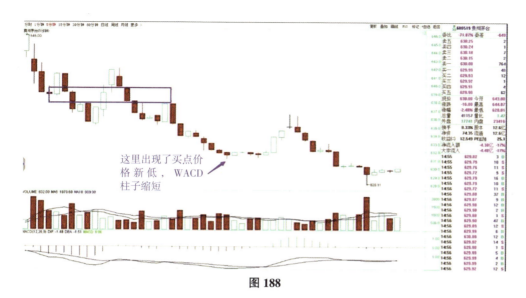

图 188

　　大家还可以看看贵州茅台其他时间用这个方法是否可行，就当留个作业自己做吧。

旧文翻出，日内走势分类的应用

　　这两天很多粉丝陆陆续续地收到了书，如果还有没有收到的，请在后台留言，会尽快帮您查一下。

　　前天解盘提到的 5F 三卖，今天上证的补跌也是由这个 5F 三卖的结构造成的。今天大盘在创业板的带领下，实现了 V 反转，这也是连续几天被指数压抑的情绪爆发！

　　市场的资金非常聪明，跌多了就跌出机会，涨多了就涨出风险，刻意地护是护不住的，昨天上证那犬齿交错的迹象，是不是应该深入查一下。

　　牢骚不多说，看到今天的分时走势，突然想起之前写过的一篇《缠论实战干货——每日走势分类在震荡市中的运用》和《缠论实战干货——日内走势分类应用要注意的细节》，先看今天的 8 根 30F 的 K 线，如图 189 所示。

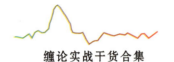

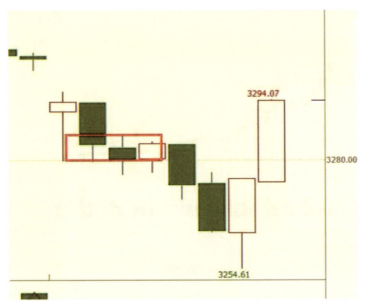

图 189

前三根 K 线已有重合，也就是日内的中枢已经形成，那两篇文章中提到，当出现远离该中枢的走势中，如有出现背驰迹象，可以视为日内转折点，那么今天最低点位置则出现了相应的信号，如图 190 所示。

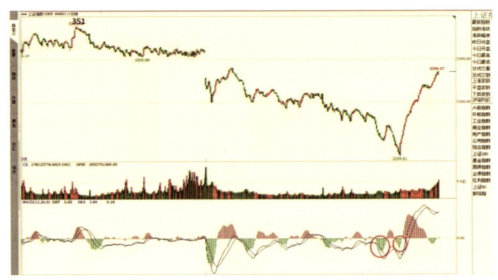

图 190

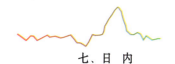
用该方法做日内的 T+0 效果是非常好的，旧文翻出，希望对大家有所帮助。

缠论实战干货——日内走势分类应用要注意的细节

这两天的走势比较具有代表性，有不少细节值得揣摩。

上一篇实战干货讲的是每日走势分类在震荡市中的应用，有朋友看了之后也在尝试，这是好习惯，只看不干肯定不行！但周三在应用时发现了问题，先看周三的 30 分钟图，如图 191 所示。

这里是日内中枢

图 191

可以看到，开盘后 3 根 K 线有重合，构成了一个日内中枢，然后立刻离开该中枢。

在 1 分钟图上，考察离开该中枢的走势，在 13:59 有一个段内的盘整背驰，可后面的走势并没有回到日内中枢，这是怎么回事？

原因是大级别上没有背驰，小级别应该服从大级别。我们看一下 1 分钟图的走势，如图 192 所示。

可以看到，7 月 5 日前，是一段下和一段上，7 月 5 日开盘后完成了一个向下段，从而在此位置构成了 1 分钟级别的中枢，而当天的日内中枢只是一个段内的笔中枢，位置也在该 1 分钟中枢内，那么离开该中枢的走势走到 13:59 时与 1 分钟中枢前的那段明显不背驰，根据小级别服从大级别的原则，这个日内段内的盘背并不能使走势回到中枢。这也是日内盘背点无效的原因所在。

注意，为什么上篇干货的名字是《每日走势分类在震荡市中的应用》，因为在

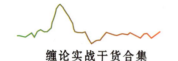

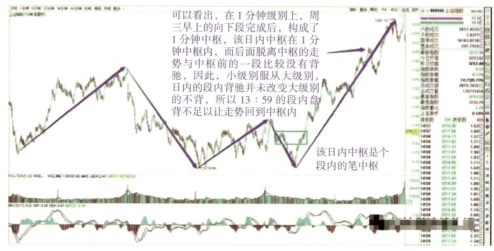

可以看出，在1分钟级别上，周三早上的向下段完成后，构成了1分钟中枢，该日内中枢在1分钟中枢内，而后面脱离中枢的走势与中枢前的一段比较没有背驰，因此，小级别服从大级别，日内的段内背驰并未改变大级别的不背，所以13：59的段内盘背不足以让走势回到中枢内

该日内中枢是个段内的笔中枢

图192

震荡市中，尤其是中枢震荡中，这种能脱离中枢的走势基本都不强，不足以构成非盘背，或者连新高新低都没有，那么日内走势的可能性也小，而一旦脱离了中枢后，结束了中枢震荡延伸，那么应用这种方法时要注意结合大级别走势。

再看周四股市的走势，盘中有一波凌厉的跳水，但如果能熟练运用日内走势分类的方法，则是个非常好的短差机会，先看30F图，如图193所示。

日内中枢

这两根K线脱离该日内中枢

图193

当天的日内中枢出现后，来了一波快速的跳水，之后又V型反转，回到中枢上方，我们看看在1分钟上发生了什么事情，如图194所示。

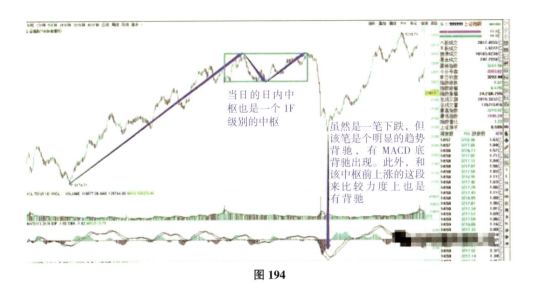

图 194

1 分钟上，这个日内中枢其实也是 1F 级别的一个类中枢，因为至少有两段重合，后面的跳水是一笔，而且内部有明显的笔内的趋势背驰和 MACD 底背驰，此时应将该笔所对应的 MACD 绿柱子与红框前上涨的 1F 一段所有的红柱子加和的面积相对比，此时该笔的下跌虽然猛烈，但面积上依然是有背驰，因此这个笔内的趋势背驰的位置正是当日短差的买入良机。

再看周五的日内情况，30 分图就不用列了，1F 图中也能看明白，如图 195 所示。

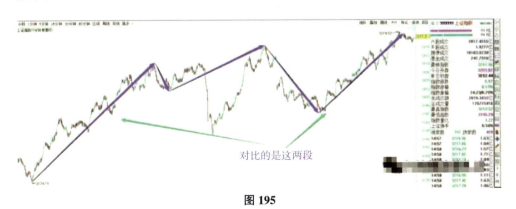

图 195

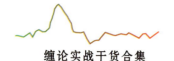

缠论实战干货合集

（扫二维码加我微信）

周五开盘后的震荡下跌，其实在 1F 上只是在完成下跌段，这样一个 1F 的中枢构成，接下来的上涨段是离开该中枢的走势，此时应该与中枢前的这段进行比较。在 1F 上不容易看清，可以看 15 分钟图，如图 196 所示。

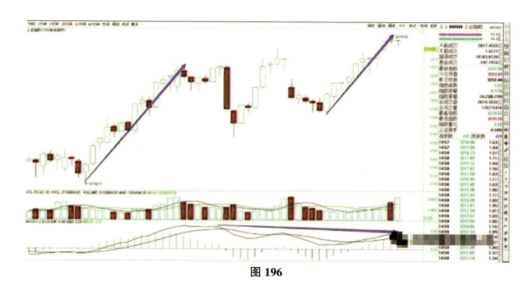

图 196

可以看到，MACD 明显背驰。而在周五的当下，则要看其内部情况，如图 197 所示。

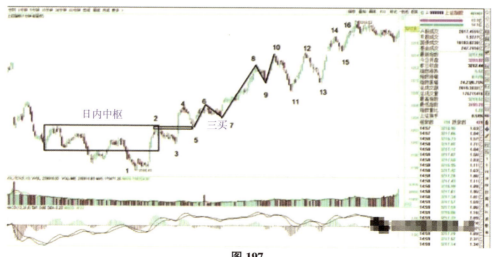

图 197

164

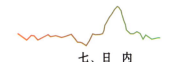

黄色框是前三根 K 线重合组成的日内中枢，之后开始离开该中枢，我们考量这个离开段内部，2–5 构成了一个笔中枢，7 点是该中枢的三买，虽然 6 这里有盘背，但由于距离日内中枢太近，没有多少空间，可以不用理会。5–10 是离开中枢的一个趋势，此时围绕中枢的走势 1–2 与 5–10 比较明显没有背驰，11 点跌破了 8–9，此时应该警惕小转大，等待一个反抽不创新高再卖掉，但 12 点创了新高，此时可以继续等，10–13 是第二个中枢，13–16 是标准的背驰段，14–15 是第二个中枢的三买，15–16 与 13–14 也有盘背，因此 1–16 这个趋势非常标准，也是教科书式的经典案例。这样如果要做，只有在 16 点才有卖出机会。

如果是日内操作，那么 16 点也不用卖，因为后面没有几分钟时间了。所以，日内走势分类的应用要注意几个细节：

（1）最好用在中枢震荡延伸时，尤其是中枢的级别较大时。

（2）中枢震荡在逐步收敛时效果更佳。

（3）一旦出现离开中枢，则要重点参考走势本身。

（4）核心仍是走势本身，日内走势分类只是辅助，走势分解的功力是基础。

继续讲日内高低点的精确把握

昨天是节后第一天，走势没有什么值得讲的地方，就继续给大家更新札记，今天盘中又出现了经典的买点，那就接着节前的这口热乎劲，继续讲讲日内高低点的精确把握，如图 198 所示。

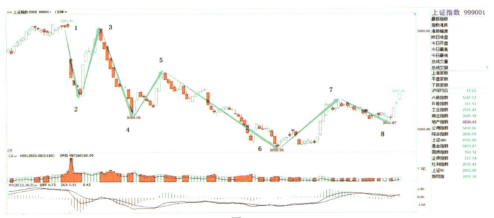

图 198

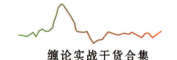

我们先看看今天的日内低点，如图 197 所示。

从开盘跳空低开以来，分别走了 7 笔，其中，5–6 与 1–2 形成盘背，7–8 与 3–4 有盘背，这也是之前一直提到的连续两个盘背所构成的买点，于是在 7 点之后没几分钟就提前提示大家当天的买点即将来到，如图 199 所示。

图 199

那么 8 点就是今天日内的精确买点，尤其是 11:17 的那根大阳线出来时，是当下确认 7–8 这笔下跌结束的时机。这个买点与 4 月 18 日《干货：今天的低点该怎么抓？》的情景一模一样，大家可以仔细对比。

有人说怎么一直在讲笔和段的操作，抱怨级别太小了。笔者看到这样的评论也比较无语，讲笔、段的买卖点无非是用这个级别讲方法，如嫌级别小，完全可以放大了级别，但分析和操作的方法是一样的，如果讲日线、周线级别，那么几年可能才出现一次，只怕是笔者能等得了，而你却没了耐心。

再说，即使是笔和段的级别也并非没有操作价值，如果是做股指期货，今天也有 50 点左右的空间，一手也有 1 万多元的盈利，以 50 万元的本金来算，盈利也至少在 2.5% 以上，更何况从上周到今天以来，一共出现了 2~3 次的机会，如果都能把握住，100 点的盈利空间是妥妥的，算一下也有 3 万元以上的利润，比起大多数上班族来讲，月薪 3 万多元也能排在中高等收入了。讲这些并不是炫耀什么，只是希望大家在看书的同时多多思考，汲取对自己有用的部分，少一些抱怨，毕竟你我并不相欠什么。

一个日内的技术细节

1 分钟级别，如图 200 所示。

今天 78 点跌破 74 点，从 71 点到今天尾盘已经走了 8 段，那么明天只要 79 点不高于 71 点，则从 71 点开始的向下走势就必然是 5 分钟级别的，因此，Y7 可以确定了，Y8 的位置可暂放在 77 点。76 点是 1 分钟三卖的位置，尾盘的反弹

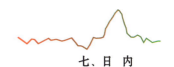

图 200

已经破坏了三卖的可能，使该 1 分钟中枢继续延续，此时 1 分钟级别的分类有所改变：

（1）79 点高于 75 点，则 Y7 开始的 1 分钟向上走势延续，力度上没有背驰，脱离了 75–78 1 分钟中枢，可等待三买。

（2）79 点不高于 75 点，则 Y8′ 开始的下跌 1F 走势延续，此时要关注 76 点三卖的位置，未来的 81 点如果不能上 76 点，也是一个 1 分钟级别的三卖。

5 分钟级别的分类并未发生本质改变，看 5 分图，如图 201 所示。

图 201

目前的分类如下：

（1）围绕 Y2–Y5 做中枢震荡延伸。

（2）出现第三类买点，从而走出向上 5F 趋势。

（3）中枢扩展升级，W12′当下确定成立，开始走下跌 5F 走势。

但需要注意的是，由于今天的低点已经跌破了 Y7，如果明天 79 点的位置不高于 75 点（1 分钟图中），那么此时最好的分解是 W12 当下确定，开始走下跌的 5 分钟级别走势，也就是选择了现在分类中的第三种。当然，一切明天才能见分晓。

30 分钟级别依然没有变化。

此外，今天有一个技术细节，在 1 分钟图上，蓝色的两个箭头构筑了三角形中枢，77–78 的下跌幅度可以用之前讲过的那个方法预判，该三角形第一段是 74–75，有 42 点的空间，而 77 点是 3277 点，减去 42 点是 3235 点，今天最低位置是 3236 点，相差一个点，同时在 1 分钟上，3236 点那个 K 线位置也出现了底背驰，这可不是巧合，日内短差就是这么做出来的。

干货：今天的低点该怎么抓？

今天指数走出了一根大长腿，那么今天的低点能否用缠论来精准把握呢？答案是一定的，今天盘中也专门在当下做了提示，如图 202 所示。

今天的低点该如何把握？为什么今天抓的是 11:27 的那个低点，而不是 10:44 的低点？听笔者娓娓道来：

首先看一下 1F 图上的走势，如图 203 所示。

图 202 中每一条红色线段是 1F 图中的一笔，可以看到 2–5 构筑了笔中枢，5–6 相比 1–2 略有背驰，但不是很明显，因此 6 点并不是一个非常安全的介入点，这是为什么今天抓的低点不是 3041 点。7 点是 2–5 这个笔中枢的第三类卖点，但由于 3–4，5–6 的力度比较大，那么再下跌时继续出盘背的概率非常大，因此这个三卖并不具备太大的操作意义。

而 7 点高于 4 点，使 4–7 也构成了一个笔中枢，那么 7 点开始的下跌一笔的走势力度要和 3–4 这个力度最大的一笔进行比较了，考虑到 6 点是一个盘背买点

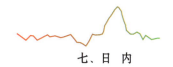

扫地僧 lv9 11:29

这段结束的迹象明显了，也就是刚才说的再等一个下，这个下有结束的意思了

扫地僧 lv9 11:29

可惜赶上午休，交易不连续

扫地僧 lv9 11:30

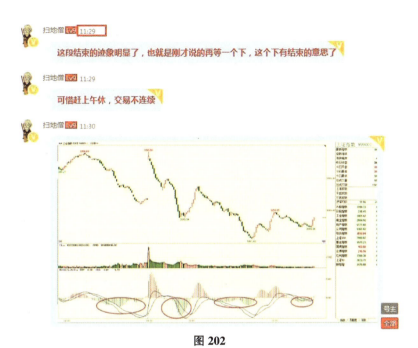

图 202

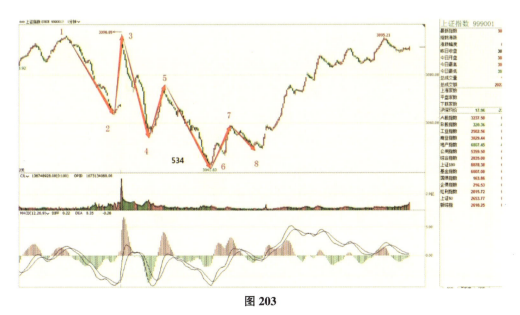

图 203

（尽管不明显，但仍然是），紧接着的 8 点如果也出现盘背，那么代表了下跌的一段要彻底结束了。这也是盘中对 8 点做预判的主要原因，如图 204 所示。

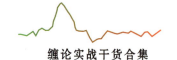

 11:02

最后一个下，虽然力度上有所减弱，但最后的这波下跌还是挺难受的，刚才我说要反弹的时候，那时候如果起来就更漂亮了，现在又加了一波下跌，使背驰的力度没那么明显，这样在实操中，可以再等一个下，如果就此直接起来，也不要遗憾

号主
全部

图 204

这个案例也是井论中的一个结论：连续两个小井出现意味着趋势结束。今天是非常经典的案例！

再次温习把握震荡市日内高低点的技巧

从前天起就提到，现在要构筑 5F 中枢，并且围绕该中枢做中枢震荡，那这就意味着这两天的市场以震荡市为主，以前写过几篇干货，专门讲如何把握这种震荡市里的日内高低点的，今天把这部分内容再提炼总结一下：

第一步：先耐心等待日内的第一个日内中枢（连续 3 根 30 分钟 K 线有重合）。

第二步：等待一波对该日内中枢的离开走势。

第三步：在这波离开日内中枢的走势内部如果出现背驰特征，则基本就是日内的高低点。

比如，昨天，前 3 根 30 分钟 K 线有重合，重合区域为 2587–2590，上午 11 点多有一波拉升，超过了中枢上沿，且离开该中枢的走势出现，并 11:21 在 1 分钟图上出现了指数新高但 MACD 红柱子缩短的经典的背驰特征，于是日内高点出现，然后一波下跌，出现了向下离开该日内中枢的走势，并最终在 14:03 出现指数新低但 MACD 绿柱子缩短这背驰特征，于是日内低点形成。

同样，今天的走势也适用，前三根 30 分钟 K 线就有重合，然后是一波下跌，跌破该日内中枢，最终在 11:19 出现背驰特征，尽管在 13:12 和 14:04 也有新低，但每次低点之后的反弹都回到了日内中枢。这个方法非常适合用作日内 T+0 短差，在低迷的市场环境下，每天能降低一分钱的成本也不错，蚊子腿也是肉嘛！

以前的那几篇干货大家也可以再去温习一下：

【缠论干货】重温日内分类走势的应用。

旧文翻出，日内走势分类的应用（干货）。

缠论实战干货——日内走势分类应用要注意的细节。

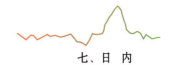

继续讲讲日内高低点的精确把握。

一个日内的技术细节。

日内反转的精确买点分析【干货】

昨天解盘提到三角形突破，开盘后需要回踩确认，早盘回踩失败，破了上轨，就说明今天的预期不能太高，而且这也是区分真假突破的重要方法，如图205所示。

图 205

下午的 V 反转，刚好是之前写过的把握震荡市日内高低点的方法：

第一步：先耐心等待日内的第一个日内中枢（连续 3 根 30 分钟 K 线有重合）。

第二步：等待一波对该日内中枢的离开走势。

第三步：在这波离开日内中枢的走势内部如果出现背驰特征，则基本就是日内的高低点。

比如今天，开盘后 3 根 30 分钟 K 线重合了，第 4、5 根 K 线是该日内中枢的离开走势。如图 206 所示。

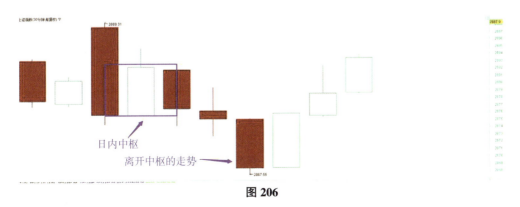

图 206

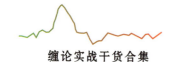

　　然后切换到 1 分钟图中，可以看到是一个盘整背驰，后面下跌的力度明显比中枢前早盘的那波下跌力度弱。而且在最低点处出现了 MACD 的底背驰，这是一个双重区间套，后面则引发了 V 反转。如图 207 所示。

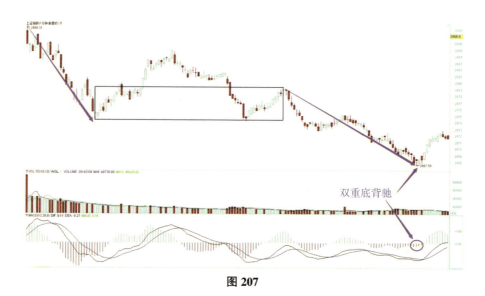

图 207

　　巧的是，从前天高点下来的这个 1 分调整，也是一个盘整背驰，如图 208所示。

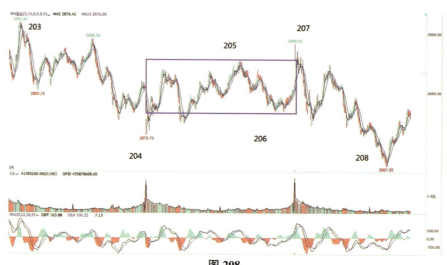

图 208

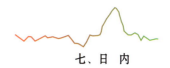

这个盘背，看 5 分钟的 MACD 更清晰，如图 209 所示。

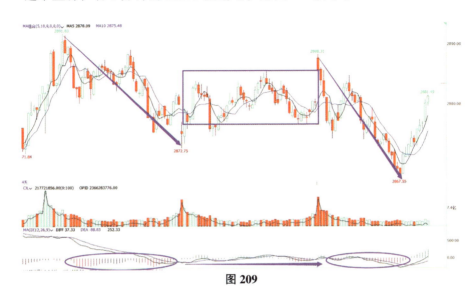

图 209

这是一个非常好的从 3 段回调演化为 5 段回调构成三买的案例。遗憾的是，今天当下笔者也走神了，没能看出来，否则盘中振臂高呼摇旗呐喊了。

明天有望向上突破 2900 点回补缺口，并挑战日线上的下降趋势线。由于 2757 点上来的这波力度较大，所以对 5 分三买后的幅度不抱太大期望，很大可能会形成盘背，从而扩展出第二个 5 分中枢，这是一个预判，如果没有重量级板块的大涨，大盘按照这个剧本走的可能性很大（见图 210）。

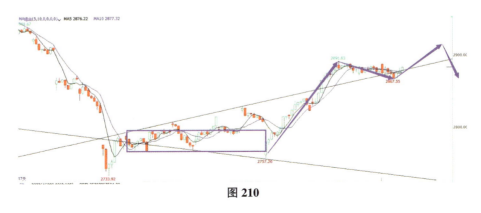

图 210

所以，如果向上突 2900 点，要关注下权重板块，尤其是券商的表现。

八、中枢震荡

缠论实战干货——如何处理中枢震荡

近期的大盘走势胶着，这是因为正在构筑 30 分钟级别的中枢，而且该中枢是以窄幅平台的形式出现，一般这种中枢构造，其次级别走势都比较难以把握，会出现 N 多的小转大和复杂线段，搞乱大多数人的节奏。

由于有着 N 多的复杂线段和小转大，所以中枢震荡的操作是缠论中比较难的地方，但如果基本功比较扎实，这样的中枢震荡并不难把握。

我们将该 30 分钟中枢分段分析，当走势走到 8 月 31 日时，从 99 点开始已经构筑了 5 分钟中枢，并且根据之前的解盘分析可以知道，这是第二个 5 分钟中枢，因此接下来要密切关注 5 分钟级别是否有背驰，如图 211 所示。

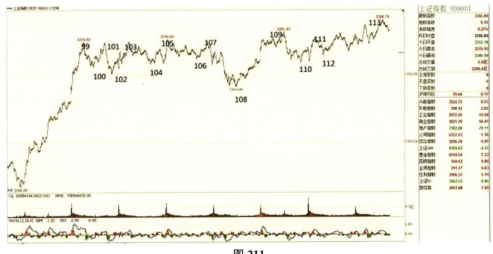

图 211

99–108 是第二个 5 分钟中枢，108–113 是一个 1F 盘整并突破了该 5 分钟中枢，但之前讲到标准的背驰段只有两种，一种是趋势，另一种是 c1，c2，c3 包含三买的盘整，108–113 都不符合，因此只是一个围绕该 5 分钟中枢的次级别波动，并且 108–113 内部是标准的盘整背驰，加上 108–113 与 99 之前的走势比较力度，力度明显不够，因此，113 是一个可以区间套的中枢震荡卖点。

接着看下面的走势，如图 212 所示。

图 212

按照 5 分钟中枢的震荡操作，我们要等待的是从 113 点下来的 1 分钟级别走势的买点，但 113 下来直到 120 点，之前都没有下破 114 点，也谈不上什么 1 分钟的买点。121 点是 1 分钟的三卖，三卖之后无非两种可能：

（1）下跌形成趋势。

（2）扩展出高级别中枢。

显然，该三卖后选择了后者。要注意的是，121–122 是个复杂线段，中间有一个一笔直接突破了 120–121，并且该笔的起点略微跌破 120，这里在当下是一个 1 分钟级别的买点，同时也是该 5 分钟中枢震荡的买点，虽然 122 最终跌破了该点，但这是当下无法预知的，而且从刻画走势的本义来说，121–122 中间那个快速上涨的笔其实可以看作一段。

122–123 是一个笔趋势的上涨，123–124 是一个笔趋势的回调，回调不破 123

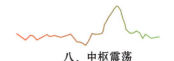

点，可以看作第二类买点。

再看 122-129 的走势，如图 213 所示。

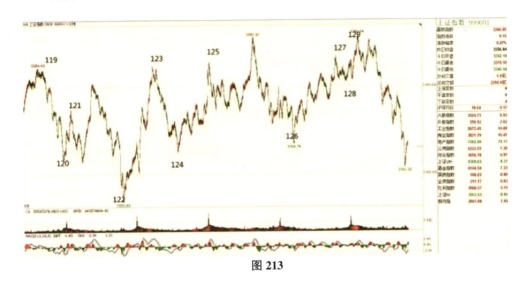

图 213

122-129 是一个明显的 ABC 式的盘背，122-123 是 A 段，123-126 是 B 段，126-129 是 C 段，C 段新高，并且 126-129 内部也是一个盘整背驰，因此 129 是一个可以区间套的卖点。

由于 113-122 是一个 5 分钟级别的走势，此时立刻知道 113 之前的 5 分钟中枢要变为 30 分钟级别中枢震荡了，那么此时中枢震荡的操作是把级别重点放在 5 分钟级别上。从图 212 中看到 122-129 只有 7 段，不够一个 5 分钟级别走势，级别没完成的情况下可以作为该 30 分钟中枢的震荡卖点吗？答案是肯定的，这里有个技巧：中枢震荡操作时，当次级别走势还差 1-2 段即可完美时，如果出现明显的买卖点，则可以作为该级别的中枢震荡操作点。

为什么？因为根据走势分解的结合律，只要大的级别中枢够完美，那么内部总可以组合出三个次级别走势。当 122-129 不够 5 分钟走势时，可以借用 120-122 的两段作为该走势的一部分。这个借用可能会导致前面的走势级别不够，如图 212，113-120 只有 7 段，被借了后不够 9 段，从而构不成 5 分钟级别的走势了，但要注意的是：借是暂时的，后面的走势还没走完，当后面的走势走完后，就可以借用后面走势中的一部分了。俗话说，有借有还，再借不难嘛！

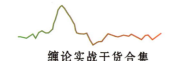

前文的分析提到，由于 121–122 中间有一个力度很强的笔，并且该笔的起点是当下的买点，该笔看作一个线段就更能体现走势的结构，因此，如果将该笔看作一个线段的话，此处会多出两段，而这两段并入到 122–129 的走势中，则完美地解决了级别的问题。在札记的书中提到过，K 线本身已经对走势有一定程度的失真，这并不违反理论，只是既然定义了 1 分钟 K 线作为基础，则应严格按照分笔分段的原则进行，但这并不代表着严格的分笔分段是最能体现走势的本义，这里是一个典型的案例。如果对这部分不理解，请多看看缠论原文第 53 课，札记中也反复强调了显微镜的问题，这个问题也是很多初学者最困惑的地方。

再看 129 下来的走势该如何操作，由于 129 是一个 5F 级别的卖点，因此接下来要等待 5F 级别的买点，如图 214 所示。

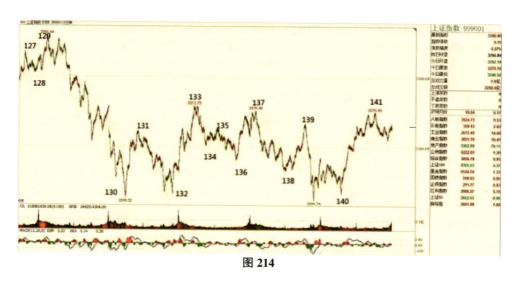

图 214

和前文的 113–114 类似，第一段 129–130 下跌的力度很大，然后是磨人的震荡，直到 139 后的一笔下跌才跌破了 130 点，此时首先看级别，130–139 已经有 9 段，级别肯定够 5 分钟了，剩下的是如何找买卖点。首先，该 5 分钟下跌肯定不是趋势，因为只有一个中枢，那么只能有盘整背驰的买点，130–139 是 5 分钟中枢，这是非同级别分解的视角，站在同级别分解的角度，可以分解为 129–132，132–137，137–140 这 3 个 1 分钟走势，然后看 137–140 与 129–132 是否有盘整背驰。

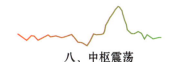

在 1 分钟图上，显然是很难比较出来，则应要切换到高级别图，究竟选用哪个周期的图比较呢？这里有一个技巧：如果该周期图上，比较的两段刚好形成两个 MACD 红/绿柱面积，并且 MACD 红白线不穿越 0 轴，则选用该周期的图比较背驰。

那么图 213 的例子，在 5 分钟图上并不满足以上条件，中间有 MACD 黄白线穿越 0 轴，因此继续看高级别图，而 15 分钟图上则完全符合以上条件，如图 215 所示。

图 215

更重要的是，这是一个区间套，因为 139-140 与 137-138 比较也有盘背，此时看 5 分钟图最合适，如图 216 所示。

这个 30 分钟的中枢震荡，如果功底扎实的话，完全可以识别来，只是需要有扎实的基本功，再掌握一些技巧即可。总结一下中枢震荡操作时要注意的事项：

（1）先确定好中枢的级别，然后找次级别买卖点。

（2）如果中枢级别升级，中枢震荡的操作级别也要升级。

（3）次级别买卖点最好有区间套。

（4）盘整背驰时一定要分清比较的两段。

关于现在的大盘，本来这两天向下的压力比较大，但今天出现了中枢震荡买点，目前依然保持了强势，下方缺口的支撑依然很强。虽然今天没有收在 10 日

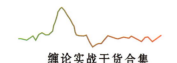

图 216

均线上方，但已经比预期要强很多了，继续维持日线三买会成功的预判。

收敛三角形的本质意义

今天大盘没有出现大的波动，反而构筑了一个收敛三角形中枢，尤其需要警惕的是，这是离开 5F 中枢的 1F 走势的第二个中枢，在《缠论解盘与回复札记》中看到缠师对三角形中枢的一段点评，特与大家分享。

［匿名］　一样一样　2006-12-28　21:20:25

缠姐，上来晚了点不好意思，请问如 000897 这种典型的上升三角形的走势应该怎么用您的理论来判断呢？它的卖点又应该在什么地方和情况下呢？请指点"密津"。

缠中说禅　2006-12-28　21:42:45

临走回答一下，看次级别的图。中枢形成后的走势不一定要超越中枢的范围，如收敛三角形的走势，就一定一直在中枢的范围内，这有点像空间的压缩，所以三角形的突破都比较迅猛，但回抽与骗线也较多，在波浪理论中更把它当成第四浪的主要形态，其理论的依据都在这里。中枢形成后形成压缩性走势，意味着多空力量的平衡与强硬，即使突破后，反方向的压力也会很大，很容易构成最后一段的走势。但最后的走势往往特别疯狂，在期货中更是这样。

对缠师的话总结一下：

（1）三角形突破一般都比较猛，但回抽与骗线的也比较多。

（2）中枢形成后，形成压缩性走势，意味着多空力量的平衡与强硬，即使突破后，反方向的压力也较大，很容易构成最后一段走势，所以，波浪理论中把它当成第四浪的主要形态。

（3）最后的走势往往特别疯狂，尤其在期货中。

举几个例子：

（1）中国工商银行，去年 10 月开始的那个周线中枢，明显的是三角形，后面的突破非常猛烈，但跌得也快，如图 217 所示。

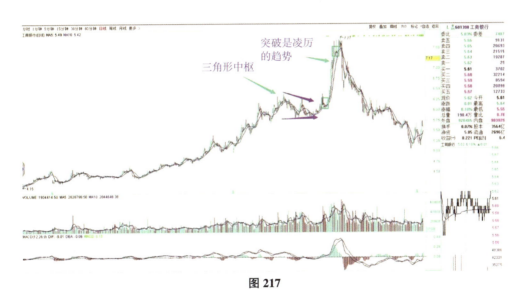

图 217

（2）南方航空，2015 年 5 月的那个中枢，后来也呈现收敛形态，后面的突破猛烈上涨。 在股灾 1.0 和 2.0 之间的盘整也是一个收敛三角形，股灾 2.0 突破该三角形，最终与 1.0 那段比较有背驰。如图 218 所示。

（3）华泰证券，2017 年 11 月，日线下跌的第二个中枢，是从奔走型转向收敛三角形的，其后的突破往往比较猛烈，如图 219 所示。

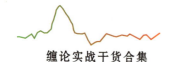

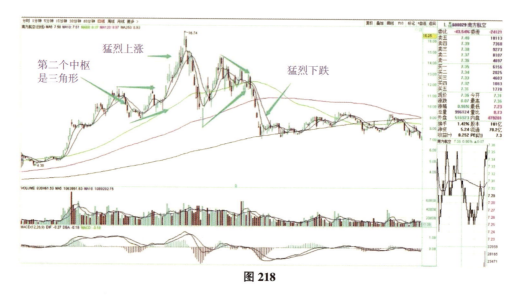

图 218

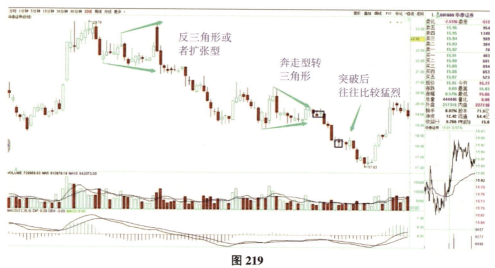

图 219

缠论实战干货——每日走势分类在震荡市中的运用

　　一周很快就过去了，本周除了周一收了一根中阳线以外，其余四天一直在做横盘的中枢震荡。今天依旧延续中枢震荡，没有突破中枢波动区间，技术上也没什么好讲的，依旧保持昨天的分析，下周肯定要选择方向了。今天讲讲在中枢震荡时的一个实战技巧：每日走势分类在震荡市中的运用。

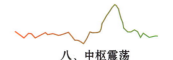

在《教你炒股票46课——每日走势的分类》中，根据每天8根30分钟K线的组合做了一个分类：①无中枢；②一个中枢；③两个中枢。如果对这个不了解的可以先温习一下原文。

其中，无中枢和有两个中枢的情况是比较强的趋势，一般比较少见，大多数是一个中枢的情况，尤其做中枢震荡时，几乎都是一个中枢，那么每天的日内中枢在日内操作中有重要的实战意义。

我们以本周的走势为例，先看周一的30分钟图，如图220所示。

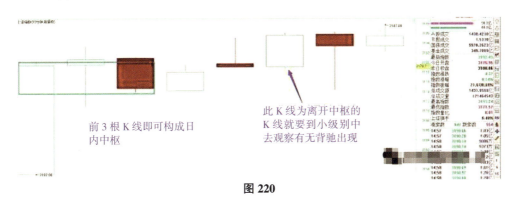

前3根K线即可构成日内中枢

此K线为离开中枢的K线就要到小级别中去观察有无背驰出现

图 220

前3根K线有重合，构成日内中枢，第6根K线开始离开中枢，此时到小级别内部去找买卖点。对应的1分钟如图221所示。

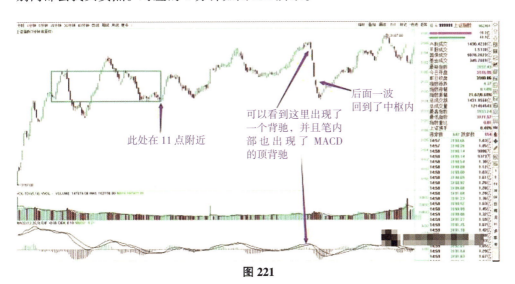

此处在11点附近

可以看到这里出现了一个背驰，并且笔内部也出现了MACD的顶背驰

后面一波回到了中枢内

图 221

在 1 分钟图中，可以看到有一个明显的段内盘背，并且最后的那个笔内部也出现了 MACD 顶背驰，于是后面一波下跌回到了中枢内，这个日内短差就完成了。

再看第二天，如图 222 所示。

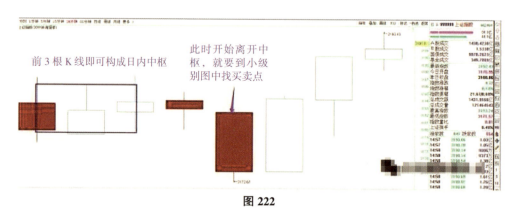

图 222

同样，前 3 根 K 线构成中枢，第五根 K 线开始脱离中枢，切到 1 分钟图里看，如图 223 所示。

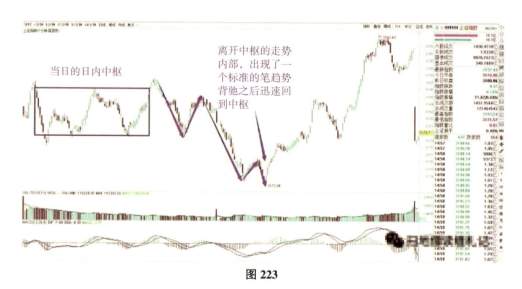

图 223

在当天日内的低点，出现了明显的段内背驰，后面的一波又回到了中枢内。

第三天，如图 224 所示。

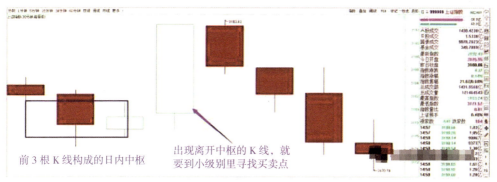

图 224

前 3 根构成中枢，第 4 根 K 线脱离，切换到 1 分钟图里，如图 225 所示。

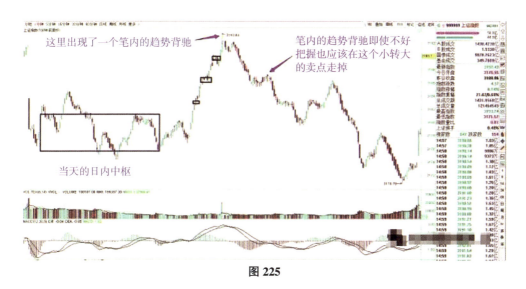

图 225

这里是周三解盘中提到的多重区间套卖点，出现的是笔内的趋势背驰，但这可能很难把握，应该在后面的一个反弹笔不创新高时卖掉，后面又回到中枢内。

第四天，如图 226 所示。

同样是前 3 根 K 线重合构成日内中枢，第 4 根 K 线离开中枢，切换到 1 分钟图，如图 227 所示。

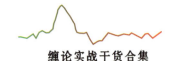

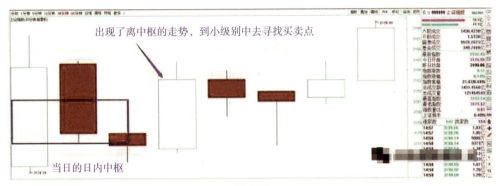

图 226

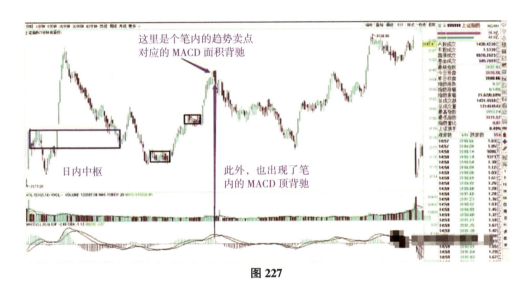

图 227

同样，那里出现了笔内的趋势背驰，白色框对应的是笔内的中枢，最后的 MACD 面积明显小，而且在顶部出现了 MACD 顶背驰迹象，后面一波很快回到了日内中枢。

第五天，是个例外，但也没有太大影响，如图 228 所示。

同样，前 3 根 K 线构成中枢，第 4 根开始脱离中枢，到小级别中寻找买卖点，如图 229 所示。

在 1 分钟图上可以看到，这个中枢的区间应该取前 3 笔，黄色框的部分，而非红色框的部分，那么今天的低点其实是段内的盘背买点。而到了 14：02，这个

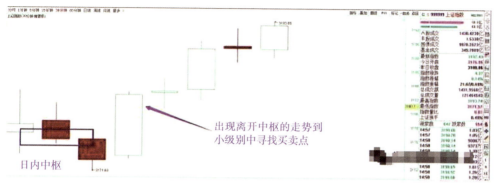

图 228

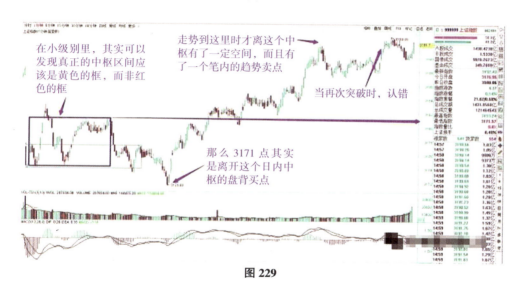

图 229

幅度才算脱离中枢较远，前面的空间不够，不值得做。那里有笔内的趋势卖点，可以卖掉，后面的回调并没有回到中枢内，可以在尾盘突破时接回，损失点手续费。

可以看到，用这个方法对付中枢震荡是很好用的，实战性很强，希望对你有用！

九、三　买

详解第三类买点 1

今天反转已经确立，这波反弹应该也会比较快，今天的功臣是资源类个股，有望成为下一阶段的主线。昨天提示说真反转一定不是护盘式的上涨，必须要有市场情绪的配合，今天下午出现了市场情绪的爆发，因此下周初应该还是继续上涨的节奏！

好久没写干货，趁着这两天讲三买的模式，谈谈三买的问题。

缠师说过，只有第一类买卖点是动力学推导出的买卖点，第二类和第三类买卖点是形态学推导出来的买卖点，那么第三类买卖点在动力学中是否有什么含义呢？看过以前写的《续写缠论动力学 4——混沌与奇怪吸引子》的朋友应该知道，在动力学系统里，中枢对应着定点，第三类买卖点是离开中枢后不返回中枢而产生的买卖点。

从动力学的角度来看，第三类买卖点是从一个定点向另一个定点跃迁过程中的小波折，这个跃迁过程值得做深入研究。以三买为例，这个跃迁过程必然包含离开中枢和返回中枢两个动作，两个动作的力度组合有四种：①离开大返回大；②离开大返回小；③离开小返回大；④离开小返回小。其中，第三种离开大返回小不成立，因此实际上只有三种组合。

由于走势力度是市场合力的体现，因此不同的力度组合所代表的市场含义不同。第一种，离开大返回大：这种组合说明做多动力刚开始很强，但做空的动力也非常强，那么即使没有返回到中枢内，在多空双方力量都比较强的情况下，后市趋于震荡的可能非常大，毕竟如此大的战场空间，每一个价位都代表着多空的

分歧，后面很难有一边倒的趋势出现。

对于第二种，离开大返回小，很好理解，做多动力强劲，返回小意味着做空力量在当前位置小，后面往往还会继续上涨，直到一个让空方值得大打出手的位置。

第四种，离开小返回小，代表了市场合力的一种酝酿，这种情况往往出现在股价还未爆发，在自身的中枢震荡时，做空的力量自然衰竭，这种情况往往出现在一个通道式上涨中，而且很多时候这种三买一旦出现，则意味着通道上涨的节奏要发生改变，通道上涨要出现加速了。（未完待续）

详解第三类买点 2

从上一篇的内容可以知道，三买的构成有三类：①离开力度大，返回力度大（简称"离大回大"）；②离开力度大，返回力度小（简称"离大回小"）；③离开力度小，返回力度小（简称"离小回小"）。

那么什么是力度大，什么是力度小？如果没有一个具体的标准，这个大小就没什么意义，我们不妨以走势所对应的 MACD 面积为衡量标准。对于离开的走势，可以将"力度大"定义为其对应的 MACD 红柱子面积最大。

而对于返回的力度，由于 MACD 指标的缺陷，如果离开的力度很大，即使是一个横盘，其对应的 MACD 绿柱子面积也会比较大，因此对于返回的力度判别用MACD 面积不太合适，不如用最简单的回撤幅度，如果回跌超过离开中枢走势的一半，则认为是力度大，如果不够一半，则认为是力度小。

那么，我们看一下 2017 年涨幅最大的几只股票（除去新股和次新股）。

（1）鸿特精密。日线上该股有两个三买，第一个是离开力度小，返回力度小；第二个是离开力度大，返回力度小。如图 230 所示。

（2）方大炭素。在 2017 年 6 月中旬有一个位置最佳的三买，属于离小回小型。如图 231 所示。

（3）鲁西化工。鲁西化工有两个中枢，这两个中枢的三买都是离大回小型的。如图 232 所示。

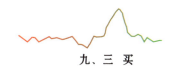

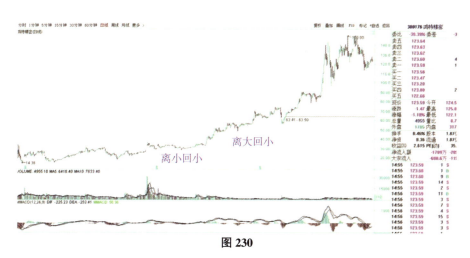

图 230

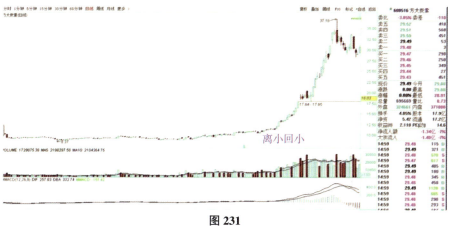

图 231

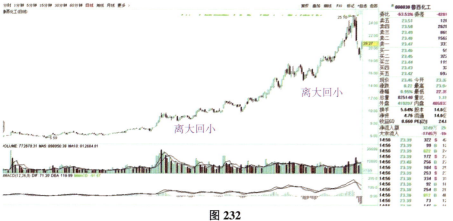

图 232

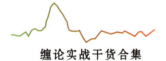

（4）隆基股份。隆基股份的三买也是离大回小型。如图 233 所示。

图 233

下面的就不再一一啰嗦，图中直接标明。

（5）赣锋锂业。如图 234 所示。

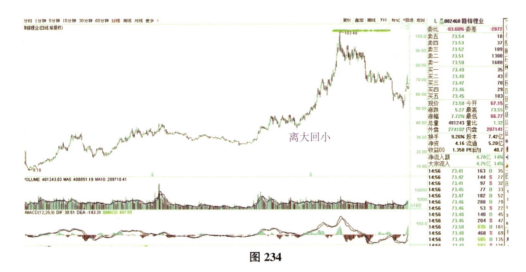

图 234

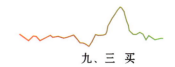

（6）新城控股。如图 235 所示。

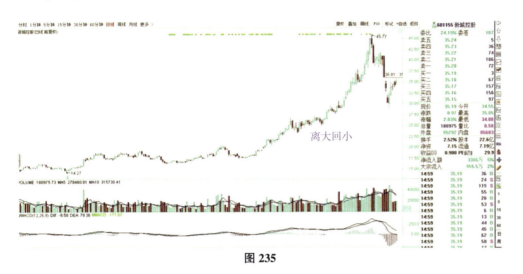

离大回小

图 235

（7）海康威视。如图 236 所示。

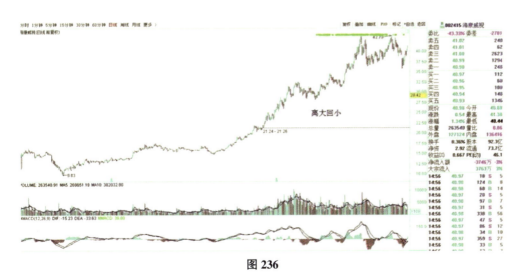

离大回小

图 236

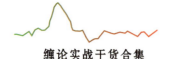

（8）水井坊。如图 237 所示。

图 237

（9）士兰微。如图 238 所示。

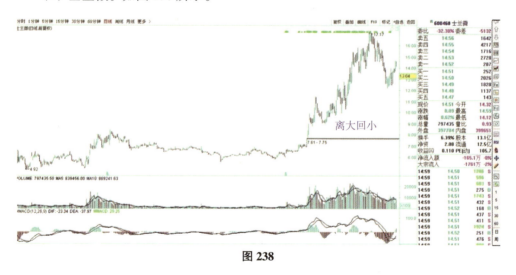

图 238

（10）中际旭创。如图 239 所示。

可以看到，以上 10 个案例中，只出现过两个三买是由大回大型构成的，而其余的大多数都是离大回小型和离小回小型。

由此可见，返回的力度不大是非常关键的因素。那么，以后在做三买的股票时，尽量避开返回力度过大的。只此一条，就可以大大提高三买的成功率。

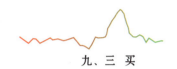

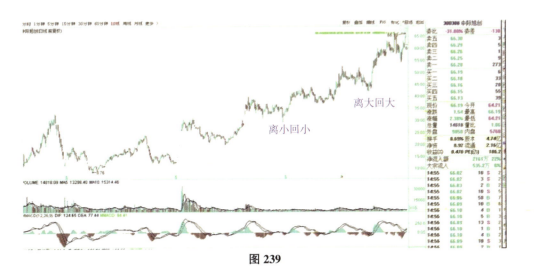

图 239

详解第三类买点 3

上一章讲到，返回中枢的走势力度大小是非常关键的因素，只选择返回走势力度小的就可以大大提高三买的成功率。

那么接下来是如何确定返回走势结束的问题了，也就是三买的当下问题。关于当下，如果对缠论有正确认识的应该知道，当下是一门功夫，功夫越高越接近走势的转折点，这是人的修炼问题，那么对于毫无根基的人来说，想抓住当下的走势转折点是不现实的，那么该如何解决这个问题？

有两个方向：

（1）**左侧交易**：由于返回走势力度小的定义是跌幅不超过离开走势的一半，因此可以在接近离开走势一半的价格附近提前埋伏，去赌这次回跌不超过离开走势的一半，如果跌破了离开走势一半的价格则止损。这个方法的好处是止损的空间可以自己控制，止损不会太大。但坏处是除了成功的三买之外，其余所有不成功的都会参与，并被止损，使止损发生的次数大大增加。

（2）**右侧交易**：就是当返回的走势开始企稳并拐头向上时介入，此时丧失了一部分底部空间的利润，但却可以避开一部分三买失败的情况。最极端的是当再次出现新高时介入。右侧交易的好处是大大地降低了交易频率，提高了成功率，而不好的地方是买入时的价位距离真正的三买点有一定空间。

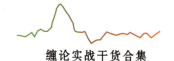

凡事有利有弊，左侧或者右侧没有好和坏，究竟采用哪个其实就是一个词：舍得，有舍才有得。你要思考的是先舍掉什么！

传说中的三买转一卖

昨天解盘《创业板三买，主板请不要拖后腿》中，提到今天创业板要关注的地方是昨天尾盘的上涨以及今天的上涨与 5 分钟图中 5-6 那段走势的力度对比，并且提到今天回调的第一段，不跌破 1 分钟图中的 26 点才是 1F 三买。遗憾的是，今天的走势力度比 5-6 弱，早盘的第一个下跌就跌破了 26 点。如图 240 所示。

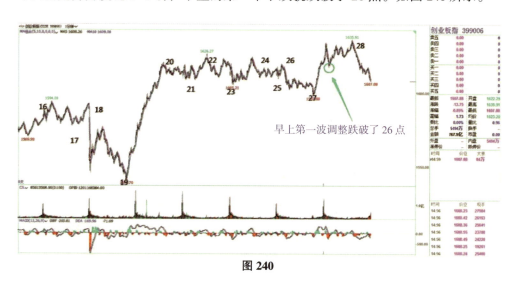

图 240

今天还有一位朋友提示，创业板今天的高点还可以看作是一个趋势背驰，在 5F 图上，如图 241 所示。

从 3 点开始算起，3-今天的高点，刚好形成 5 段趋势。唯一不太完美的是，7 点之后的走势内部只有一段，但在 5F 级别上这个五段趋背很漂亮，这个分解本人还没想到，欣慰的是有人提醒到了，必须给个赞！

在 5F 级别上，7 点之后的弱势导致现在很大概率要结束 5F 级别的反弹了，因为有一个 ABC 式的盘背了，1-2 是 A，2-5 是 B，5-今天高点是 C，C 内部还有区间套，虽然遗憾的是 7 点后的级别不大，但尾盘的大幅回落已经使再有转机的可能性变小了。

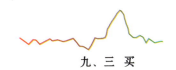
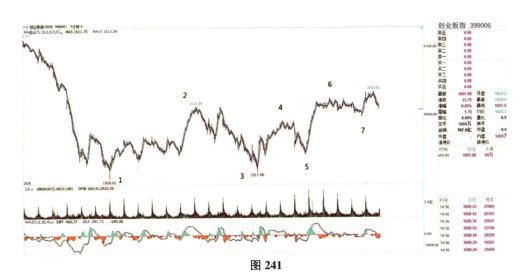

图 241

昨天刚刚出现了三买，但今天马上又出一卖，这就是传说中的三买转一卖！当然，这个一卖并不是趋势一卖，而是盘整背驰的一卖。

一个当下的三买案例

今天盯盘时，看到一个三买的案例，拿来和大家分享。

中原特钢（002423）。5月24日见底以后，一直在底部震荡，形成了一个5分钟级别的中枢，如图242所示。

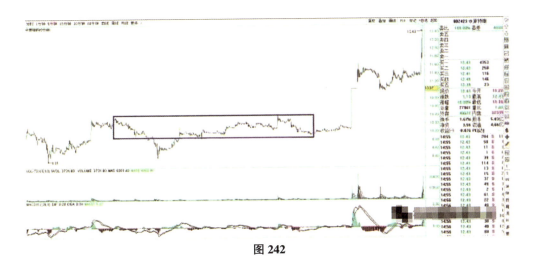

图 242

图 241 是 5 分钟图，构成中枢的次级别是 5 分钟的一段。

从 6 月 13 日开始的走势，是该中枢的离开段，内部也是一个趋势，14 日是一个涨停，15 日冲高后开始回落，注意，这个离开段的结束点并不是 15 日的最高点，而是 10：40 左右的次高点，这是没有背驰段的趋势，之后开始回落调整。此时，离开中枢的次级别完成（5F 的一段，并且是趋势），接下来至少有个 5F 的回调一段。

于是，从 6 月 15 日开始到今天上午，一共走了 5 笔。注意，这里重要的不是是否严格够笔，而应要观察五笔走势中，每波下跌走势的力度，如图 243 所示。

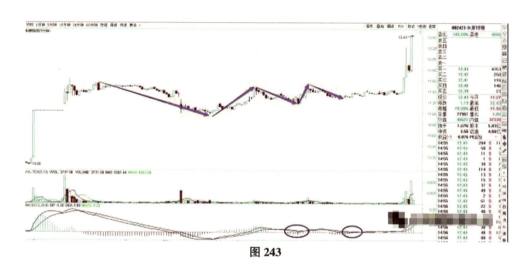

图 243

可以看到，每次下跌的力度都在衰减，并且呈三角形整理，而每波下跌的低点都在逐步抬高，使对应的 MACD 出现了黄白线回到 0 轴上方，并且有个双回抽，形态非常标准。之后是尾盘的突然放量拉升了，三买确立！

这个案例中，这个次级别回抽是一个三角形的形态，很容易被误解为第二个中枢，这是需要注意的地方。此外，今天这个三买的案例，最好多看看图，里面有很多值得推敲的地方，尤其是 K 线形态所代表的含义。以后会抽时间专门讲讲三买，在讲之前，建议大家先看看缠师以前提到的所有三买的案例，看看有何共同点。

市场和上周讲的节奏是一样的，上证 50 第一波调整结束，这也是为什么在

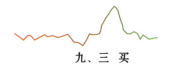

感谢几个打赏的朋友时提示周五、周一关注漂亮 50 的反抽。上证 50 的买点不难把握，走势和买点很清晰，如图 244 所示。

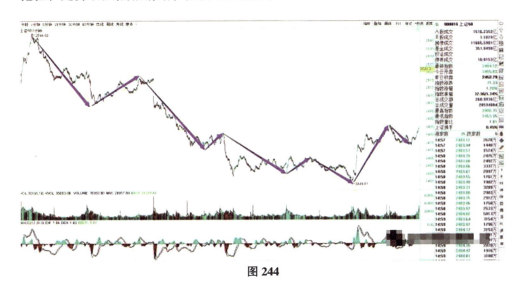

图 244

道理是相通的，仍然观察每波下跌的力度，这个力度的衰减一眼就能看出，所以，市场的语言就是这样，看得懂则把握节奏不难。

大盘也是一样，虽然调整的走势有些复杂，但用这个简单的方法可以看每波下跌走势的力度，如图 245 所示。

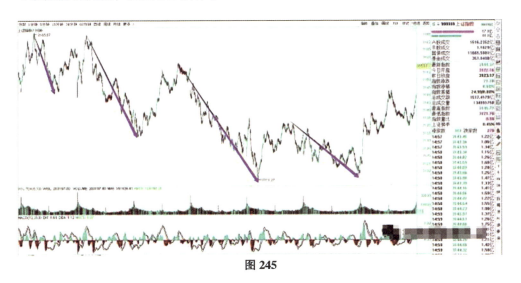

图 245

很简单，也无须陷入笔、段等这些低段位的知识里，把图缩小了，直接看每波下跌的力度，到上周五那里，这个力度明显减弱。

反过来的话，就是看风险，如现在看创业板指数，如图246所示。

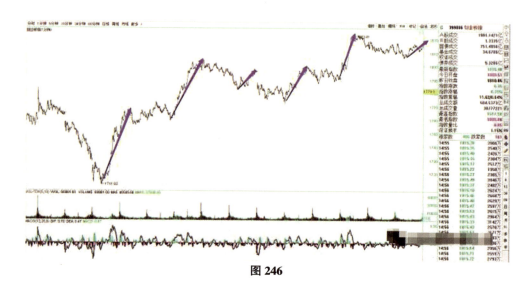

图 246

这是创业板从底部反弹以来的1分钟图，无须分段分笔，只找出明显的上涨，就可以看到第二个上涨力度比第一个弱，第三个比第二个弱，那么在这两个上涨末端卖出，回调后回补，第四个向上力度比第三个大，不用动，第五个比第四个大，也不用动，现在再走第六个上涨，从目前看力度弱，那么就要提高警惕了，一旦这个力度不改变，就要找机会卖掉。

这是最简单的方法，虽然不精确，但对很多看不懂缠论的读者是很有用的，可以多看看图，感受一下。

细说三买卖后的两种分类

昨天解盘中关于三买买点之后的分类表述有误，首先表示歉意！

为了说明这个问题，今天专门写一篇三买卖点后分类的干货。还是老惯例，先看原文中的描述，如图247所示。

《扫地僧读缠论108课札记60-530印花税当日行情图解》一文中的附录部分：

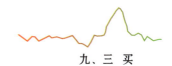
明白了上面的文章，今天的走势如果都不能把握，那就要继续加班学习了。昨天 4087-4122 的中枢，今天一大早的上冲没有触及 4087 点，所以就构成了该中枢的第三类卖点。后面三波的下跌，与昨天的 B 段比，明显背驰，其内部，最后一波，在 1 分钟图上，绿柱子明显缩短，所以内部也背驰，根据区间套可以当下定位 10：02 低点。这是本 ID 理论中最简单的技术的，如果今天没能这样分析，请好好研究补习。【扫地僧：早上的上冲看似是级别不够，但是

359 / 651

图 247

当时的大盘走势如图 248 所示。

图 248

其中，4087 是 1 点的位置，1-4 构成了中枢，6 点是三卖，力度上，0-1>2-3>6-7>4-5，可以看到，这里使三卖后没有出现趋势的重要原因是三卖后的走势与中枢前或者 3-6 这个新中枢前的 2-3 对比有盘背，而实际上，并非仅仅如此，如果对 ABC 式的盘背有印象，那么这里 0-1 看作 A，1-4 是 B，4-7 是 C，C 对 A 有背驰，也决定了之后必然走反向的同级别走势。

再看大盘的走势，如图 249 所示。

392 是三买，392-393 虽力度弱于 390-391，但 394 的回落并未回到下方，反而 390-395 构成了一个线段类上涨趋势，这是因为 390 开始的走势是离开 387-390 该第一个中枢的最强烈的摆脱中枢的走势，往往各种指标钝化、"背了又背"

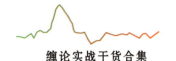

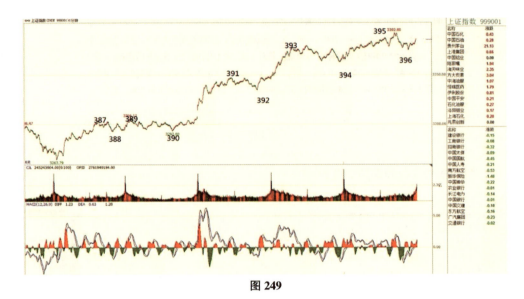

图 249

等现象最容易在此时出现，单凭一个线段盘背就认为今天调整的结论，则违背了这个原则，这是昨天有误的地方。

因此，现在的走势暂可以将 390-395 看作一个线段类趋势背驰，由于 396 低于 393，因此 393-396 可以看作第二个中枢，如后面 397-398 再低于 395 点，那么最佳的分解是将 395-398 看作中枢，这样更加清晰！

其实今天虽然指数有新高，但个股并没有普涨，甚至还有分化，银行带头调整，但两桶神油却硬拉，大盘连续红了 5 天，也要歇一歇了，明天就是中枢震荡，也是 1F 趋势离开下方 5F 中枢后，即将出现回抽的一个 1F 走势，只要该走势仍在 394 点上，调整就是正常的，而且 5F 三买也会出现。

缠论实战干货——一个特殊的三买案例

大盘 1 分钟图如图 250 所示。

大盘已提前进入过节模式，没什么波动，全天只走了一段。30 分钟上，一直被 60 均线压制，那么该均线的突破是一个重要的参考指标。

创业板指数昨天说的 1F 背驰区间套，今天的一段回到最后一个中枢的 DD，这是理论所保证的，如图 251 所示。

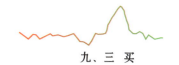
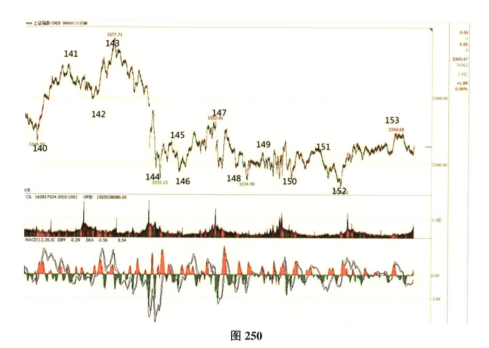

图 250

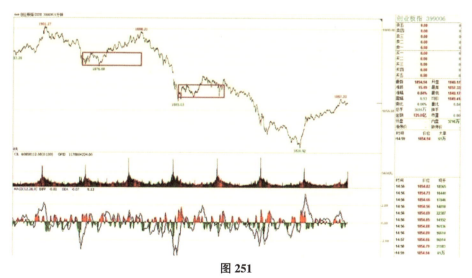

图 251

由于是 1 分钟的背驰，因此，这个反弹的级别至少应该是 1 分钟级别的，而该 1 分钟级别的反弹如果不能触及 1872 点，则就是一个 5F 级别的三卖。

明日观点：节前了，基本没什么大的机会，维持震荡是最好的选择。如果能

从昨天低点反弹以来震荡出一个 5 分钟级别的中枢，是最好的选择了，节后无论是向上还是向下，都看第三类买卖点而操作。

实战干货：今天分享一个两个级别的三买重合的特殊案例，如图 252 所示。

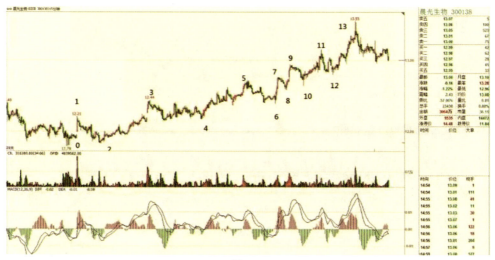

图 252

这是 300138 的 15 分钟图，其中，1–4 是第一个中枢，6 点是该中枢的三买，由于 6 点跌破了 3 点，因此，3–6 也可以分解为一个中枢，于是 6–9 是离开的次级别，9–12 是返回的次级别，12 点是 3–6 这个中枢的三买。

与此同时，12 点还是 7–10 这个次级别中枢的三买，从而使 12 点是两个级别的三买共振。走到当前位置，此时的分解可以将 6–13 看作是 3–6 这个中枢的离开，13 点以来正在走回抽的次级别走势，如果 13 点下来的次级别走势没跌破 3 点，将是最标准的第三类买点。

那么究竟 12 点和这个最标准的三买（潜在的）孰好孰坏，实战中应该抓哪个？笔者认为，实战中 12 点是最好的买点，其原因如下：

（1）12 点是离开中枢后的一个短暂停顿，仍然属于离开中枢的走势中，虽然这个案例中，6–13 走得并不强势，但很多时候，离开中枢的这一段走势往往最强势，那么选择 12 点这个三买，在很多情况下不会错过主升的一波。

（2）如果等待一个完整的次级别离开走势结束后，一个完整的次级别返回走

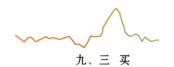

势形成三买，那么级别一旦比较大，如日线级别，则这个离开中枢的次级别走势基本就把主升浪走完了，后面的 30 分钟反抽即使没有回到中枢内，再次起来的一波大概率有盘背出现，其参与价值并不算高。

（3）大部分个股的顶部很少由 30 分钟或者日线级别的背驰所引发，很多个股基本上是一波火爆的拉升，在 1 分钟或者 5 分钟上出现背驰就开始做顶了。而等到 30 分钟或者日线的三买到来时，股票早已经没有了人气，留在上方的都是套牢盘，以前的妖股都是这样的，如四川双马、冀东装备、三江购物等。用缠论的语言来说，就是走小转大，这种所谓的三买压根不值得参与了。

三买是每个缠徒都想抓的买点，希望这个案例能帮你加深对三买的理解！

缠论实战干货——三买的"坑"

今天讲讲三买的"坑"，三买最大的坑是市场环境，最直观地看这几天的涨幅榜，看看涨幅靠前的有哪些是三买后引发的。

周一共有 166 只股票涨幅超过 5%，如图 253~图 256 所示。

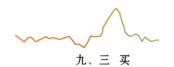

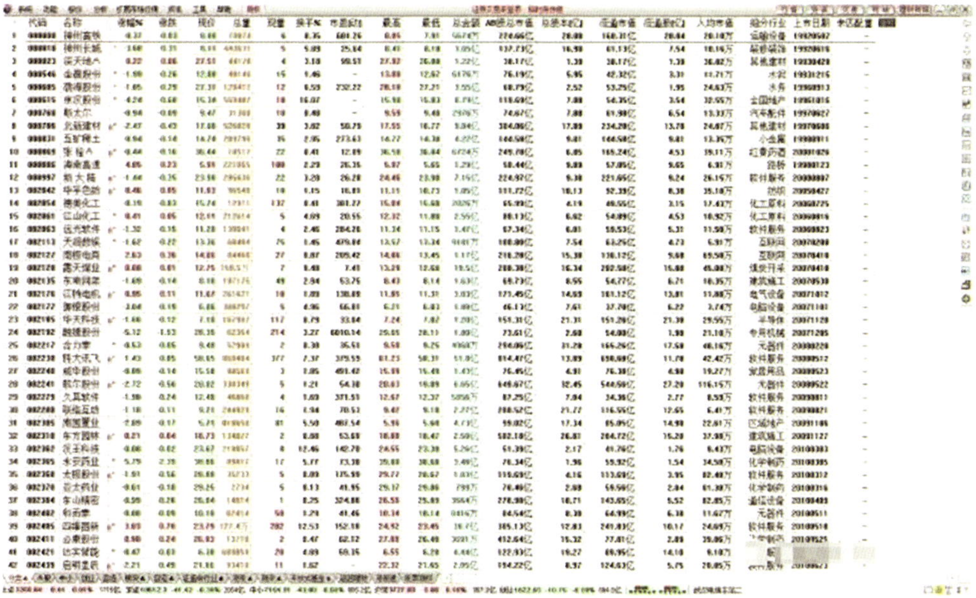

图 253

缠论实战干货合集

图 254

图 255

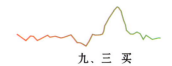

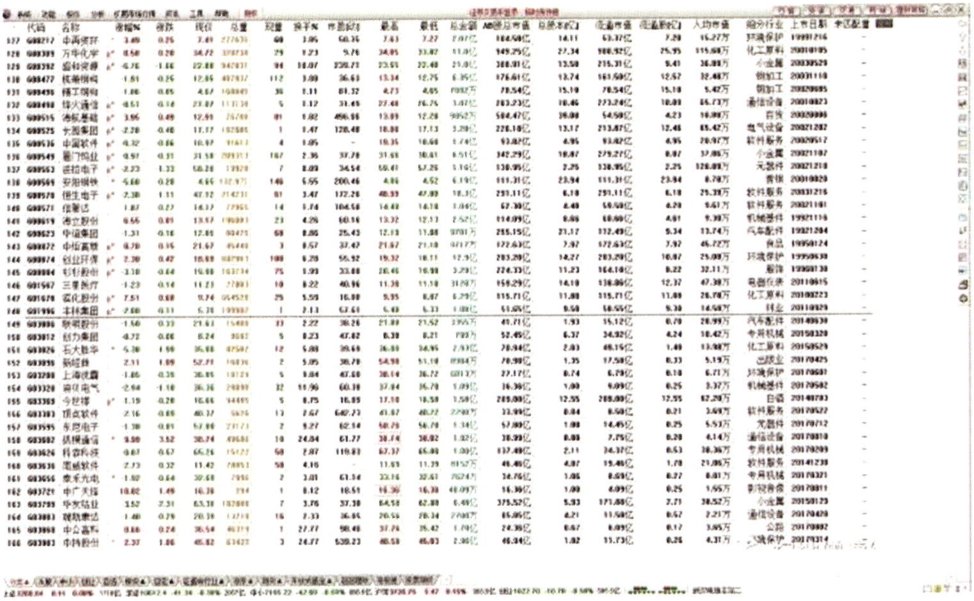

图 256

其中，三买后引发上涨的个股只有 13 只，北新建材（000786）如图 257 所示。

三买

图 257

海南高速（000886），如图258所示。

图 258

江特电机（002176），如图259所示。

图 259

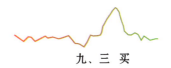

永安药业（002365），如图 260 所示。

图 260

英飞拓（002528），如图 261 所示。

图 261

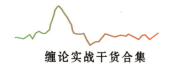
雅化集团（002497），如图 262 所示。

图 262

凯美特气（002549），如图 263 所示。

图 263

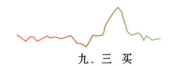

中电环保（300172），如图 264 所示。

图 264

丰林集团（601996），如图 265 所示。

图 265

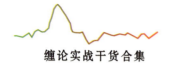

滨化股份（601678），如图266所示。

图 266

中炬高新（600872），如图267所示。

图 267

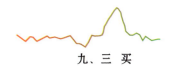

海航基础（600515），如图 268 所示。

图 268

启迪设计（300500），如图 269 所示。

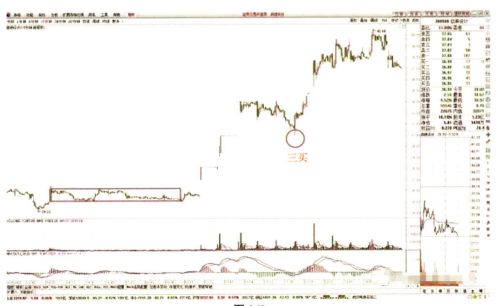

图 269

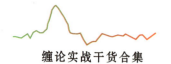

周二，涨幅 5% 以上的个股有 100 只，如图 270~图 272 所示。

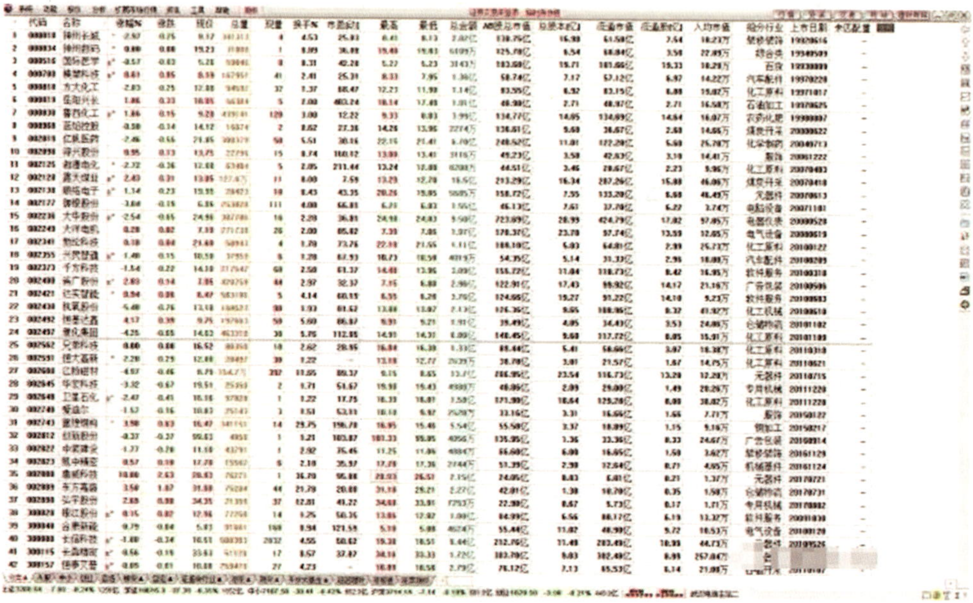

图 270

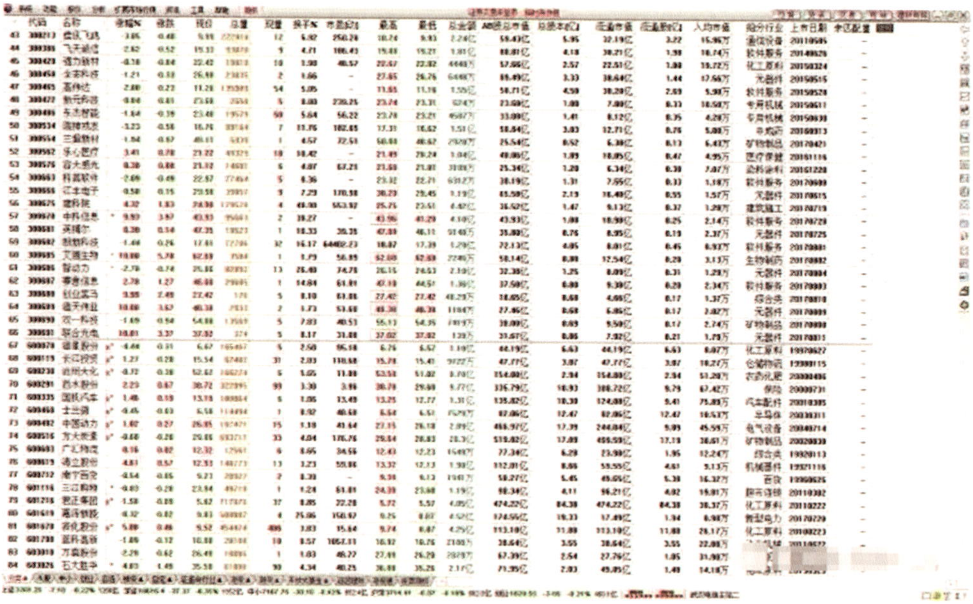

图 271

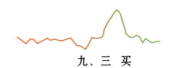

九、三 买

图 272

其中，三买后引发上涨的个股只有 4 只。

达实智能（002421），如图 273 所示。

图 273

三买点

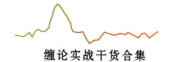

亿帆医药（002019），如图 274 所示。

图 274

雅化集团（002497），如图 275 所示。

图 275

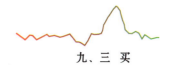

江粉磁材（002600），如图276所示。

图 276

其中，雅化集团的三买是上周五出现的，周二的上涨是该三买后上涨的延续。

江粉磁材的三买级别很小，可操作性不是很高。

周三涨幅在5%以上的有87只，如图277~图279所示。

图 277

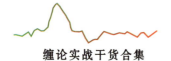
图 278

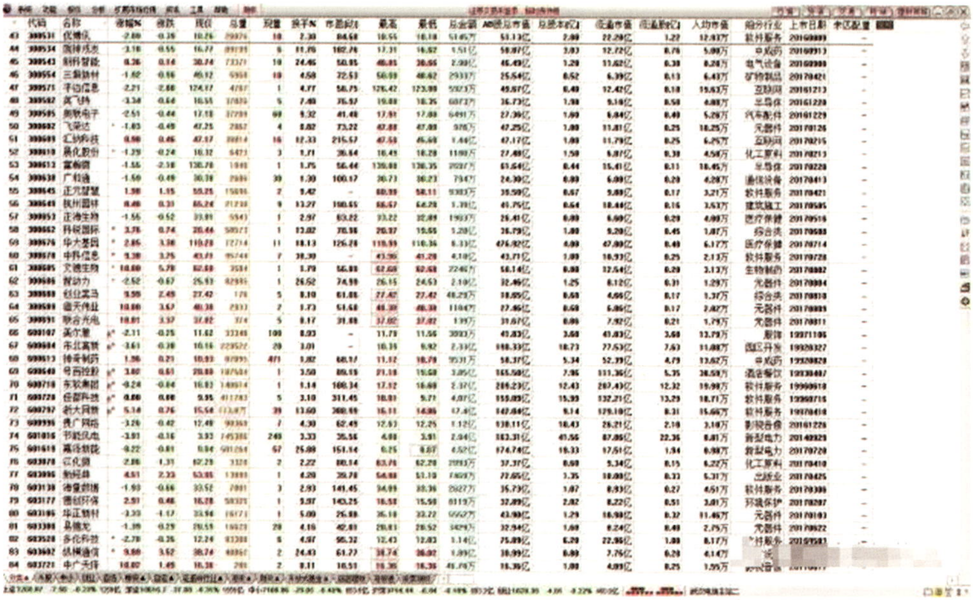

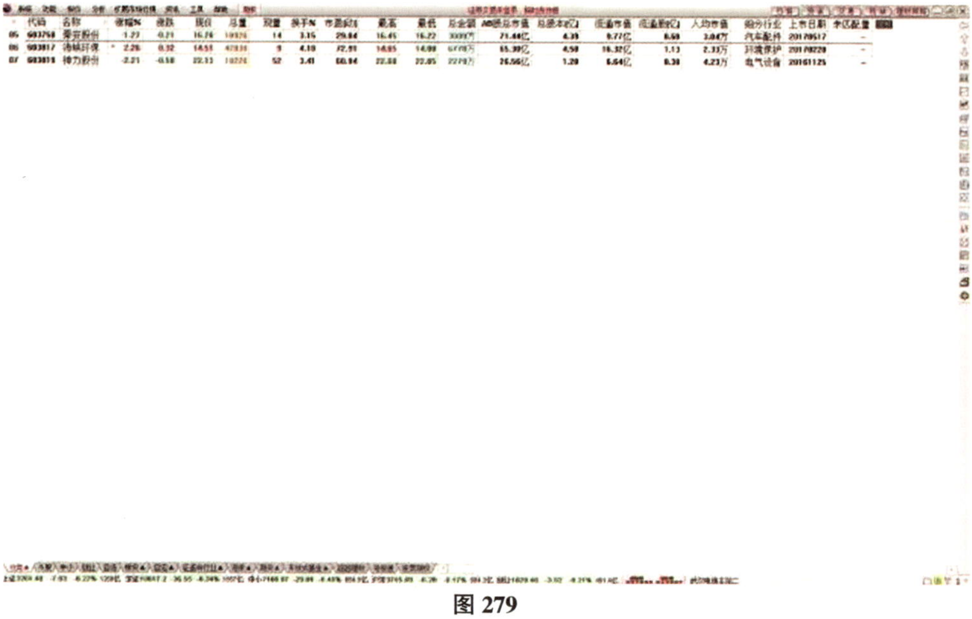

图 279

其中，三买后引发上涨的有三只。

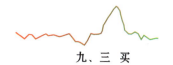

九、三 买

市北高新（600604），如图 280 所示。

图 280

号百控股（600640），如图 281 所示。

图 281

贵广网络（600996），如图282所示。

图 282

周四涨幅超过5%的共有88只，如图283~图285所示。

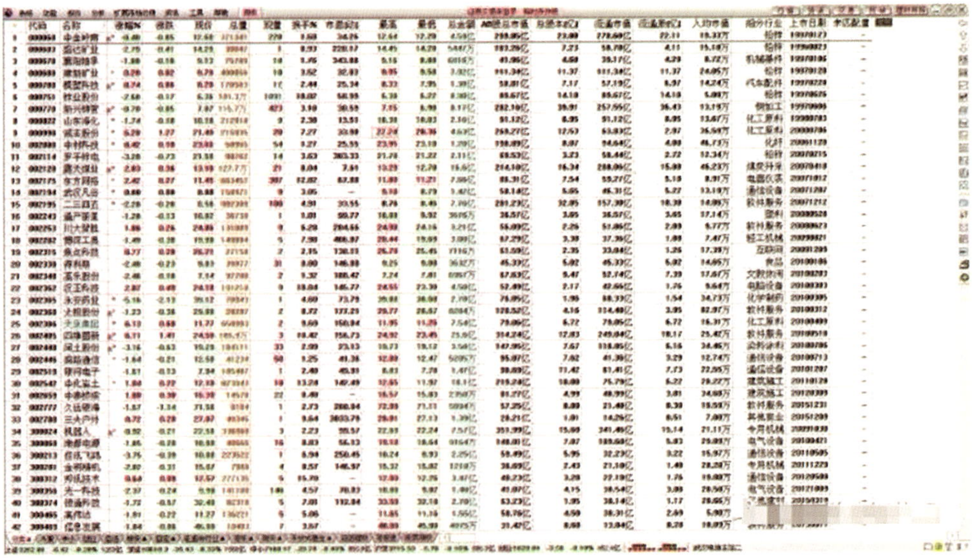

图 283

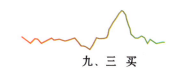

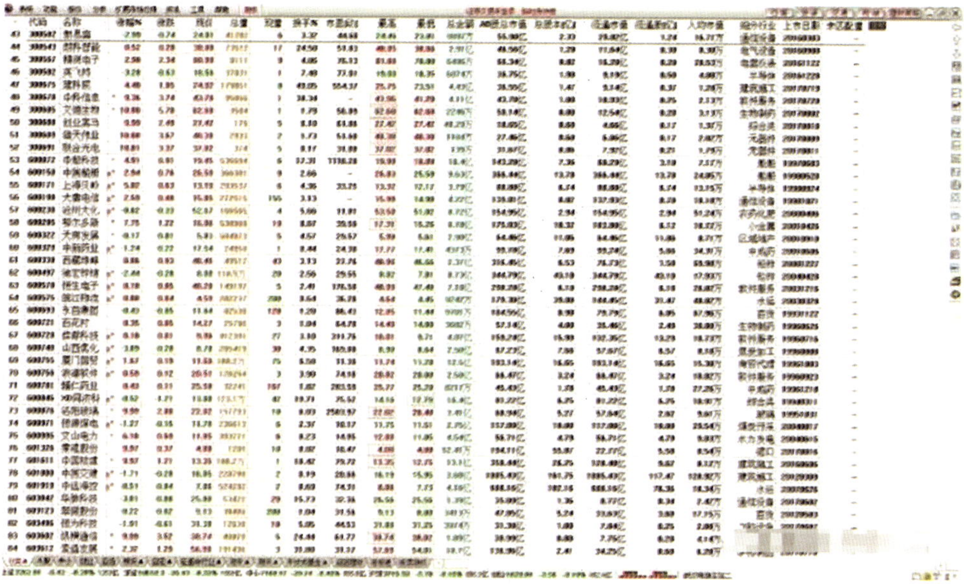

图 284

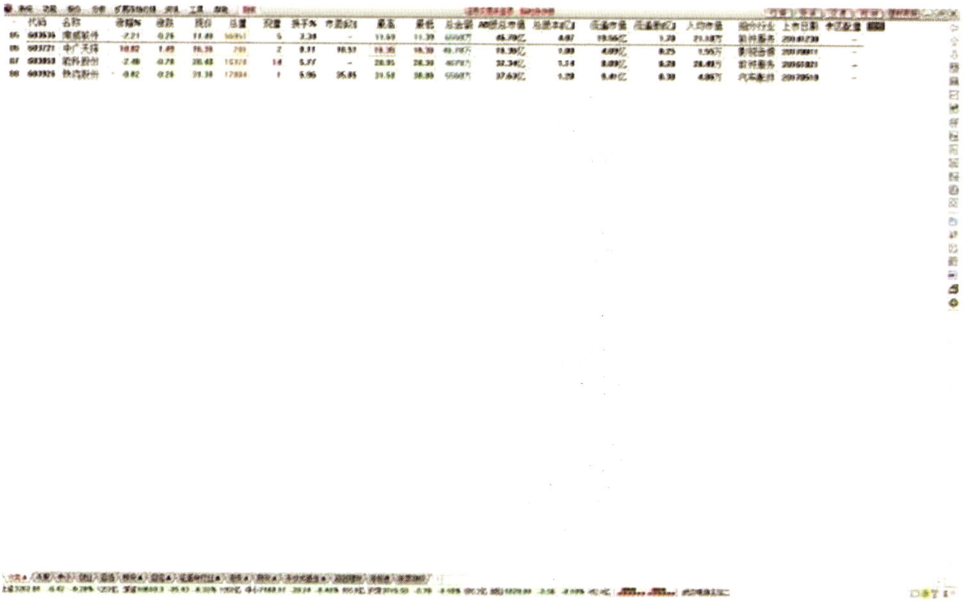

图 285

其中，三买后引发上涨的只有 1 只。

大唐电信（600198），如图 286 所示。

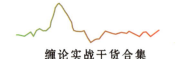

图 286

本周由三买引起上涨的数量占涨幅榜中的比例如下：

周一：13/166=7.8%。

周二：4/100=4%。

周三：3/87=3.4%。

周四：1/88=1.1%。

看到了吗，这就是现实，即使在周一大盘那么好的情况下，三买后引发的上涨在涨幅榜中的比例也不过近8%而已，而周二、周三和周四更低了，如果全部股票的比例就是千分之几的概率。这说明一个问题，如果采用频繁换股，只做三买这种模式，那么就说明，要想成功，就要保持几乎每天都能从几千只股票中，恰巧选中那几只。如果是一两次选中，并不能说明问题，由于频繁换股，假设每年250个交易日操作100次，那么就是每年至少有60~70次从几千只股票中选中那几只。一两次选中不是本事，但要求一年几十次都要命中，这就是难点，从概率上讲，这太难了。

用数字来说明这种模式成功的概率并不是要打击这种模式，而是要指出这个模式的"坑"，为什么会这样？其根本原因在于三买的机会产生与市场环境有密

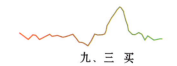

切的关系，从上面的数字也可以看到，周一市场大涨的时候，三买票的数量明显是多的，而其后三天随着市场的变化而变化。虽然今天没时间统计，但今天三买票的数量一定不会高，因为今天的市场环境就是如此。

　　所以，在做三买的模式时，必须要考虑市场环境的变化，而市场环境的变化，级别太小，则持续性有问题，因此要研究市场稍大一点级别的走势，只有当市场稍大一点级别的走势非常健康时，这时候的成功率自然就会提升。要么就是把个股的级别变大，也就是说三买的级别放大，这样抗市场环境的力度也会变大，不至于轻松地被市场 ED 了。

　　当一个模式看起来很美好时，一定要认真琢磨背后是不是有"坑"，这个"坑"是如何产生的，如何去避免，这些都要在实战中一个一个地去解决，否则永远都是纸上谈兵！

一个三买的技术细节

　　补上这两天的图（见图 287）：

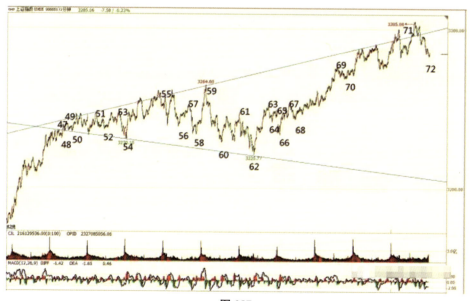

图 287

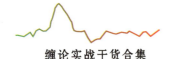

62 开始的 1 分钟分解如下：63-66 是中枢，66-现在是离开该中枢的线段类上涨趋势，其中，70 点是三买，70-71 的力度比 68-69 的力度强。该上涨的 1F 趋势没完。今天 71 点突破了该扩张型三角形上轨后，立刻又回来，说明压力依然比较大。

今天没有按照给出的剧本走，直接破了 3301 的高点，看来演员比导演还亢奋，但要提醒的是，所谓亢龙有悔，作为大盘的领先指数，上证 50 嗅到了风险的味道，先看 30 分钟图，如图 288 所示。

图 288

可以看到，自 5 月以来，上证 50 走出一个 5 分钟上涨趋势，目前处于离开第二个中枢的背驰段内，该背驰段内部如图 289 所示。

目前该背驰段走出一个 1 分钟的趋势，今天尾盘刚刚构筑第二个中枢，如果明天该背驰段顶出趋势背驰，则是一个双重区间套，上证 50 至少要做一个 5 分钟级别的调整。在日线上，一般至少要有一笔下跌出现。而上证 50 如果下跌，大盘的日子应该也不会好到哪里，这是需要时刻注意的地方。

前两天有朋友研究得比较细一些，问如果图 287 中，72 点低于 69 点，那么 72 点是不是 51-62 这个 5 分钟中枢的三买，因为 62-69 可以看作是离开该中枢

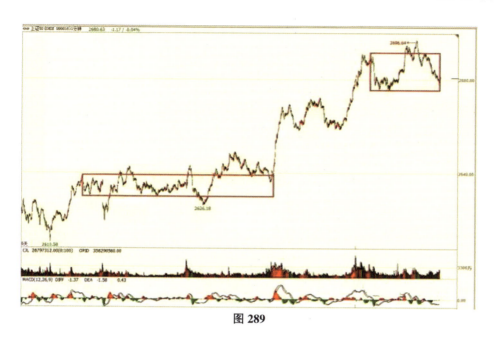

图 289

段，69-72 看作是反抽该中枢，今天就讲讲这个问题。

从纯理论的角度看，完全可以看作三买，因为是结合律的一种组合而已，但站在实战的角度看，将这里看作三买往往会吃亏。

原因主要是如果 72 低于 69，那么 69-72 其实是 62 点上来的第二个 1F 中枢，而出现两个以上中枢的趋势是比较少的，基本只会在大牛市中产生，如果将第二个 1F 中枢看作下面 5F 中枢的三买，在大部分情况下，后面出了一个背驰段后，会掉头向下调整，所以很容易被套进去，因此从风险收益的角度看，这个地方看作三买是不合适的，在实战中效果不会太好。

但如果 62 点上来的 1 分钟趋势是线段类上涨趋势，而 62-63，63-64，64-65，65-66，66-67，其中，66 比 63 高，67 比 65 高，那么如果再出现 67-68，68-69，69-70 这样的中枢，此时 70 点作为三买的实战意义是比较大的。为什么？就是因为级别的问题，62-67 的趋势完成了，67-70 的反向回调也完成了，当然可以继续上涨。并且 67-70 只是作为 62 点以来的第一个中枢，后面再走一个两个中枢的上涨走势也非常正常。这就是其中的差别，虽然很小，但在实战意义上的差别却很大，不信？你看看上证 50 指数在 7 月 7 日低点那个 30 分钟三

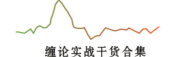

买，就是在一个线段类趋势上涨后，走了下上下上下五段回抽，漂亮地构成了三买。而站在另一个视角，也形成了 2297 点以来上涨的 5F 走势的第一个中枢。

如果你能看得懂，相信你会知道其中的价值；如果你看不懂，就先补习一下基础知识，毕竟自己学会才是自己的，谁也拿不走。

什么样的三买不值得做

今日解盘：今天来了一个长上影线，比较打击人气，但从另一个角度来说，也是好事，因为熊市里的反弹如果太快，后面往往没有好结果，比如 9 月 18 日那次反弹，直接是一个 1 分钟的趋势，然后就 2449 点了。

技术上，今天是一个离开 1 分钟中枢的线段加一个回抽中枢的线段，虽然没有回抽到中枢内，但这个回抽已经太弱，即使这段回抽没回中枢，是个三买，但已经不值得参与了，如图 290 所示。

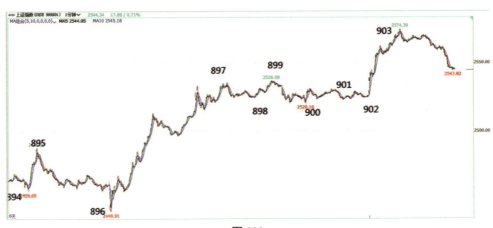

图 290

那么问题来了，什么样的三买不值得参与？

其实很简单，那就是回调太深的三买不值得参与，因为回调得深，后面即使上涨，也会大概率与离开段形成背驰，从而形成更大级别中枢，这样的三买不值得介入。还有一个问题是，什么样的算回调深？有没有一个标准可以参考？

答案是有的，那就是看回抽的位置与离开段内部的中枢，以今天为例，902-903 这个离开段是个趋势，内部有两个笔中枢。如图 291 所示。

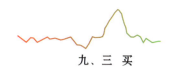

图 291

第二个笔中枢之后的那个背驰笔内部也是个趋势，有 3 个中枢，这个小趋势对应的 MACD 刚好在今天最高点处出现背驰，非常经典，非常技术。之后进入下跌段，当这个下跌段走到 2:10 附近时（图 290 中右侧的方框附近），刚好回到 902-903 的最后一个中枢内，此时这个下跌段有盘整背驰的迹象了，如果指数在这个位置能站稳并迅速回到上方这个下跌段的中枢内，也就是 2565 点上方，那么三买基本成功，否则，一旦加速下跌，就要去试探 902-903 的第一个中枢的支撑了。

这是为什么在当时提醒：指数这里要么加速回补缺口，要么就止住（见图 292）。

图 292

结果是，一笔反弹，刚好把 1 分钟的 MACD 拉回 0 轴附近，又掉头向下了，也就是选择了去回补缺口。

故，今天干货的结论是：如果三买的位置在离开段的最后一个中枢附近，可

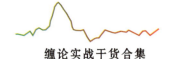

以买，否则，不值得操作。

中枢突破法中的细节 1

上周提到的中枢突破法，首先要澄清的是，它并不是抓标准的第三类买点的机会，而是博中枢离开段是个大力度离开，换句话说，就是缠师之前讲过的，突破中枢后一个次级别的中枢在当前中枢上方，是可以作为强势三买介入的，如图293所示。

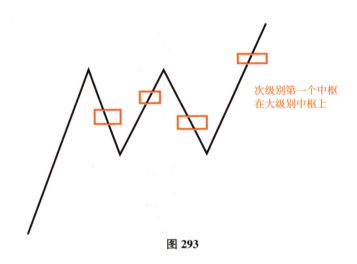

次级别第一个中枢
在大级别中枢上

图 293

所以，这个方法中，一个细节是站稳日内均线的动作刚好构成离开中枢走势的第一个中枢。

比如，今天涨停里面的晨鑫科技（002447），如图294所示。

根据中枢突破方法，中枢上沿是3.81元，3月28日突破，日内均线在3.81元上方后有三波回抽，那里是中枢突破的买点，如图295所示。

再如，思特奇（300608），30分中枢高点是27.73元，如图296所示。

今天开盘拉升一波，日内均线高于27.73元，盘中多次回抽不破，符合买入条件，如图297所示。

仔细观察30分中枢内部，可以看到每个次级别至少由3个1分线段构成，如图298所示。

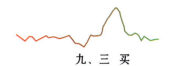
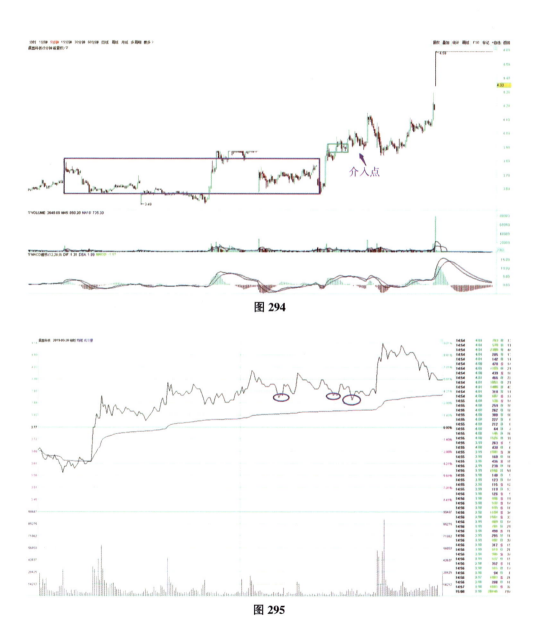

图 294

图 295

图 296

图 297

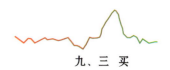

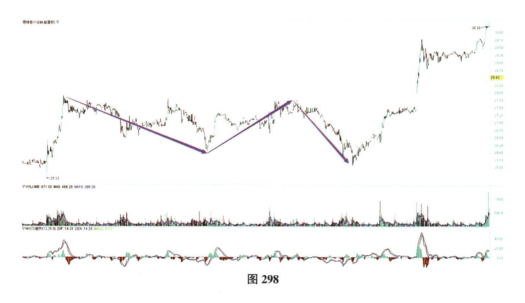

图 298

　　而这个离开中枢的走势，今天完成了下上下三段的第一个中枢，如图 299 所示。

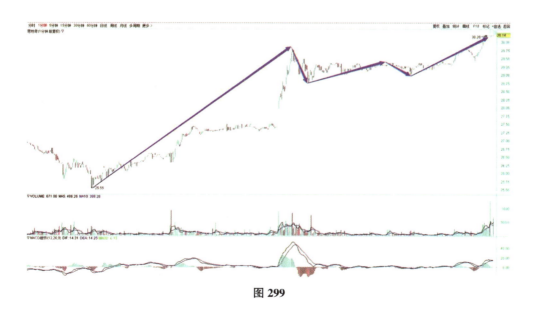

图 299

　　BINGO！符合买入逻辑！

　　今天出现了一个跳空高开高走，高开后首先想到的应该是缺口会不会被回

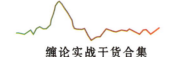

补，前半个小时的量就已经突破了 3000 亿元，是近 5 天最大的量，而指数略微回调后继续上攻，加上证券、银行等大盘股的坚挺，各类题材的活跃，已经说明市场的做多热情高涨，剧本 1 几乎是一定的了，如图 300 所示。

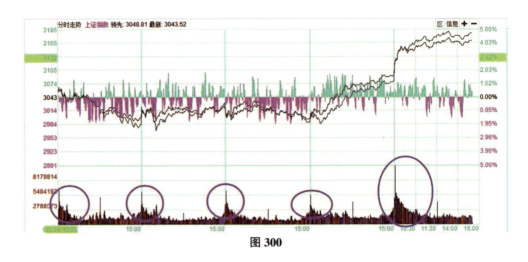

图 300

历史上，突破箱型整理的方式基本有两种：

（1）从箱型底部附近直接连续大阳线突破，例如，2010 年 9 月上证指数走势，如图 301 所示。

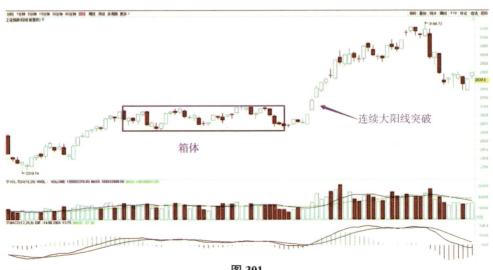

图 301

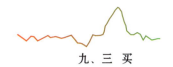

（2）从箱型底部起来，先构筑一个中枢，然后再突破，例如，2006 年 8 月上
证指数走势如图 302 所示。

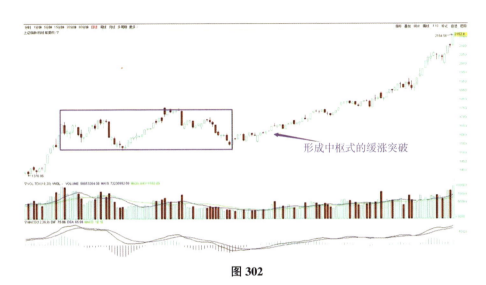

形成中枢式的缓涨突破

图 302

2007 年 7 月上证指数走势如图 303 所示。

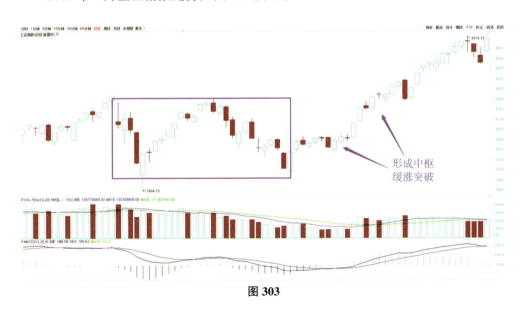

形成中枢
缓涨突破

图 303

今天的中阳线突破，加上周五的大阳，显然选择了第一种的方式突破，如图

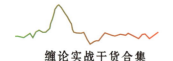

304 所示。

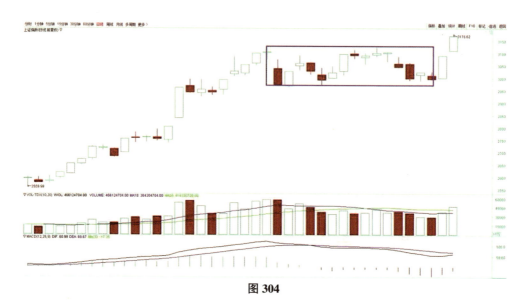

图 304

那么，大盘在出现 5 分钟级别中枢之前是安全的，和 2010 年 9 月那次有所不同的是，这个箱型整理前的力度比较大，而且该箱型整理是底部上来的第二个 30 分钟中枢，所以，虽然连续两天的大阳线，但依然有背驰的可能，只是现在该背驰段级别还没完美，这几天也不用太担心。

今天从高点下来只有回抽的一段，1 分中枢还没形成，大盘谈不上什么风险，目前唯一的风险是今天的缺口将是未来 2~3 天空头要攻击的位置。

接下来的演化，还要看底部起来的这波走势的中枢在什么位置，因为这两天走势过于强劲，短线上有形成 1 分中枢的压力，所以明天应该是个分化日，而剧本比较简单，就是看 1 分中枢形成后的三种演化。

（1）1 分钟中枢形成，后面出现三买。这是最强走势，可参考 2010 年 9 月那次，这样，5 分钟中枢形成就会推后，好日子继续，如图 305 所示。

（2）1 分钟中枢继续震荡，扩展出 5 分钟中枢，但 5 分中枢低点不破 3125 点。那么这个中枢可以作为 30 分中枢的第三类买点，也就是背驰段里的三买，如图 306 所示。

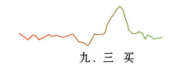

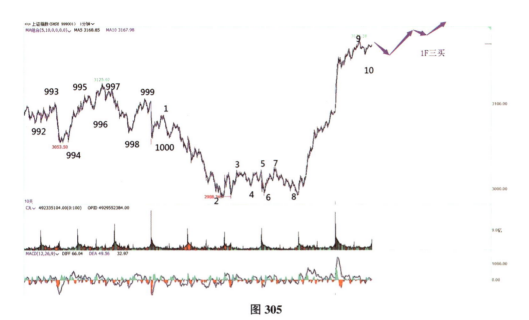

图 305

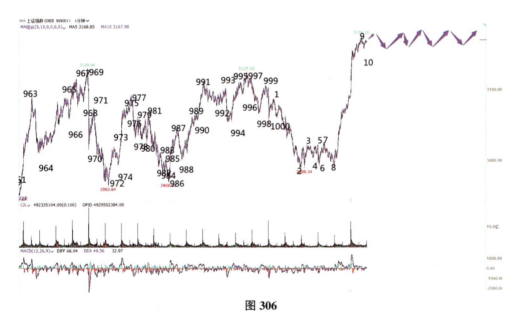

图 306

（3）1 分钟中枢继续震荡，扩展出 5 分钟中枢，但 5 分中枢低点破了 3125 点，这是比较弱的情况，依然先看作 30 分中枢震荡，如图 307 所示。

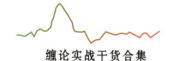

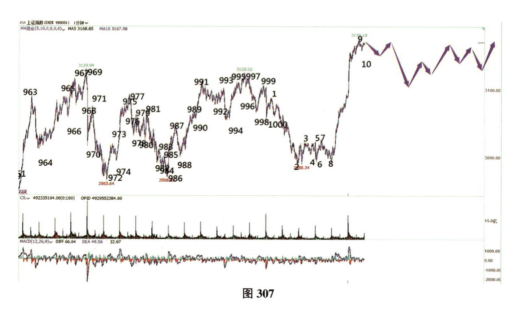

图 307

简而言之，在 5 分钟中枢出来前，市场是安全的，但操作个股时要注意买点，不追高是铁律。现在的个股形态，大体可分为三类：

（1）突破这波调整高点的，那么就去找调整形成的中枢的第三类买点。例如，600009，刚突破高点，现在刚有一段调整，如果有三段回调不破中枢高点 60 元，那就是三买，如图 308 所示。

图 308

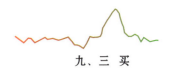
（2）还在这波调整高点附近蓄势的，介入点可以选择该蓄势形成的小级别中枢的三买或者中枢下沿附近。例如，溢多利（300381），如图 309 所示。

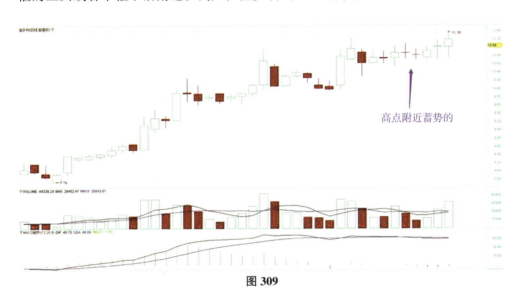

图 309

（3）这波调整刚见底的，由于两天大阳线，所以第一类买点肯定没有了，可以找第二类买点操作。

如一直跟踪的东方财富（300059），如图 310 所示。

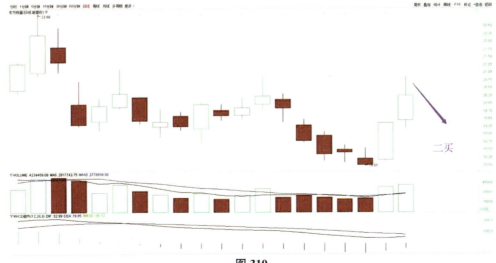

图 310

大家可以看看自己手里的股票属于哪一类，可以对操作有个准备。

东方财富今天这波上涨最终出现了背驰卖点，在 5 分图上比较明显，如图 311 所示。

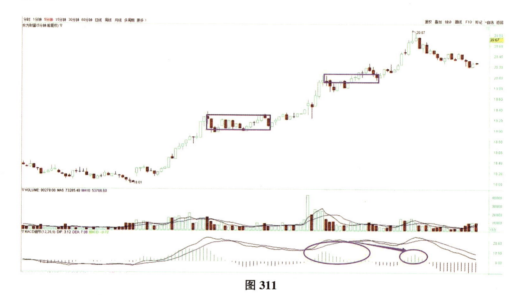

图 311

所以呢，现在不是追高的时候，这波上涨后，会走出一个近似于 30 分下跌笔的调整，由于第一波的力度比较大，所以预计东方财富将面临调整，这个调整

图 312

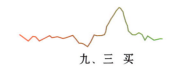

将构筑出 30 分笔中枢，中枢下沿位置预计在 19.2 元附近，想做二买的可以在这个位置下手。这个位置在 30 分上一个中枢的下沿附近，同时是 5 分图里第一个中枢的位置。

此外，证券指数、银行指数的 5 分图上，也都出现了趋势的第二个中枢，大金融短线上有调整需要，将势必影响指数，所以 3 个剧本里，笔者倾向于第二个。

中枢突破法中的细节 2

接着上一篇《中枢突破法中的细节 1【实战干货】》往下延伸，上篇的细节是离开中枢的那段的内部结构，这次看看中枢的形态结构。

首先，中枢的形态主要分为：平台型/箱型、收敛三角形、扩张三角形、奔走型和之字形，如图 313 所示。

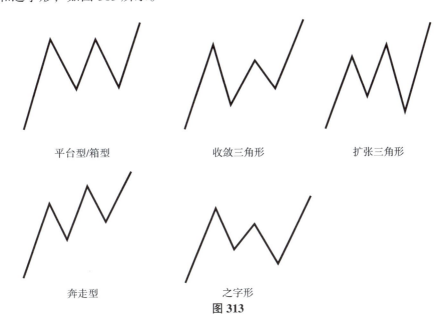

图 313

这几个中枢形态，按照强弱顺序为：奔走型>收敛三角形>平台型>扩张三角形>之字形。理由很简单，看中枢高低点的位置变化，奔走型是第二个高点和低点均向上的，自然最强，其他的都可按照这个方法解读。

那么在用中枢突破这个方法时，自然优先选择奔走型中枢。如闰土股份

（002440），如图 314 所示。

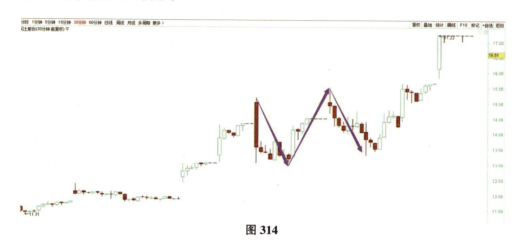

图 314

晨鑫科技（002447），如图 315 所示。

图 315

今天无意外地构成了 1 分钟中枢，之后顶出背驰段，如图 316 所示。

而且背驰段内（12—13）是个五笔构成的趋势，非常经典，后面的回调自然也正常。今天问得比较多的问题是 9—12 这个中枢能算第二个 1 分钟中枢，在 5 分钟走势走完之前，可以根据结合律找出最有利于分析的买卖点，那么自然可看作第二个中枢，即 13 点是一个标准的趋势背驰，如图 317 所示。

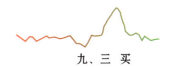

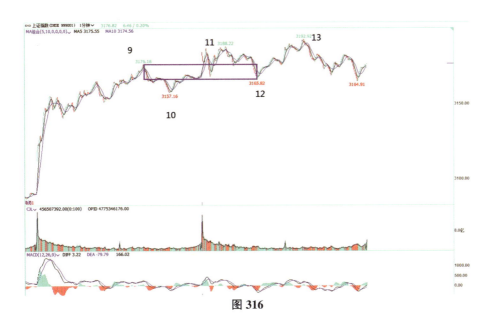

图 316

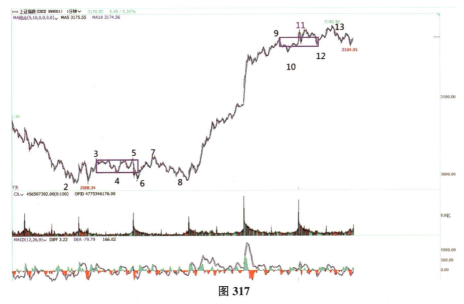

图 317

接下来的演化，是 108 课中 29 课《扫地僧读缠论 108 课札记 33——转折的力度与级别》提到的三种形式：

（1）最后一个中枢的级别扩展：从 9 点开始有 9 段重合扩展出 5 分中枢后，

开始继续上涨，如图 318 所示。

图 318

（2）更大级别盘整。从 13 点开始，走下上下 3 个 1 分走势，从而构成 5 分中枢，如图 319 所示。

图 319

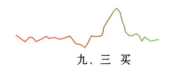

（3）反趋势。这个剧本要重点防范，其标志是出现 1 分钟的第三类卖点，以及三卖后以更大力度下跌。所以，中枢低点 3165 点是明天关键的点位，如图 320 所示。

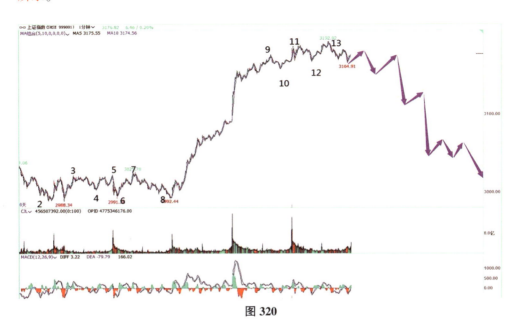

图 320

很多人搞不清前两种形式的区别，也就是最后一个中枢的级别扩展与更大级别盘整的区别。简单来说，最后一个中枢的级别扩展需要借用原趋势里的构件才能构成 5 分中枢，而更大级别盘整不需要，直接以趋势背驰的第一类买卖点作为新的走势的起点。

昨天提到的缺口是短线的压力，明天依然如此，不出意外还会有回补缺口的动作，能否补上要看当下了，缺口在 3100 点附近，距离现在 9-12 这个中枢位置稍微有点远，一旦明天跌到这个位置，应密切关注反弹能不能回得来，回不来的话，就会形成 1 分钟的三卖，那么后面的压力更大。只要接下来的调整依然围绕 9-12 这个中枢附近震荡，问题则不大。

昨天提到个股的三种大体形态依然适用，趁着调整可以重点找突破大中枢后形成第三类买点的个股。

东方财富的节奏比证券指数略微延后一些，证券指数昨天回抽 0 轴后，今早

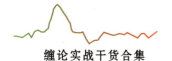

顶出背驰，非常标准，如图321所示。

图 321

而东方财富的节奏靠后一些，下午才把15分上的背驰顶出来，由于东方财富的二买是新低，所以证券指数的第一个中枢其实是东方财富形成低点的那波，可以和上面的证券指数对比一下，如图322所示。

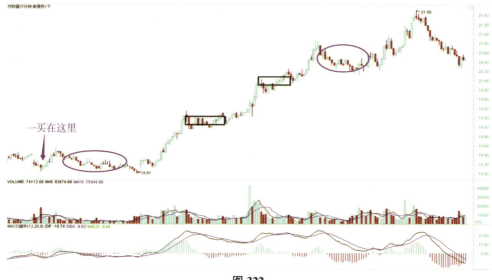

一买在这里

图 322

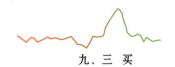
所以，依然是昨天的判断，最好的买入机会依然是耐心等 30 分的回抽，大概可以在 30 分的 MACD 黄白线回抽 0 轴附近，大约是上个中枢下沿附近，如图 323 所示。

图 323

而且注意，这次回调的级别，至少要和这波上涨的级别相同，也就是 5 分钟图上至少有明显的三波回调。

对东方财富的分析，将持续到这个 30 分向上完成，到时候再换其他股票分析！

最后重点提示一点：现在是上证 50 起到领先指标的作用，所以上证 50 的演化十分重要，前面提到过，上证 50 从 3 月 4 日以来的调整，每一个次级别走势都是以小转大结束的，这次的上涨以来，今天也没顶出背驰段，那么一旦像 3 月 19 日那样再走反向走势，大盘也会跟着下跌。

而上证 50 是否会走反向，很重要的一个参考指标是 15 分的 MACD 黄白线，如果出现黄白线回到 0 轴下方并且回抽 0 轴上不来，那就危险了，前两次都是这么下来的，如图 324 所示。

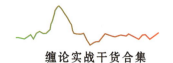

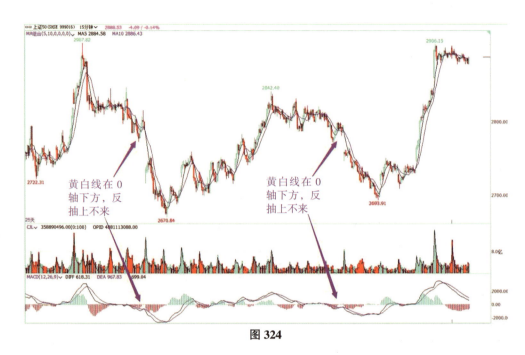

图 324

所以，接下来两天要重点观察这个指标，一旦出现，别犹豫，先卖掉再说，其是这两天最大的风险。

十、中 阴

干货：阴阳交替，水火交融，中阴阶段的辅助判断

今天市场全天维持震荡，比较无趣，大盘也是一天阳线一天阴线地交替，水火交融。这是明显的中阴阶段的特征。有关中阴的辅助判断，还是看原文中的描述，如图 325~329 所示。

这个辅助判断，可以利用所有软件都有的一个指标：布林通道。一般在软件上都用 BOLL 表示。该指标一般都三条线，上、中、下三个轨道。一般性地，在上轨以上和下轨以下运行是超强状态，一般中枢移动时肯定会出现，唯一区别是前者是上涨超强，后者是下跌超强。

注意，用这个指标有一个很好的辅助判断第二类买卖点，有时候也可以用来判断第一类买卖点。

566 / 651

微信公众号、新浪微博：扫地僧读缠札记

更多内容请关注微信公众号和新浪微博：扫地僧读缠札记

一般来说，从上轨上跌回其下或从下轨下涨回其上，都是从超强区域转向一般性区域，这时候，如果再次的上涨或回跌创出新高或新低但不能重新有效回到超强区域，那么就意味着进入中阴状态了，也就是第一类买卖点出现了。【扫地僧：这个方法可作为判断第一类买卖点的辅助，举两个例子感受下：

图 325

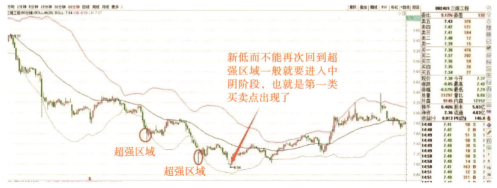

图 326

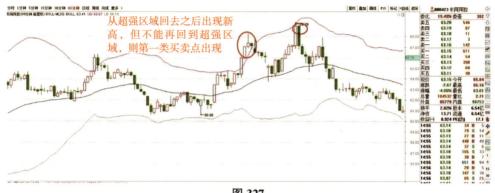

图 327

但更有效的是对第二买卖点的辅助判断，一般来说，在进入中阴状态，上轨和下轨都会滞后反应，也就是等第一次回跌或回升后再次向上或下跌时，上轨和下轨才会转向，而这时候转向的上轨和下轨，往往成为最大的阻力和支持，使第二类买卖点在其下或其上被构造出来。一个例子，就是上海大盘在 6004 点时构成的第二类卖点，还有一个例子就是 6 月 20 日那天的第二类买卖点，扫地僧：如图 328 所示。

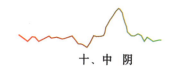

图 328

不过，布林通道最有用的，还是关于中阴结束时间的预判上。一般来说，布林通道的收口，就是
对中阴结束时间的最好提示。但这里有一定的技巧性，不是 1 分钟级别就一定要看 1 分钟的布
林通道的，例如下图，一个 5 分钟的中阴过程，对应的是看 30 分钟的布林通道。

一般来说，某一级别的布林通道收口，就意味着比这低级别的某个中阴过程要级别扩展或结束了，
一般都对应着有相应的第三类买卖点。

图 329

现在的大盘走势如图 330 所示。

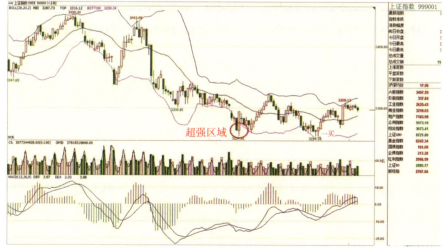

图 330

可以看到，在 60 分钟图中，3254 点是非常符合布林通道辅助判断中一买的定义，而二买只挑战了中轨，昨天到达上轨后今日有所回落，非常标准，也非常技术，且目前中轨的位置可以作为这次调整的目标位，该位置正好是一买与昨天低点的连线所构成的趋势线的位置。

中阴阶段需要注意的技术点

今天的走势如图 331 所示。

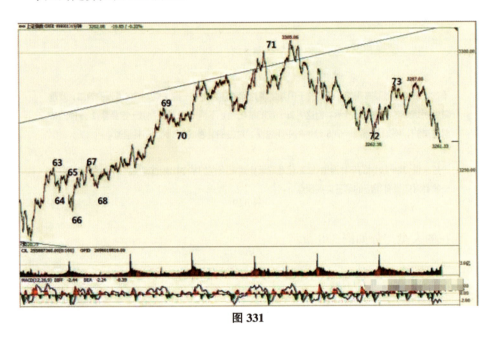

图 331

继昨天的顶分型后，今天再次上冲受阻，没能突破昨日高点，留下了一个长上影线。

目前的走势可看作是中阴阶段，62 点以来上涨趋势的结束位置可放在 71 点，那么 70 点是一个重要的参考位置，因为这是上一个走势的最后一个中枢位置，72 点在该位置附近止跌，今天尾盘略微跌破该位置。只要调整一直围绕 70 点进行则算强势调整，一旦回到 63-66 中枢内，那么调整的时间和力度都会加大。

上一个走势结束后，下一个走势类型确定前的这个阶段，就是中阴阶段，这阶段内是不容易操作和分析的，但有一些小技巧可以用作参考。

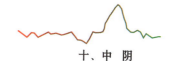

1. 上一个走势的最后一个中枢的位置

这就是前文讲的 70 点比较重要的原因，每一个中枢，都是多空双方反复争夺的阵地，一方进攻失败后，自然首先要依托占领的最后一个阵地组织反击，如果能扛得住，那么说明对方力量并不强大，反击成功的概率自然大，如果好几个阵地都守不住，那对方的力量自然非常强大，需要更大级别的阵地才有可能抵御。所以，最后一个中枢区间是用于参考的重要位置。

2. 中枢震荡的监视器

具体方法在《教你炒股票 92 课》中有详细描述，大意是参考当前中枢区间的中值位置，然后监视中枢震荡中每一个波动区间的中值运动的方向，例如图 330 中，中枢区间的中值是 69-70 的中值，为 3272 点，那么 70-71 的中值是 3286 点，71-72 的中值是 3283 点，72-73 的中值是 3274 点，可以看到这波动区间的中值正在逐步下移中。

这个中枢震荡的监视器还有一个好处是，可以用来预判每个波动的目标位，因为每一个波动区间的中值变化一般不会很大（除非趋势中离开中枢的那段波动，其中值变化较大），那么当一个波动结束后，就可以大体预测出下一个波动的位置了，例如上次说的平安银行，7 月 21 日 10：00 构筑中枢，中枢区间为【10.69，11.31】，中值为 11 元，有了中枢中值和 10.69 元这个低点，那么从 10.69 元开始的向上波动的高点大致也就出来了，应该也在 11.31 元附近，7 月 25 日的高点是 11.27 元，相差 0.04 元，此时波动中值为 10.98，比中枢的中值低 0.02 元。同样，接下来的下跌目标位也就可以大致算出来，预期下一个波动的中值再低，就是 10.96 元，那么低点大概在 10.66 元附近，7 月 31 日 10：30 附近的低点在 10.45 元，相差不算太多，那么下次的高点就能预估出，大致在 11.27 元附近，而下一波的高点在 11.33 元。因此，用该监视器做中枢震荡操作非常有帮助。

3. 布林通道的收口

一般来说，当布林通道收口时，基本意味着变盘。如大盘的 60 分钟图，如图 332 所示。

可以看到，这波上涨，每次布林通道开始收口后，变盘就快了，也就意味着中枢震荡基本要结束了，在《教你炒股票 90》一文中有更详细说明。

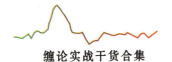

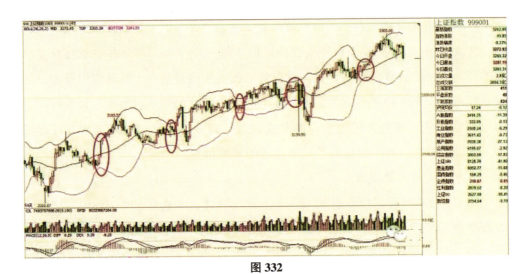

图 332

目前来看，布林通道有要收口的趋势，因此，变盘的时间会越来越近。

大盘这波上涨的时间和空间都到了一个节点，8 月有调整是再正常不过了，注意风险！

十一、选 股

缠论操作者如何选股 1

这两天问选股的问题比较多，今天把选股的问题系统地讲一讲。

一个完整的操作，其实包括选股和择时，选股是第一步，没有要操作的股票，择时无从谈起。因此，除了三类买卖点外，选股的问题是首先要解决的问题。

在缠论原文《教你炒股票 9——甄别》中，缠师给出了一个选股原则，也就是三个独立的系统：第一个是技术系统，第二个是基本面系统，第三个是比价系统。很多学缠的朋友很想在选股时加入基本面和比价系统，但首先要搞清楚的是，该三个系统的周期特性不同。

在技术系统中，每一笔的交易都会使最终价格发生改变，则技术系统的周期变化是最短的。基本面系统和比价系统中，往往很久都不会有变化，几个月甚至几年都没有变化，那么在平时，关注得最多的还是技术面。

缠论的操作分为两种：

（1）像缠师一样，只操作固定的几只股票，留部分机动资金，每只股票根据走势的级别，不断短差，降低持仓成本。

（2）不断换股，只专注某级别的一、二、三类买卖点。该模式适合资金量不大的股民。

由此可见，那么两种操作方式中，只有第一种适合用三个独立系统选股，因为其持仓时间很长，基本面和比价系统在持股的过程中会有所变化，而第二种操作方式，由于基本面和比价系统的变化不频繁，在整个操作周期内大多不会发生变化，因此可以看作是一个常量，对短期的选股影响等于零。

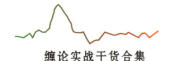

因此，如果你采用的是频繁换股的短线操作方式，那么基本面和比价系统对选股来说用处不大，尤其是比价系统，对短期的影响几乎为零。在选股前，看一下该股的公告和相关新闻是有必要的，如果有重要的公告或者新闻，也是一个不可忽视的分力，对短期股价肯定有影响。

如果是长期不换股操作，则必须要参考基本面和比价系统，技术系统更多的是决定买卖时机。而如果频繁换股操作，基本面要考虑公告、新闻和当前市场的热点轮动，比价系统可以直接忽视，最重要的起决定性作用的是技术系统。

关于基本面和比价系统如何建立，不是几句话就能讲清楚的，缠师讲过，基本面并不是看什么市盈率、ROE之类的，基本面更多的是看背后的游戏规则以及各方利益的诉求，这才是因，而财报上的数字只是果。缠师提到的国航老总当兵出身才是基本面，其背后的本质也是人的性格所引起的诉求。所以，基本面的东西若非在资本市场中混迹多年，熟知各种套路，基本不得法门，这很难用所谓的培训可以短期建立起来，有的人能直接看其本质，有的人只得其形而无其神，说到底还是一句话：个人的修养积累。

至于比价系统，缠论原文中也有提及，在《教你炒股票73》中讲到，比价关系就是市值与行业地位之间的关系，市值部分比较简单，软件上直接可以看出，而行业地位则需要下一点功夫去了解。（未完待续）

缠论操作者如何选股 2

（接上篇）

三个独立系统，无论是技术面、基本面还是比价系统，都无法解决一个问题：明天谁涨得多。

而如何选出未来两三天内能大涨，最好是涨停的股票，成为很多人苦苦探索的问题。然而这是一个很大的误区，任何企图从结果来推导原因的想法都是先验性思维所导致。我们的科学，大多是通过观察结果和变量，然后推算公式，最后验证，一旦验证没有太大偏差，则一个具有预测功能的公式就诞生了，因为只要给出初始值，就可以马上得到结果，我们从小所接受的教育就是如此，自然也习惯了这种思维。但很不幸的是，在股票市场这样的混沌非线性系统中，压根不存

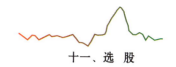

在这种公式，道理很简单：如果存在这样的公式，那么通过该公式就可以很轻松地赢得市场所有的钱，那么这个市场就不存在了。

这和缠论不同，因为缠论最终比拼的是当下的功夫。同样的机会，不同的人把握的程度不同，而公式是输入好初始值后，大家得到的结果相同，这显然不符合逻辑。因此，论述了这么多，其实是讲一个结论：放弃带有预测性（先验性）的选股思维。

选股的重点选择即将出现的何种机会，而不是要选出未来的结果，企图通过几个指标或者几个条件就能选出明后天涨停的股票，简直是痴人说梦、异想天开。

用缠论作为选股和买卖依据，首先考量的是当下的结构，在当下结构的基础上，结合其他方面的因素，才能提高波动率的判断，如该股的题材是不是当前的热点、近期资金流动情况、该股近半年的股性如何，等等。当然，走势的结构特点也是重要因素。比如选一买的股票时，距离上一个中枢较远的个股未来反弹的幅度自然大；选二买的股票时，一买之后的反弹力度是重要的参考；选三买的股票时，中枢结构的形态和三买的形态是尤其需重点考量的因素。

注意，这些因素都只是起到辅助作用，都有一定的或然率，归根结底是经验上的概率问题，既然是概率，自然不是公式那样的先验性东西，而如何运用则离不开个人的经验积累和判断，这就是操作的问题了，离开操作去学，永远都只是纸上谈兵。

分享一个具体的选股步骤：

（1）确定你要操作的级别和买点特点，虽然三个买卖点都是在下跌中产生，但其特点不一样，以选三买的个股举例。这里不讨论太小的级别，因为大部分选股的工作是收盘后进行的，小级别上买点变动频率太快，当天买入当天未必能出，所以，尽量把级别定得稍大一些，就定为30F或者日线三买。

（2）由于第三类买卖点必然是在中枢上方形成，因此，必然会先出现脱离中枢的走势，从图形上看至少会有一个突破出现，那么接下来的工作是在每天收盘后，将突破中枢的个股筛选出来。笔者的做法比较简单，收盘后，把所有涨幅超过5%（这个幅度可以自己定，但建议不小于3%）的个股都看一遍。

（3）凡是明显突破30F或日线中枢的股票，则把它放入"三买候选"的板块，

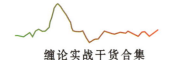

这样所有潜在的可能出现三买的个股都被集中起来（虽然有的突破中枢时涨幅不超过 5%，但力度不够强的就可以先放弃，或者是将涨幅调整为 3% 甚至更低，其代价是每天花费的功夫多一些，这可根据自己的情况来定），如此股票池的数量就在几十只到一两百只了，相比三四千只股票，已经大大地降低了工作量。

（4）从"三买候选"板块中，按照跌幅排序挨个再翻一遍，此时把图形切换到小一点的级别中，认真分析哪里是中枢、哪里是离开的次级别，该离开的次级别走势是否走完，返回的次级别走势最少要用多久就可以完美等，然后选出第二天可能会出现返回的次级别走势随时可以完美的股票，并放入到"三买盯盘"板块中。

（5）这时看"三买盯盘"板块中股票的数量，如果超过了 5 只，就要尽量精简，缩小范围，此时参考的因素有成交量的配合、题材的冷热、板块中其他个股的状态、中枢的形态等因素，将股票数量缩减到 5 只以内，然后全部放到平时盯盘的自选股中。

（6）在第二天盘中，时刻关注几只候选个股的走势，重点是该次级别返回是否完美、是否有盘背或者背驰出现、当天市场情绪如何、该题材或板块中其他个股的表现如何、该股的盘口如何，当各个方面都比较配合时，才是最终下单的时刻。有时，市场环境非常不好，导致当下各方面的情况都不是很好，那么自然没有当下的买点出现，交易也不会触发。空仓也是一种操作。

当日收盘后，在涨幅榜中选股前最好要做一次复盘，复盘的内容如下：

（1）在"三买候选"板块中寻找涨幅最大的几只个股，确定是否因出现了三买而引发的上涨，如果是，并且该股没有入选"三买盯盘"板块，就要认真思考下为什么昨天没有将它入选，找一找理由，并记录下来。

（2）在"三买候选"板块中，查看跌幅较大的个股，将三买被破坏的个股移出去。

（3）在"三买盯盘"板块中看看跌幅最大的几只个股，然后思考下跌的主要原因是什么。

（4）如果当天有交易，则重温当时下单交易时的心态情绪。

然后是日复一日、年复一年地重复执行，在枯燥中找乐趣！

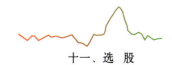

缠论操作者如何选股 3

（接上篇）

本来打算该话题到此为止，但看到大家对选股的问题都比较关心，就接着上篇再多讲一些！

缠论操作者如何选股 2 以三买的选股举例，于是有朋友立刻问二买如何选，或者是一买如何选，其实只要用心或者勤奋一些，这些都不是问题，但大多数人并非职业炒股，每天花在思考股票上的时间可能不会很多，今天重点来谈一下思路，供大家参考和借鉴。

在选股之前，有两个问题必须明确：

（1）介入的买点或者说模式，如一、二、三买点。

（2）该买点或模式的级别。

这两点决定了要操作股票的大体形态是什么，如果是日线上的一买，那么基本上该股处于长期下跌趋势中，最简单的形态是当前股价处于所有均线下方，并且当下创新低，于是可以针对这个特点选股。处于所有均线下方和当下是最近 N 周期内的最低点两个条件可以很轻松地写出最简单的选股公式，这是没有任何难度的，如果不会写公式就查百度，只要完成九年义务教育的应该都能学会。

如果想抓的一买是上涨趋势中的小级别趋势回调，比如 5 分钟级别的，一般来说在日线上刚好是笔的回调，并且该笔的 K 线数不会太多，而且回调的幅度不能过大，否则就有改变趋势的风险。结合以上几个因素，可以列出选股的条件：

（1）大级别趋势向上：可以用长周期均线或者多条均线筛选。

（2）日线笔回调，笔的 K 线数目不太多，可以从最近 N 日的最高点到今天的 K 线个数小于 M 表示，参数多测试几个，总能找到比较合适的。

（3）回调的幅度不大：也可以用 N 日最高点到近期最低点的幅度表示。

经过三个条件的筛选，足可以将股票缩小到二三百只以内了，然后花一小时将这些股票翻一遍，主要看小周期上是否是趋势，这样筛选后，应该能控制在二三十只个股以内了。

至于二买，和这个思路基本类似，或者用最笨的方法，先筛选出一买的股

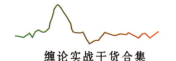

票，然后放到股票池等二买出现。

注意，为什么大多数人都觉得缠论选股难，因他们的潜意识里希望一次性筛选到位，直接得出想要的结果，但这对筛选的条件要求极高，而缠论重在结构，非具体形态，因此很难有万能的选股公式所选出的个股都符合想要的形态，所以要么是筛选出来的股票太少（条件太严格所导致），要么筛选出来的无效股票太多（条件较宽所导致）。

但是，完全可以采用半人工的方式完成该工作，第一步用公式或者涨跌幅榜筛选，只要能将几千只股票范围缩小到 300 只股票以内即可，然后用人工的方式看具体的图形，这样既不会漫无目的，花费大量的时间，又可以练习看图能力，增长经验值。时间长了，看图的速度和准确度自然会提高，你的功力自然会加深了。

所以，缠论的选股并不难，难的是别偷懒，养成勤奋的好习惯！

散户的选股原则和技巧（集锦）

通过这两次的周末案例教学发现，大部分朋友的选股思路有问题，问的股票80%以上都处于长期下降趋势中，这都是由于想做大级别一买的思维在作祟。然而缠师在原文中不止一次提到过散户的一些选股原则和技巧：

（1）错过了这个节奏怎么办？如果你跟盘技术还行的，就要在回档的时候跟进强势股票。散户就怕跌，但牛市里，一跌就又要赚钱了。如果跟盘技术不行，有一种方式是最简单的，即盯着所有放量突破上市首日最高价的新股以及放量突破年线然后缩量回调年线的老股，这都是以后的黑马。特别是那些年线走平后向上出现拐点的股票，一定要看好了。至于还在年线下面的股票，先别看了，等它们上年线再说。其实，这是在牛市中最简单可靠的找所谓牛股的方法。

散户可以看小盘股，原则是一样的，不过小盘股可要留意，一般大盘股启动的骗线比较少，小盘股可不一定【扫地僧：大盘股的各个分力比较均衡，不易出现一家独大的情况，而小盘股里由于有大资金控盘，使某个分力非常大，那么久很容易出现骗线】，这都要自己好好去揣摩。散户就当好散户，别整天想着抄底、逃顶，底都让你抄了，顶都让你逃了，不是散户的人吃什么去呀？散户，一定要

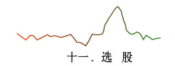

等趋势明确才介入或退出，这样会少走很多弯路。【扫地僧：趋势不明，没必要去赌，散户还是做好跟随】

（2）一只股票涨起来千万别随意抛了，中线如果连三十天线都没跌破，证明走势很强，就要拿着。【扫地僧：个人认为这句话非常重要，很多人拿不住票，总想折腾来折腾去，尤其是不停地换股，这并不适合普通散户，普通散户还是做中长线比较适合。以前本人也走过弯路，对这句话感触很深】当然，如果你水平高一点，在上涨的时候，根据短线指标可以打短差，这样可以增加资金的利用率，但高位抛掉的，只要中线图形没走坏，回档时一定要买回来，特别那些没出现加速的股票。【扫地僧：注意，打短差最容易把筹码打飞，不敢接回来，或者是又看到其他更好的股票了，来回折腾，到最后会发现，还不如一直持有一只股票好，尤其是股票还没有出现加速时，因为大多数的利润最终是在加速中产生的，短线折腾来折腾去，一旦错过了股票的加速期，相当于这些短差白做了。切记切记！】有一个抛股票的原则，分两种情况，一种是缓慢推升的，一旦出现加速上涨，就要时刻注意出货的机会；另一种是第一波就火爆上涨，调整后第二波的上涨一旦出现背驰或放巨量的，一定要小心，找机会走人。《扫地僧读缠论 108 课札记 9——给赚了指数亏了钱的一些忠告（2）》

（3）只有坏的操作者，没有坏的股票。股票只是废纸，本质上都是垃圾，如果技术、心态不到位，任何股票都可以让你倾家荡产。当然，对于小资金来说，一定要选择股性好的股票。《扫地僧读缠论 108 课札记 67——替各位理理基本概念》

（4）有人可能会问，如果出现回探的情况，那么在背驰买的可能卖不掉。显然，这种情况是很可能发生的，因为受 T+1 限制，你可能没资格卖。不过，一个很简单的对策是，你必须买比大盘强势的股票，也就是先于大盘的股票，这样，一旦大盘回转，这类股票走势一定比大盘强，自然有足够的空间让你选择。【扫地僧：这是非常重要的实战上的选股经验，但需要注意的是，应避开那些涨幅巨大，正在放量做顶的股票】

注意，最好的选择是比大盘稍微先一点的，而不是完全逆于大盘的股票，因为后者往往有可能补跌，或者逆着大盘洗盘，例如，今天的中粮糖业（600737）就是一个很好的例子。当然，新股也是一个很好的选择，不过需要这类股票开得

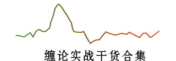

不太高，而且有明显的新资金介入，在有一定级别的向上过程中，一般都有比较稳定的表现。还有就是，先于大盘调整的股票，就是这种类型。【扫地僧：中粮糖业（600737）是属于完全逆于大盘的，如图 333 所示】

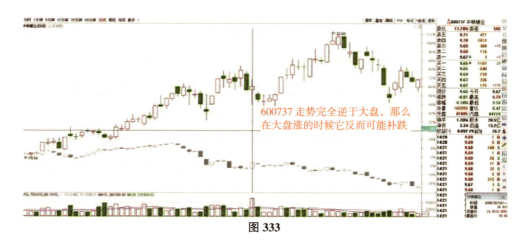

图 333

中国铝业（601600）当时那波下跌，中国铝业是先于大盘调整，如图 334 所示。

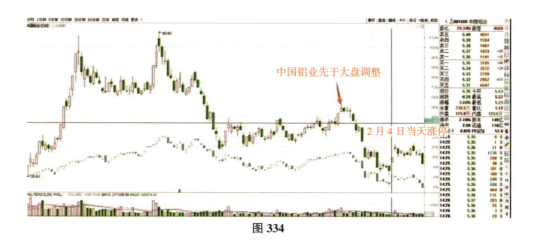

图 334

当然，如何选择股票，这是一个经验问题，必须反复练习才会有灵感与感应的。其实，股票没有那么复杂，如果你有了感应后，打开一个股票的图，一眼就能看出大概，这就如同 419 时，你选择人难道还需要技术分析吗？那不就是一眼的事情吗？哪天，你看股票就如同 419 选人一样有感觉，那你就有点靠谱了。

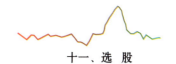

【扫地僧：灵感与感应是建立在大量练习的基础之上，我们每天阅人无数，漂亮与丑陋就是当下的感应，如果能够每天阅票无数，这灵感也会有的】(摘自《扫地僧读缠论 108 课札记 102——中医、兵法、诗歌、操作 2》)

书中自有黄金屋，书中自有颜如玉，多一分坚持、多一分努力，金钱和美女都会有的。

缠论实战干货——选股的原则

今天讲一点实战干货，以前看到总有人说选股是缠论的一个大难题，我们谈谈缠论选股的问题。现在除了新股，几乎每天都有自然涨停的老股，这些涨停的股票成为市场中的重点关注对象，再加上现在以打板为主流的游资风格被很多散户所熟知和认可，如何买到涨停的股票成为人们心中的九阴真经、葵花宝典和辟邪剑谱。

但首先要讲的是，一定要摒除"选出或者买入明天能涨停的股票"这种预测性思维。这是前提，也是缠论中反复强调的不预测，即使现在市场中一流的打板客和游资，其战法也不是建立在预测的基础上，而是对市场合力的观察。这一点和缠论是相通的，凡是带有预测性的思维，最终都会死在预测上，只是时间的问题。

那么如何避免买入后股票表现不佳，盈利不大这个问题，其实是甄别"早泄"的问题，在《扫地僧读缠论 108 课札记 11——甄别"早泄"男的数学原则！》中有详细讲解，这里不再啰嗦。总结起来，就是用三个独立的系统来降低"早泄"的概率，注意，只是降低概率，而不可能根除。此外，还有一点要注意，基本面和比价系统是对应大级别的，对小级别的选股并不能起到太大作用。

那么抛开非技术层面的东西，站在纯技术层面的角度，选股要遵循以下几个原则：

1. 大级别优先原则

两只股票，一只在日线上是上涨，一只在日线上是下跌，你的操作级别是 30 分钟或者是 5 分钟级别，那么此时自然要优先选择日线上涨的股票。还记得《扫地僧读缠论 108 课札记 8——给赚了指数亏了钱的一些忠告（1）》中是怎么说的

吗？**"如果你跟盘技术还行的，就要在回档的时候跟进强势股票；如果你跟盘技术不行，有一种方式是最简单的，就是盯着所有放量突破上市首日最高价的新股以及放量突破年线然后缩量回调年线的老股，这都是以后的黑马。特别那些年线走平后向上出现拐点的股票，一定要看好了。至于还在年线下面的股票，先别看了，等它们上年线再说"**，这个意思再明显不过，就是去做大级别是向上，小级别出买点的股票。

2. 趋势背驰优先原则

这个原则有点抽象，以实际例子说明。比如说，近期的超跌反弹非常多，很多涨停的个股都是从底部小碎步几天后，突然一个涨停加速。如果你对趋势背驰比较熟悉，则应该去找那些有标准的趋势背驰，并且一买之后股价还没有回到最后一个中枢内的股票，例如，益生股份（002458），如图 335 所示。

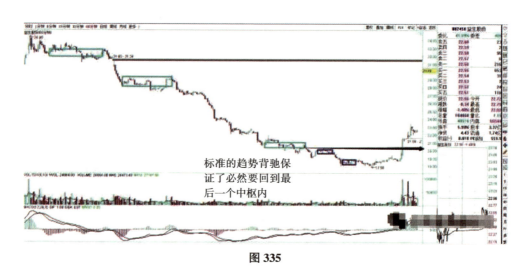

图 335

从 2 月 27 日下来的下跌共出现了 3 个中枢（图中红色的框），最后的背驰段是有两个次级别中枢（图中黄色的框）的标准趋势，6 月 2 日出现一买后，一直缓步上涨，价格一直在 20 元下方，而最后一个红框的下沿也在 20.4 元附近，这个标准的趋势背驰必然会保证价格回到 20.4 元上方，选股时自然优先考虑这种被理论保证的。

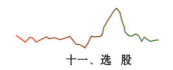
3. 走势终完美原则

还以上面益生股份为例，直到今天，它只是走了一个次级别的上涨，根据走势终完美，接下来只要走一个次级别的下跌，则是二买，如果没有跌破最后一个中枢，则是二、三买重合。那么这也是被理论所保证的，也可以作为优先的原则。

4. 强势原则

这个强势指当前操作级别的强势。例如两只票都要出第二类买点，应优先选择一买后上涨强势的股票，因为它的强势是市场合力的结果，而它的强势会被市场关注，这也是很多股票会走 N 型板的原因，这个 N 型板是前涨停带后涨停，其本质在于此。如图 336 所示。

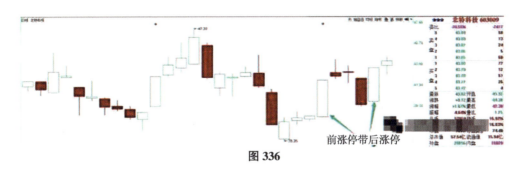

前涨停带后涨停

图 336

选股的技巧很多，但最终万变不离其宗，离不开对缠论中的基本原理、定理的理解和应用，以走势为本，不做预测，只要保证了成功率，做得多了，吃到涨停的次数自然会多。

十二、形　态

通道型走势的操作要点

今天的大盘又来一次 V 反转，与周二那天的走势基本一样，盘中虽然站上了 5 日均线，但尾盘的回落稍大，最终被 5 日均线所压制。

现在的大盘有点"狼来了"的意思，每次认为是底了，但接下来会被无情打破，到底哪里出了问题？该如何应对呢？

今天针对这次的走势讲技术干货：通道型走势。

打开大盘的 30 分钟图，如图 337 所示。

图 337

可以看到，图 336 中的 1-4 构成了一个下降通道，1 到 3 相隔了 17 根 K 线，相差 34 点，可以知道该通道以每根 K 线两点的速度向下。于是 5 点与 3 点相隔

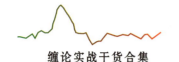

17 根 K 线，3 点的点位是 2837，5 点是 2803，刚好相差 17 的两倍。5 点与 7 点相差 42 根 K 线，7 点最终的点位是 2722，与 2803−42×2=2719 只相差 3 点，说明该下降通道的下轨具有支撑作用。

上轨正好也是每次反弹的高点，包括今天的高点也是如此，说明现在依然没有摆脱下降通道。革命尚未成功，同志仍需努力！

通道型的走势，有以下几个特点：

（1）通道最终都要被打破。

（2）突破上涨通道的上轨，往往会出现调整；突破下降通道下轨，往往会有反弹。尤其是破上下轨时出现加速，往往会有更大的调整/反弹。

（3）有效突破上涨通道的下轨后，其下轨将变成压力；有效突破下降通道的上轨后，其上轨将变成支撑。

（4）通道式走势是最不消耗能量的走势。

（5）通道式走势中，在上下轨处配合小级别背驰，是最好的短差时机。

对于（1），很简单，没有永远的上涨，也没有永远的下跌，所以通道最终要被打破。

对于（2），上下轨处有支撑和压力比较好理解，这是由人们的思维惯性所导致。但为什么破上下轨出现加速时，会有更大的调整/反弹呢？其本质原因是趋势背驰的产生。以上涨为例，加速往往意味着此时是趋势，由于到达上轨之前必然是在下轨处有一波涨幅，此时最容易出现前后两个趋势的背驰，从而引发更大级别的调整。下跌反过来即可。

对于（3），其本质也是由人的思维惯性所产生，和趋势线一样。

对于（4），这是缠师曾经说过的一句话，其原因在于大的多空分歧都被通道内每一次的上下轨波动而消化了。还是以上涨为例，当有了一波涨幅后，到达上轨附近，此时空方的力量比较强大，继续硬上的话，对多方的消耗必然大，后面需要更大级别的整理而化解。然而通过主动回落，让多空双方意志不坚定者在上下轨内充分换手，就可以在逐步抬高头部的过程中，逐步消耗化解空头力量，这样的走势最为省力，如果主力技术好，可以在这通道内不断短差，逐步降低成本。

对于（5）更无须多说，在关键的位置出现小级别背驰，则更加确定了通道上

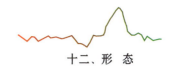

下轨的支撑和压力，自然是最好的短差时机。

对于大盘的这个通道，目前最差的情况是继续向下探下轨，甚至加速跌破，但正如特点2中所说，那将会引发更大的反弹。目前，图336中最后一次触碰下轨是7的位置，点位是2722，至今已经走了28根K线，如果要到下轨附近，预计至少10根左右，那么下轨预计是2722-38×2=2846，加一下速，就会跌破2638，于是黄金坑诞生！这是假想的版本之一。

当然还有好的情况，那就是向上突破上轨，但后面需要二次确认。无论怎样，现在周线上已经远离5，10周线，技术上这里的确需要有一个至少5F级别的反弹。所以，现在并不是悲观的时刻！

倒三角形走势预示着什么？

今日解盘：说实话，今天的上涨在预期之外，而且今天以一个倒三角的扩张形态出现。如图338所示。

图338

倒三角形态不太常见，因为其心理含义代表着多空双方的分歧加剧，所以一般这种形态之后，波动会加剧，容易出现单边快速的走势。

看几个历史上的倒三角：

第一个是上证指数2017年10月开始的走势，图338中1，2，3，4点确定了倒三角的扩张形态，后面的5虽然创新高，但刚好在上轨处有盘背，迅速下跌，

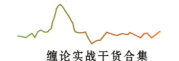

跌至 6 点的下轨处又来了一个快速反弹，之后再次迅速下跌，波动呈现逐步加剧的趋势。如图 339 所示。

图 339

第二个是 2017 年 2 月下旬开始的走势，上证指数出现了扩张型中枢，之后在上轨处出现盘背，然后快速下跌。如图 340 所示。

图 340

2013 年 11 月左右，上证指数出现了一个小级别里的扩张形态，也是 5 点处出现了盘背后加速下跌，在下轨的地方略作挣扎后开始加速，如图 341 所示。

这三个是倒三角后出现了盘背然后快速下跌的，再看两个突破成功的。

2010 年 8 月，上证指数从底部上来做第一个日线中枢，中枢的后面演变成了倒三角扩张形态，但之后迅速突破了上轨并一路大涨。如图 342 所示。

图 341

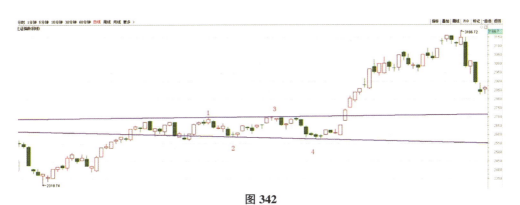

图 342

2015 年 1 月上证指数开始调整，最终也是一个扩张形态，但在突破之前，3 月初，还出现了一个调整，使该扩张型有了一个收敛动作，后面则快速突破。如图 343 所示。

图 343

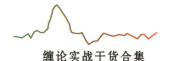
总结：

（1）一般倒三角形出现后，在上下轨处要时刻注意该级别的盘背或者趋势背驰，一旦有背驰，往往后面的反向波动会急剧加大。

（2）如果在上下轨处是一口气无背驰地突破，则其延伸性往往加大，行情一般不会很快结束。

（3）如果倒三角形后又有了收敛形态，则按收敛形态的特点处理，扩张形态失效。

扩张型中枢的实战技巧

昨天解盘虽然短，但直接说今天主要看开盘那一波是否破5分三卖，开盘后没几分钟就破了，那就没啥担心的了，继续回到中枢内震荡。如图 344 所示。

图 344

这个 5 分中枢震荡依然是扩张形态，这种扩张形态的中枢确实不好把握，不妨找几个历史上的案例看看有何共同点。由于这个中枢级别有点小，日线上的扩张形态就是几根 K 线的扩张形态，我们找历史上类似级别的情况。如图 345 所示。

2016 年 7 月下旬，扩张中枢距离顶部比较近，后面直接跌破，然后有一天反弹回抽确认下轨，失败后继续跌了两天见底。如图 346 所示。

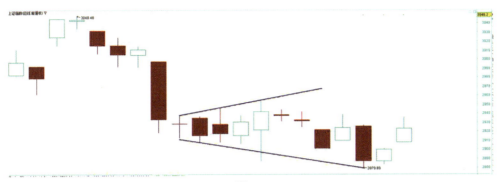

图 345

图 346

2013 年 11 月下旬和 12 月下旬分别有两个扩张型中枢，第一个是上涨中枢，第二个是下跌中枢。第一个上涨最后在上轨附近出现盘背开始转折。并且在跌破下轨后，有一个小的回抽确认。下跌中枢的下轨很快跌破，然后有一个小的回抽确认。如图 347 所示。

图 347

2011 年 6 月初，有一个小的扩张型中枢，但它是下跌的第二个中枢，后面跌出了背驰段，而且最终背驰的位置在下轨附近，之后的第一波反弹高点刚好回到了上轨附近，一直没有站稳上轨，之后继续下跌。如图 348 所示。

图 348

由此，可以得到两个结论：

（1）扩张型中枢的上下轨一般有支撑压力的作用。

（2）一旦突破，一般都有一个回抽确认的动作。

在日线上同样适用，如 2017 年 9 月 6 日至 12 月 6 日的扩张三角形，3587 点这个多头陷阱就在其上轨附近，之后进入下跌，下跌的第一、二次反弹的位置刚好在下轨附近，直到跌破下轨。2018 年 7 月 26 日的反弹是对突破下轨后的回抽确认，最终一直到 2440 点，如图 349 所示。

图 349

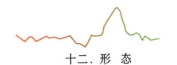
再比如 2006 年 5 月 16 日至 6 月 14 日的扩张三角形，7 月 5 日的高点刚好在其上轨附近，之后一直在该三角形内震荡，直到 11 月 1 日突破上轨，然后是半个月的对上轨的回抽，直到 11 月 14 日完成回抽确认，开始新的上涨，如图 350 所示。

图 350

所以，虽然今天又回到 10 日均线上方，但目前依然在这个扩张三角形内，方向未明，而且上涨到上轨附近时反而要注意是否有小级别背驰出现。一旦有，说明上轨压力依然存在，后面还要下跌。只有突破上下轨，并且有一个反抽确认，才能认为走势彻底明朗。

今天高开高走，5 分三卖的理由不存在了（见图 351），明天要关注的是上轨 2950 是否能被大幅突破，如果不能，那么在附近是否有 1 分的背驰！

图 351

十三、基础概念

缠论实战干货——均线吻背驰的通达信指标源码

昨天讲了《如何判断均线吻背驰》，为了方便应用，为大家写了一个背驰的指标，方便大家应用。

指标是在通达信上运行，参数设置如图352所示。

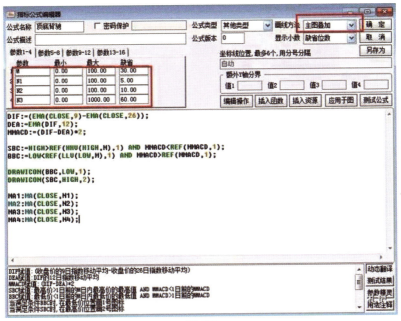

图 352

画线方法要选择"主图叠加"，参数一共5个，第一个参数的意思是，新低的价格要破最近 M 个周期的最低价（向上突破则反过来）。

N1-N4 参数是均线周期，N4 在这里设置，如图 353 所示。

参数1-4	参数5-8	参数9-12	参数13-16	
参数	最小	最大	缺省
5 N4	0.00	1000.00	250.00
6			
7			
8			

图 353

源码如下：

DIF：=（EMA（CLOSE，9）-EMA（CLOSE，26））；

DEA：=EMA（DIF，12）；

MMACD：=（DIF-DEA）*2；

SBC：=HIGH > REF（HHV（HIGH，M），1）AND MMACD < REF（MMACD，1）；

BBC：=LOW < REF（LLV（LOW，M），1）AND MMACD > REF（MMACD，1）；

DRAWICON（BBC，LOW，1）；

DRAWICON（SBC，HIGH，2）；

MA1：MA（CLOSE，N1）；

MA2：MA（CLOSE，N2）；

MA3：MA（CLOSE，N3）；

MA4：MA（CLOSE，N4）；

用指标的话，一是直观，二是方便选股，尤其是上周五创业板的见底，两市共有 10%的股票出现了日线底背驰，其中很多票这几天都有不错的表现。

最终还有一个比较大的用处是可以用作判断市场底部的重要指标，上周五两市 10%的比例虽然看起来不算高，但考虑到沪深 300 里大部分股票跟着上证走，而上证没有出现底背驰的，再加上很多走势比较独立的股票，那么两市 10%的

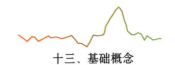

话，这个比例还算比较高的，那么市场见底的概率就大了许多。

如图 354 所示，指标比较简单，就不做过多解读了。指标不重要，重要的是如何运用，尤其是多个因素出现共振时，其准确率会大大提高。

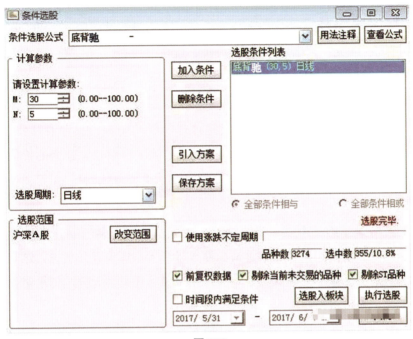

图 354

缠论实战干货——复权的本质

周末有位朋友留言问复权和不复权的区别是什么，为什么缠师说看不复权的图？

今天就来谈谈复权除权的本质是什么，为什么看不复权的图。

大家都知道，除权主要是由高送转引起的，转股和送股本身不产生价值，所以股价除权后总体市值没变，但价格却产生了割裂，所以认为复权的图看起来更合理。

这其实是个误区，因为没有搞懂本质问题。现在我们做一个假设再看这个问题，假设一只股票有 1 亿元的股本，现价每股 14 元，现在决定要"傍大款"，要

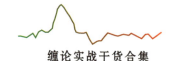

白送 4000 万股给"大款"，送完之后，股本变成 1.4 亿元，因为是额外多出来了 4000 万股，并且这 4000 万股没有花 1 分钱，如果按照这样计算，股价应该在 10 元，但你认为这条消息出完后，价格会在 10 元吗？

你可能觉得这是想象空间带来的溢价，但这谁能说清楚应该值多少钱呢？如果这条消息是晚上宣布，当晚立刻实施，第二天不设涨跌停限制，那么第二天开盘价格依旧是 14 元，那么这 14 元的股价，就是市场合力的结果，是市场所有人的预期叠加的结果。这需要除权复权吗？

也许你会说，这对原先的股东没有什么影响，因为原来的股东手中的股票数量没有增加，也没有减少，那么我们就再往前假设一步，假设消息公布当晚，"大款"又表示慷慨：我手里得到的这些股票，除了投票权，其余的价值我全部折算白送给原有的股东。那么第二天开盘后，如果价格依旧是 14 元，该怎么理解？需要除权复权吗？

其实，想表达的是不管是送股转股还是分红，那些都可以看作是额外的东西，原来的一股还是一股，它的价格在除权日当天是多少就是多少，这是价格反映了一切背后的因素。无须区分是送股还是分红，还是"大款"的承诺，都没有区别，都是一个因素而已。

此外，复权还包含了一个隐含的假设在里面，以贵州茅台为例，贵州茅台每年都分现金，不送股，那么如果复权，就会有一个隐含的假设，那就是假设投资者拿到分红后，会将分红一分不剩地继续换成贵州茅台的股票，否则复权也会失真。

股票的价格，仅仅代表了当下所有参与交易的人对该股票的所有因素的考量，和它历史是否送股分红等没有关系，也许你拿了分红就去挥霍了，也许你还继续换成相应的股票，这些都已经被新的价格所充分反映了。交易出来的价格反映了所有信息，这些信息已经包含了送股和分红。只是由于我们的交易制度规定每天只能交易 4 个小时，而且送股是同时的。

如果做个假设，送股的过程不是同时的，而是规定每秒钟送万分之一股，那么这个除权的过程自然就被拉长了，使交易看起来也连续了，那么这时自然不需要复权了。除权是一个大的缺口，而缺口是交易不连贯的一种表现，并不违反任

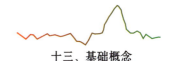

何缠论的根基，因此，不需要复权。

复权无非是对这个价格的割裂所做的一种弥补措施，不具有任何本质意义。对于操作周期较短的人来说，除权后过一段时间，除权对他们没有任何影响，因为参考的历史 K 线已经不包含这个价格的跳空了。而对于长周期的操作者来说，价格包含了所有的信息，自然也包含了除权，而且除权无非是由于交易制度的不连贯，以及人的预期在同一时间发生了一致性的变化而导致的，这个在长周期内应该被真实反映出来的，所以不需要复权。

这是不复权的根本原因，尤其在周线级别以上的，压根没有复权的必要。如果是短线操作者刚好碰到了除权，而且当时有仓位，可以先临时复权处理下，几天后自然没有复权的必要了。

复习一下井论的内容

饭要趁热吃，昨天提到了井论，有一些朋友对此不熟悉，今天就专写一文，复习一下井论的内容。

井的定义：

有 1-5 个相同级别的走势，假设第 1，3，5 走势向上，2、4 向下，2，3，4 构成中枢，那么：

大井：高度上 5>3>1，力度上 1>3>5；

小井：高度 5>1，力度 1>5；

如图 355 所示。

力度形态	1>5>3	3>5>1	5>3>1	5>1>3
1>3>5	1	小井	大井	2
1>5>3	3	小井	小井	4
3>1>5	5	6	7	8

图 355

井论结论：

（1）大井出现后，至少走下上下三个走势，必然回到 2-4 中枢内。

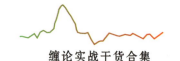

（2）小井出现后，至少走一个下的走势，未必回到2-4中枢内。

（3）一般来说，出现大井后回落/回抽的幅度和力度都要比小井大一些。

（4）井论的设计目的是适应股指期货时代的变化。

（5）趋势非标准背驰情况下，出现大井，判定一买卖点，趋势结束。

（6）趋势非标准背驰情况下，未出现大井，高点后形成小井，判定二买卖点，趋势结束。

（7）在所有非标准式趋势里，第一、二类买卖点必然有一个是通过"井"构造而成的，如果连续出现两个小井，则趋势必然结束。

看今天的大盘，如图356所示。

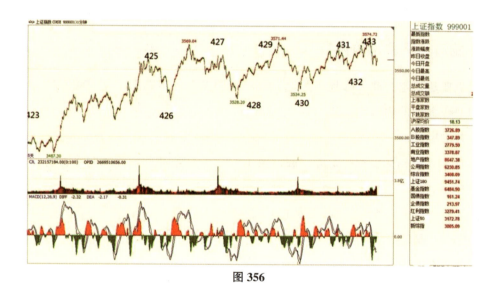

图 356

429点是大井，433点是小井，所以，429是一卖，433可看作第二类卖点。加上尾盘还有放量的下跌，大盘短期要休息一下了，周末可关注消息面。

什么是指数背离

今天早盘时，已有缠友注意到，深证成指与上证指数出现了背离，今天就详细讲讲"指数背离"。

在《解盘与回复札记6-20061123》中，缠师首次提到了指数背离，并且指出，

当沪深指数出现背离时，往往预示着指数调整。那么，到底什么是指数背离？指数背离就在趋势中，上证指数与深证成指盘中出现一个指数新高或者新低，但另一个指数却不再创新高或新低。

例如，2006 年 11 月 23 日，当天沪深两个指数如图 357 所示。

图 357

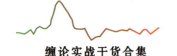

可以看到，当天午盘时，上证指数创新高，而深证指数不再创新高，之后出现一波日内跳水。

今天的上证指数和深证指数的分时情况如图358所示。

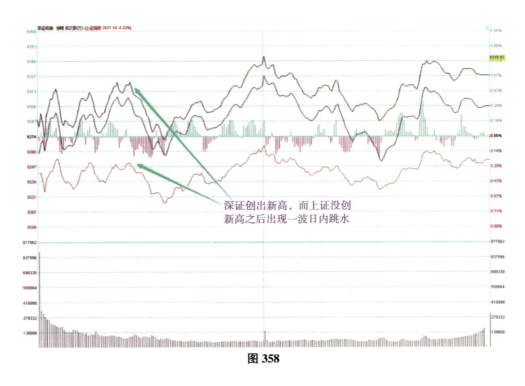

深证创出新高，而上证没创新高之后出现一波日内跳水

图358

在上午10：20附近，深证创出日内新高，但上证不再创新高，出现背离，后面跟了一波日内跳水。

沪深指数背离，从本质上说其实是一、二线股的跟随情况，2007年4月4日缠师在回复中讲道：

深圳成分指数代表的是优质二线股，上海指数只是超级大盘股的指数，深圳也没比上海强，连上次两高点连线都没破，上海指数早破了。上海指数不跟着走，所以就有了今天的震荡，如果还不跟，那就继续震荡，震到跟为止。

可以看出，深圳成指代表了二线股，上证代表了一线股，当两个指数出现背离时，说明其节奏发生改变，可通过震荡调整来重新调节，直到两个指数的节奏再次趋同。

不过，需要注意的是，这个指数背离的技巧大部分用于日内做 T，有时出现指数背离之后也会引发几天的调整，但那更多的是因为大级别走势背驰所引发，而指数背离只是加速了背驰的到来。

什么叫"有效突破"

昨天的上涨一举突破 5、10 日均线，让本来难看的走势有了希望，但今天的大阴线又吃掉了昨天的涨幅，并重新回到了 5、10 日均线以及长期压力线之下。在周六的解盘《如果我是多/空头，我会怎么办》中，已经提到：最关键的是这波下跌能否有效站稳 2700 点。如图 359 所示。

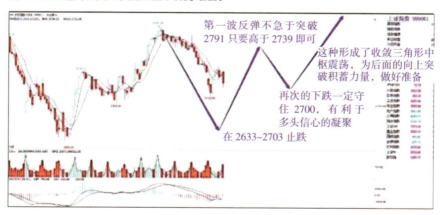

如果我是多头，当下最要紧的并不是大举反攻，毕竟刚才这场战斗下来，吃亏的是我方，我方不占优势，那么此时，最需要的就是用时间来化解这次空方的力量，那么第一波反弹不需要亢奋到直接突破2800，那样太消耗能量，只需要能突破2739点（这波5F反弹第一波的高度）即可，然后关键是再次的下跌一定要能在2700点上方守住，这样才有利于凝聚多头信心。当站稳2700点后，这个扩张型的中枢就演变为了收敛型中枢震荡，为后面的向上突破积蓄力量，做好准备。

第一波反弹不急于突破 2791 只要高于 2739 即可

这种形成了收敛三角形中枢震荡，为后面的向上突破积蓄力量，做好准备

再次的下跌一定守住 2700，有利于多头信心的凝聚

在 2633~2703 止跌

而相应的，**如果我是空头**，那么重要的有两点：
1. 这波下跌结束后的1F上涨，最好压在2739下方，使得其高点还在这5F中枢内，让5F中枢变成一个压力区。而且这样一来，就使得走势还一直处于30F上的下降趋势线下方，这条线是多头的信心线，必须击破！
2. 再次的下跌一定加力向下跌破这波下跌的低点，最好是一口气破掉2653，使2791变成反弹5F走势的终点确立

图 359

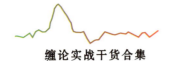

　　缠师在解盘中也经常提到"有效突破、有效站上、有效……"那么究竟什么是有效突破呢？

　　以今天的走势为例，如图 360 所示。

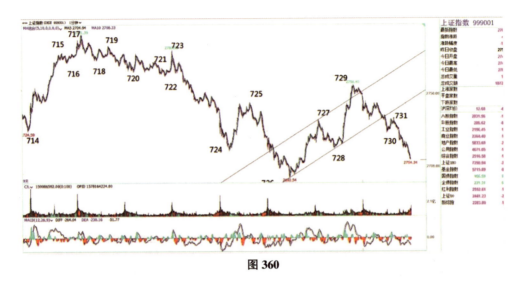

图 360

　　昨天 728-729 内部是个明显的趋势，今天开盘后的回落也正常，一般来说，726-728 的连线是趋势线，该线具有支撑和压力作用，那么今天调整时，该线能否"有效站稳"或"有效突破"是比较关键的。我们放大了看，如图 361 所示。

图 361

　　如图 360 所示，可以看到在该线上下，各有一波反弹，第一波反弹之前，并没有明显的背驰出现，第一波反弹的内部是一个标准的趋势，由于级别很小，只能通过 MACD 的柱子高度来判断。在跌破趋势线之后，又出现了一波反弹，内部依然是一个趋势，但不幸的是，趋势卖点出现时，也没有站上趋势线，即突破关键位置后的次级别回抽未能改变，这样的突破就是所谓的"有效突破"！

　　所以呢，有效突破就是走势突破之后，次级别反抽结束时依然不能改变这突破。

　　那么有效站稳就是在回抽某关键位置时，该级别走势刚好出现背驰。

十四、盘 口

不以成交为目的的单子都是耍流氓

今天市场给了个中秋节红包，贫僧也为大家奉献一个盘口干货！以详细拆解一个庄是如何通过盘口做图的。以北辰实业（601588）为例，请先滴点眼药水。

在日线上，该股从 9 月 4 日高点下跌以来，经常出现下影线，庄家控盘画图的迹象非常明显，如图 362 所示。

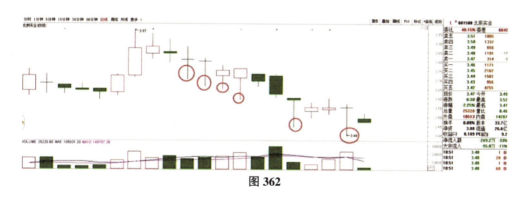

图 362

今天分析 9 月 20 日当天的盘口，观察庄家是如何做出下影线来的。

13：00 开盘时，在 3.5 元的位置上第一次出现了 2500 手的压单，如图 363 所示。

13:04，3.48 元处又有 8 个 2500 手的单子齐刷刷地排着，这显然是一个人的单子，而下方买一、买二的单子很轻，如图 364 所示。

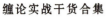

图 363

图 364

　　13:15:26 ，当 3.47 元变成卖一时，后面又排了两个 2500 手的单子，如图 365 所示。

　　13:18:07 然后又迅速增加两张 2500 的压单，如图 366 所示。

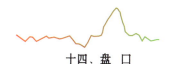

图 365

图 366

13:23:45，3.46 元也有 4 张 2500 手的单子，如图 367 所示。

然后随着市场抛压，每下降一个价位，就有几张 2500 手的压单跟上，显得上方抛压很大，如图 368~图 373 所示。

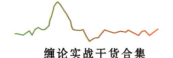

（扫二维码加我微信）

图 367

图 368

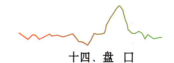

图 369

图 370

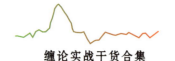

图 371

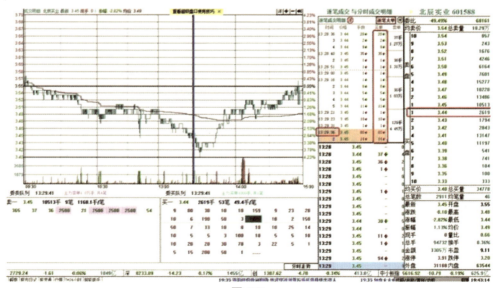

图 372

　　13:31:28，砸到了 3.43 元的价位，破了 9 月 17 日的低点，还出现了 1414
（要死要死）的暗示单，如图 374 所示。

十四、盘 口

图 373

图 374

13:32:48，此时买五 3.38 元处还只有 967 手，如图 375 所示。

13:32:51，就突然增加了 20000 手托单，如图 376 所示。

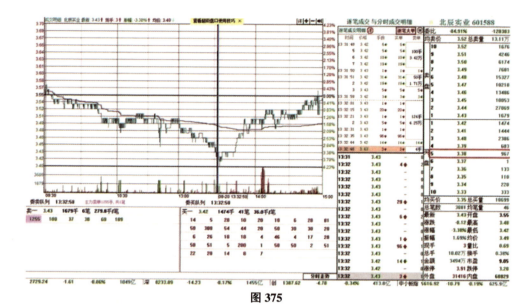

图 375

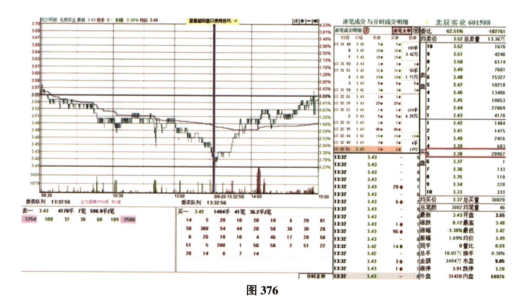

图 376

13:34:41，此时 3.44 元还有 27065 手卖单，如图 377 所示。

13:34:52，先撤掉了 20000 手，然后又撤掉了 7000 手，如图 378 所示。

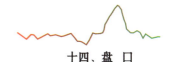

图 377

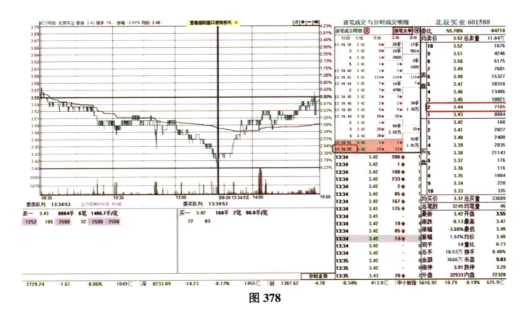

图 378

3.44 元处就只剩 7 手散户的单子，如图 379 所示。

同样，3.45 元本来有 1 万多手单子，然后逐步撤单，每次都是撤掉 2500 手，正是庄家当时的那些压单，如图 380~图 385 所示。

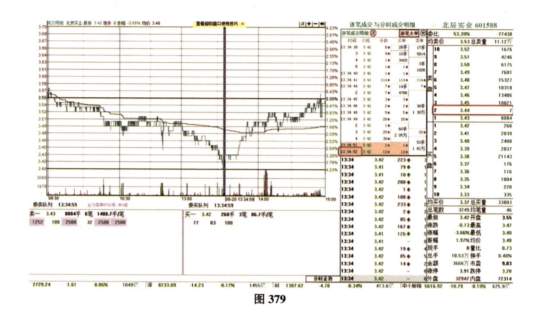

图 379

图 380

图 381

图 382

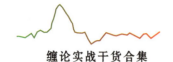

图 383

图 384

图 385

3.46 处也一样，撤掉了 1.25 万手，如图 386、图 387 所示。

图 386

图 387

3.47 元也撤掉了 7000~8000 手，如图 388~图 390 所示。

图 388

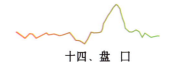

图 389

图 390

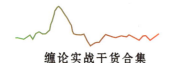

3.48 元撤了 15000 万手，如图 391~图 392 所示。

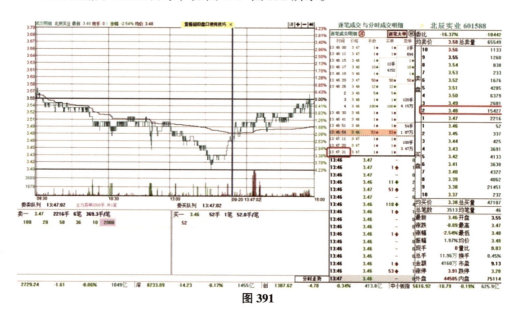

图 391

图 392

这个日内的 V 反转就无悬念地出现了。注意，这个低点产生在 13:34，而大盘当日的低点在 14:25 分，说明这个 V 反转与大盘独立。

此时，在 30F 图上，当时对应的 MACD 绿柱子面积明显小于上一波，于是，

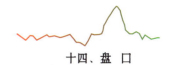
背驰就这样产生了，缠师曾说过：在背驰位置出现的盘口异动才有意义，而这个背驰的低点正是靠这样的盘口完成的。如图 393 所示。

图 393

这种盘口告诉我们一个道理：不以成交为目的的单子都是耍流氓！

该弱不弱，小心卖错

上一次写的盘口干货《【盘口干货】不以成交为目的的单子都是耍流氓》，我个人感觉是干货满满，可从大家的留言里没感受到大家的同感，今天再来一篇！

由于案例的挑选、截图等非常耗费时间，案例一般是当天准备素材，第二天构思编写再发出，故这些盘口案例有一天的延迟。

这篇干货要表达的中心思想就是：该弱不弱，小心卖错。

中国国航（601111）：中秋假期，消息面上有三个利空：

（1）油价创新高，对航空股利空。

（2）人民币贬值，对航空股也是利空。

（3）港股中国国航跌幅较大，如图 394 所示。

2018 年 9 月 24 日港股国航收盘跌幅为 –4.62%，盘中一度跌到将近 –7%。2018 年 9 月 25 日港股不开盘，A 股开盘。那么早盘对中国国航（A 股）的预期应该是偏弱的，如图 395 所示。

08:13　　【隔夜市场一览：OPEC+委员会周末会议排除立即增产石油可能性，布油创将近四年收盘新高】1、WTI 11月原油期货收涨1.30美元，涨幅1.84%，报72.08美元/桶。
布伦特11月原油期货收涨2.40美元，涨幅3.05%，报81.20美元/桶，创2014年11月12日以来收盘新高。
2、标普500指数收跌10.30点，跌幅0.35%，报2919.37点。
道琼斯工业平均指数收跌181.45点，跌幅0.68%，报26562.05点。
纳斯达克综合指数收涨6.29点，涨幅0.08%，报7993.25点。
3、COMEX 12月黄金期货收涨3.10美元，涨幅0.3%，报1204.40美元/盎司。
4、离岸人民币（CNH）兑美元北京时间04:59报6.8660元，较上周五（9月21日）纽约尾盘跌179点，盘中整体交投于6.8444-6.8738元区间。

图 394

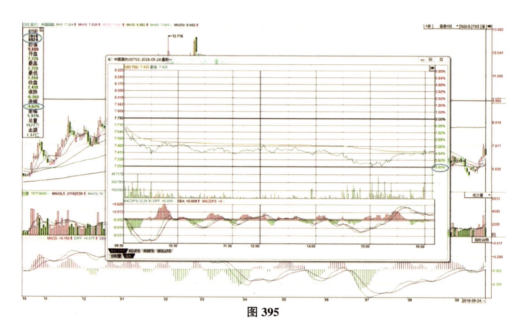

图 395

　　受港股的影响，从早盘集合竞价就可以看出，价格一直往下压。但在最后一秒，有单子往上吃，如图 396 所示。这时候就要警惕，消息面对它是利空，港股也跌了。

　　但此时却有单子在主动往上吃。这和预期不符，先观察有没有持续性，如图 397 所示。

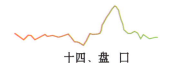

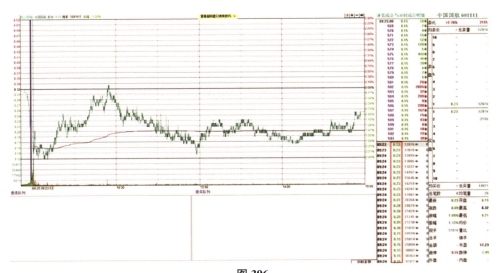

图 396

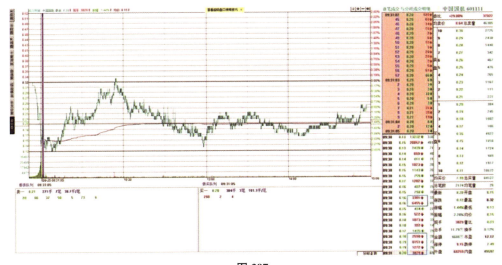

图 397

8.17 元开始，有单子向下压了，如图 398 所示。

8.17 元被打掉后，8.2 元又迅速压上了 9000 手，如图 399 所示。

随后，上方的压单迅速堆积，如图 400 所示。

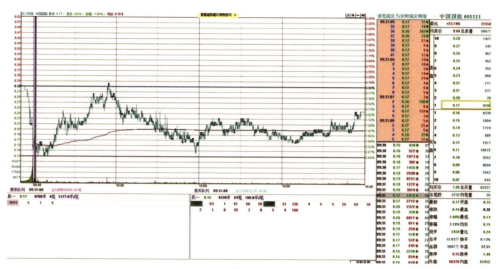

图 398

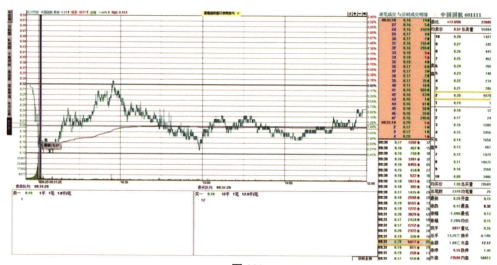

图 399

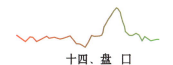

图 400

　　此时，既有主动向上吃的单子，又有抛单、压单，争夺激烈，并没有出现一边倒，继续观察，如图 401 所示。

图 401

　　8.13 元又有 6000 手单子向下砸，但 8.11 元没砸透，又反弹上去了，如图 402 所示。

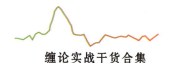

缠论实战干货合集

图 402

反弹到均线之后，又有单子往下压。市场虽然有反弹，但反弹力度不够大，抛压一直很重，如图 403 所示。

图 403

砸不下去，再次反弹，再次出现抛压。但可以看到，8.15 元随后被几笔单子端掉了。这时候就要警觉了，虽然有抛压，但买盘一直很凶猛，如图 404、图 405 所示。

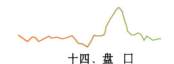

图 404

图 405

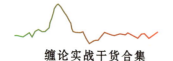

9：42：54，8.15 元又砸了近 6000 手。但下方盘口堆得很密集，并且往下卖的单子明显少了。这时可以判断基本是空方最后的试探了，如图 406 所示。

图 406

当 8.15 元被打掉，再配合上与大盘共振的点。空方彻底失败，如图 407 和图 408 所示。

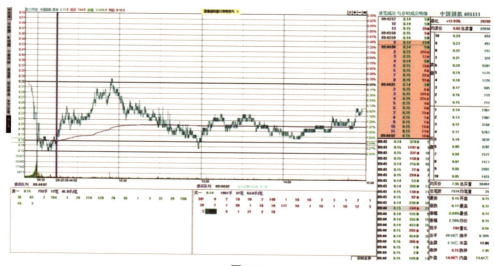

图 407

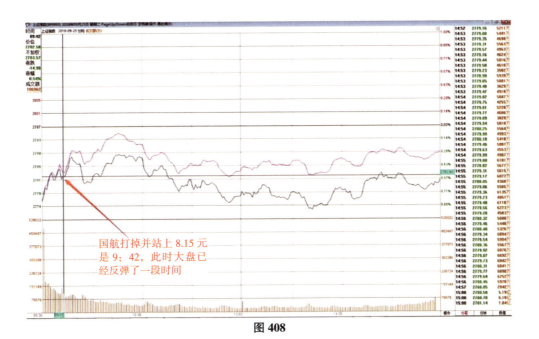

图 408

这个案例告诉我们，消息并不重要，重要的是市场对消息的反应！

此外，要注意的是，盘口是印证已有的逻辑的，并不是说因为出现这样的盘口，所以就一定要涨或者跌。

比如，前文北辰实业案例中，已有的逻辑是 30F 上的背驰，盘口只印证了背驰的成立！这个案例中，已有的逻辑是该弱不弱，最后的盘口也只是进一步印证这个逻辑而已。所以，如果你抱着学会了某盘口后就能怎样无敌的想法，那么就已经输了。

看盘中的一些小技巧【干货分享】

今天开始主动调整，挺好的事儿，没啥可焦虑的。现在的节奏既然是 5 分级别的，那就跟着 5 分级别的节奏，1 分钟的其实压根不用关注，省得自己给自己添堵。

昨天收盘后讲了一个简单的小技巧，就是把小级别里最后一个中枢的上下沿作为重要参考位置，方向的改变往往是对这些位置的回抽确认。例如，周一高开之后，形成小中枢 1，中枢下沿在 2966 点附近。当天高点是 2983 点，之后形成

一个小中枢 2，该中枢下沿在 2979 点附近，之后两拨反弹都在 2979 点处被压制，那么后面就引发一波下跌。最终下跌的低点也受到了中枢 1 的下沿的支撑，如图 409 所示。

图 409

从 10 月 25 日起来的上涨，最后一个中枢下沿是图 408 中 292 的位置，到达 2980 高点后，后面的回落直接跌破该中枢下沿，并且连续 3 次反抽都没上去，导致后面的继续下跌，如图 410 所示。

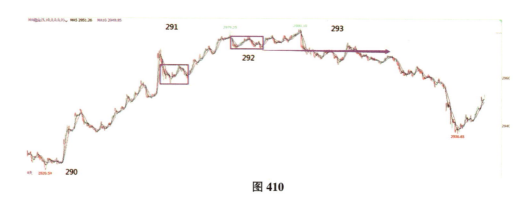

图 410

3008 点下来，第一个明显的笔中枢如图 411 所示：

那么今天 13:18 和 13:49 的两次回抽，都被该中枢所压制，后面的那波跳水就是自然而然的事情了。这个技巧在盘中判断小级别转势时非常有用，当你做股指期货时，也可以用这个方法作为开仓依据。

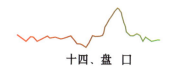
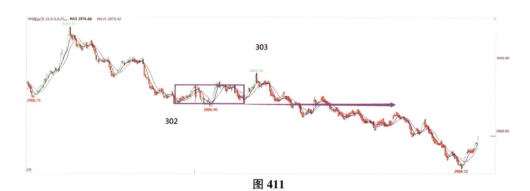

图 411

像 3026 点的转折，如图 412 所示。

图 412

3042 点的转折，在 15 分图中，如图 413 所示。

图 413

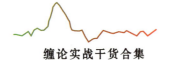

创业板今天午后的两次回抽也被高点下来的中枢所压制，如图 414 所示。

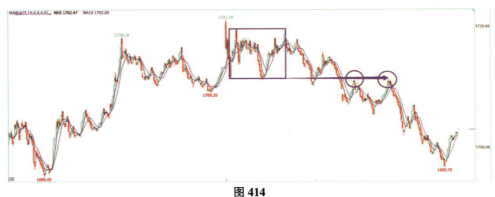

图 414

需要提醒的是，这个技巧用在趋势的转势中比较好，而在中枢震荡中则不太适合这个方法。

十五、实战经验

如何识别高控盘庄股（附股）

前几天有位朋友说他刚经历了一次过山车，去年听内幕消息，7元多买了华仁药业，前几天开板时亏 20% 走了，我看了一眼，很明显是高控盘的庄股崩盘了，这位朋友运气算好的，买的位置还算比较低，如果买在高位的话就更惨了。

昨天在复盘时，翻了一遍股票，发现近期有不少股票都有高控盘庄股的特征。

天际股份，如图 415 所示。

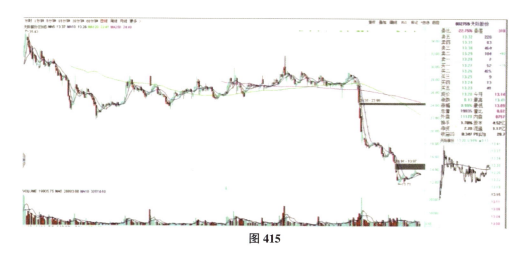

图 415

宁波精达，如图 416 所示。

合锻智能，如图 417 所示。

好利来，如图 418 所示。

图 416

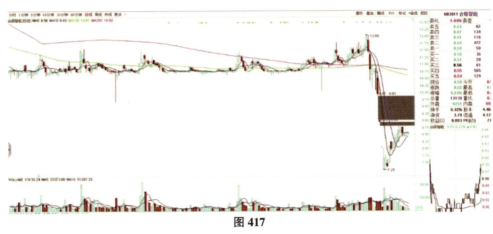

图 417

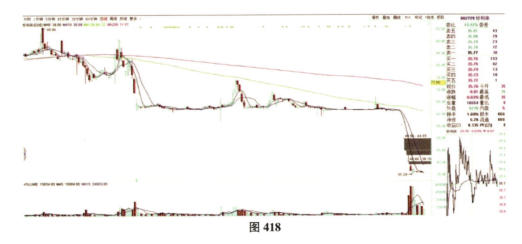

图 418

登云股份，如图 419 所示。

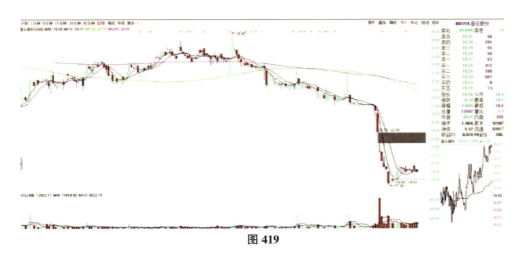

图 419

德美化工，如图 420 所示。

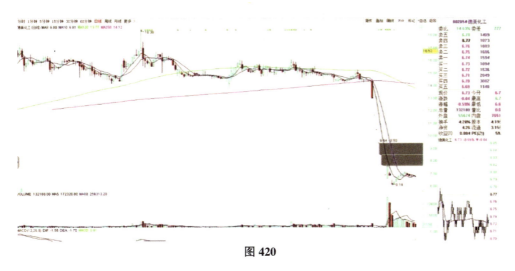

图 420

这类高控盘庄股最后的结局只有一个：跳水。从以前的德隆三驾马车（合金股份、新疆屯河、湘火炬）到近期的德美化工、华仁药业，所有高度控盘的股票都无一例外，得到了跳水的归宿。

遇到高度控盘的庄股，避开是唯一的选择，如何识别它们并不难，一般有以下几个特征：

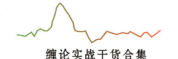

1. K 线特征

（1）**长上下影线很多，其余 K 线的振幅非常小，成交不活跃**。因为高度控盘，筹码都集中到庄家手里了，外面流通的筹码非常少，每当受到其他影响而造成价格较大的波动时，庄家为了控制价格，经常会干预这种价格偏差，从而形成了较多的长上下影线。

（2）**走势独立，市场环境的影响不大，股价长时间在某价格区间小范围波动**。因为目前股市基本是单边市场，只能通过上涨获利，因此庄家一般不会轻易让股价下跌太多，对价格控制力比较强，高度控盘使外面流通盘很少，因此市场环境对该股的影响不是特别大，只要庄家的资金链不断，一般都会继续维护价格。

（3）**要么振幅很小，要么振幅很大**。因为流通少，市场参与者少，交易清淡，而庄家也有增强剩余持股人的信心、引起市场关注的需要，会出现振幅忽大忽小的情况。

看几个 K 线图感受一下，如图 421~图 423 所示。

图 421

图 422

图 423

2. 分时图特征

（1）毛刺多。毛刺是分时图中，突然的一笔交易使价格偏离较大，然后迅速回到原来的价格附近，如图 424~图 426 所示。

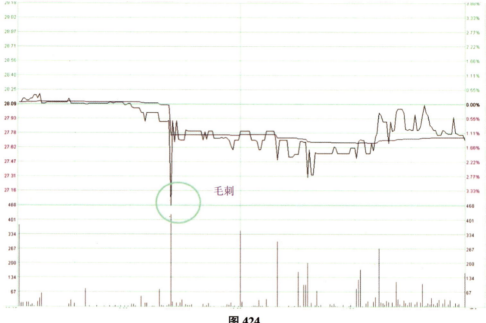

图 424

图 425

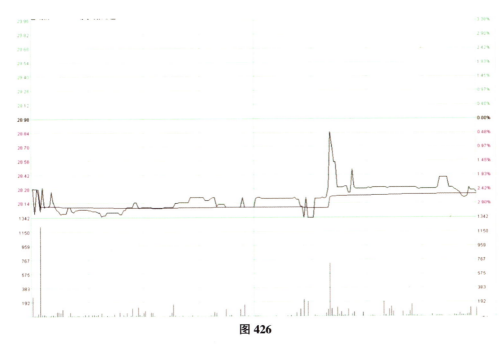

图 426

（2）锯齿多，波动不连贯，不自然。分时走势像锯齿一样，尤其是锯齿处的成交量比较大，人为操纵的迹象很明显。如图 427~图 428 所示。

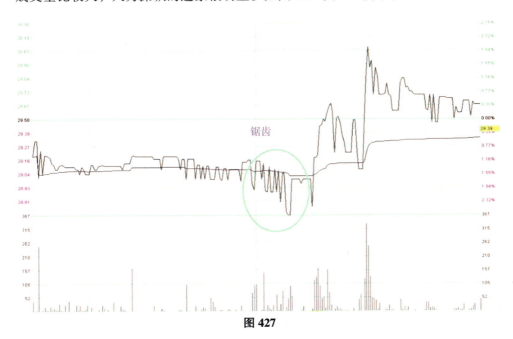

图 427

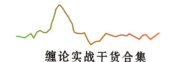

图 428

（3）**经常突然出现单笔放量，然后成交量又突然回到正常**。这是明显的人为操纵迹象。如图 429~图 431 所示。

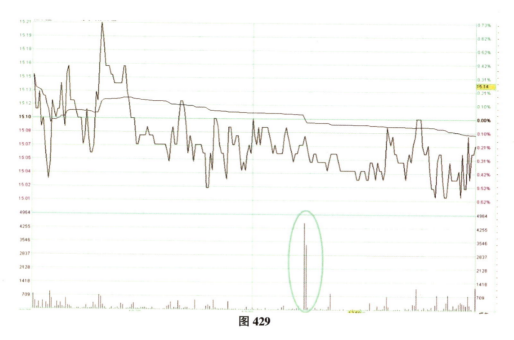

图 429

图 430

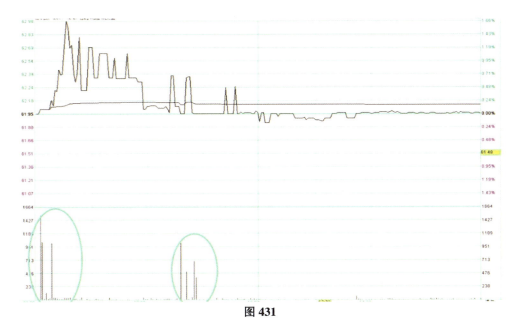

图 431

3. 其他特征

（1）股东人数急剧下降。如华仁药业，其股东人数出现两次明显的下降，如

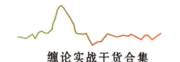

图 432 所示。

【股东户数】

股东人数越少，户均持股越多，则代表筹码越集中

截止日期	股东人数	户均持股(股)
2017-09-30	20360	48433
2017-06-30	26041	37867
2017-03-31	25586	25694
2016-12-31	24519	26812
2016-09-30	26760	24567
2016-06-30	60978	10781
2016-03-31	61246	10856
2015-12-31	70911	9376
2015-09-30	32455	20486
2015-06-30	27743	23965

图 432

2016 年 6~9 月出现一次，股东人数从 6 万人急剧降到 2.6 万人，下降接近 60%，然后就是 2017 年 6~9 月，股东人数从 2.6 万人降到 2 万人，下降 20%多。而对应其走势如图 433 所示。

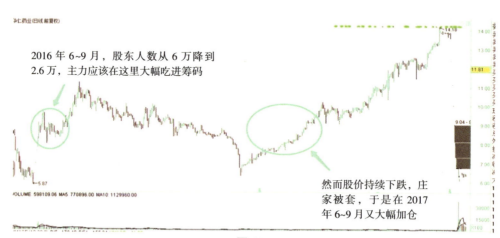

图 433

此外，也可以比较人均持股市值的变化。

（2）上市公司往往有资本运作的动作。这是因为坐庄控制价格往往也是资本运作中重要的一环。当然，也有一些勇敢的大户把次新股买到庄股的样子，那自

然没有什么资本运作的动作，上市公司巴不得这种大户越多越好。

这种高度控盘的庄股最终宿命都是跳水，那么如果目前持有这类股票，应趁着跳水前赶紧卖掉，太危险了，我们最好只当观众，别参与！如果你持有下面这些股票，请小心了，如图 434 所示。

	代码	名称	涨幅%
1	000150	宜华健康	-1.09
2	300174	元力股份	+0.14
3	000981	银亿股份	-0.60
4	002691	冀凯股份	-0.39
5	300626	华瑞股份	-0.25
6	300091	金通灵	+2.76
7	002485	希努尔	+0.04
8	300518	盛讯达	-1.03
9	002761	多喜爱	+0.83
10	002735	王子新材	+3.66
11	002719	麦趣尔	-1.53

图 434

应对单日暴跌的技巧

今天两市跌幅 4% 左右，全年单日跌幅榜排名第三，第一是 2 月 9 日，上证跌幅 4.09%，第二是 6 月 19 日，上证跌幅 3.78%。

同样的单日大跌，其后几天的表现却各不相同，2 月 9 日大跌后紧接着是连续几天的强力反弹，6 月 19 日的大跌后，稍稍反弹后继续下跌，那么在实战中，如何应对这种单日暴跌？

要看单日暴跌之前的走势结构是什么。这个走势结构主要分为三种：

（1）上涨途中。

（2）调整破位。

（3）下跌途中的加速。

很明显，2 月 9 日的那个大跌，是下跌途中的加速，其特点是暴跌之前已有暴跌出现，对付这种情况最好的方式是等待 1F 或者 5F 级别的趋势背驰，如果碰到直接 V 型反转，就像 2 月 9 日这次，只有二买的机会。而如果也错过了，一定不要追高，因为反转之后往往还有一波下跌，从而构筑更大级别的中枢。2015 年

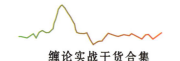

股灾时，就是这种情况。

　　6月19日的大跌，是调整破位，其特点是先小幅阴跌或者高位横盘，然后出现暴跌破位，技术上讲是先形成下跌走势的第一、第二个中枢后突然出现暴跌，使下跌走势演变为趋势，这种暴跌是最应提防的，遇到这种情况一定要走，因为往往是下跌趋势里力度最大的一波，也是杀伤力最大的一波。例如，2016年12月12日，2016年1月4日，2010年4月19日等，如图435~图437所示。

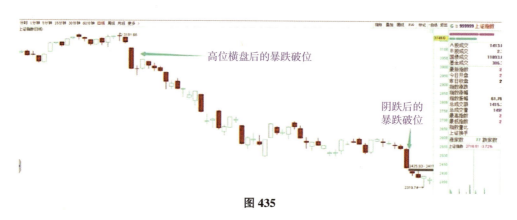

图 435

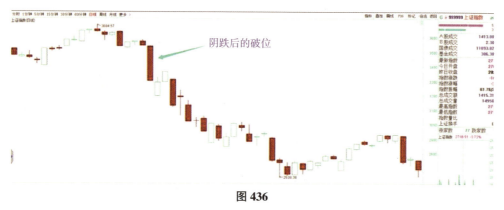

图 436

　　上涨途中突然出现暴跌，其特点是暴跌前有明显的上涨趋势，一般会沿着5、10日均线上涨，暴跌当天距离最高点只有1~2天的时间。一般短期内会有大阳线收复的动作，尤其是牛市里，基本要彻底收复并且创新高，缠师在2007年4月19日那次就是经典案例，而熊市里未必要完全收复创新高，但一般短期内都有一个中阳线的收复动作，例如，2016年2月25日那次，大盘暴跌6.41%，第

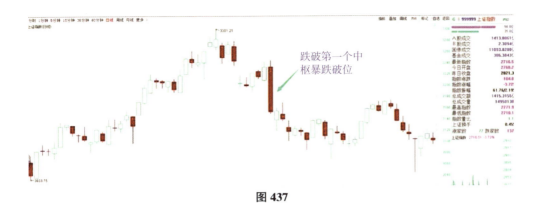

图 437

四天以大阳线收回了大部分。2008 年 11 月 18 日，大盘暴跌 6.31%，第二天就暴涨 6%，基本收复，如图 438~图 440 所示。

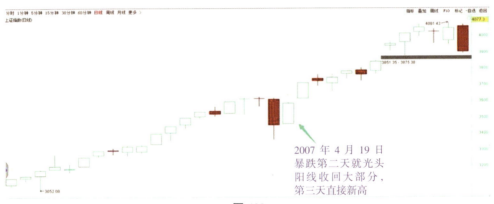

2007 年 4 月 19 日暴跌第二天就光头阳线收回大部分，第三天直接新高

图 438

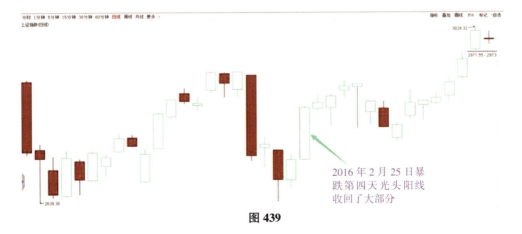

2016 年 2 月 25 日暴跌第四天光头阳线收回了大部分

图 439

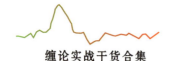

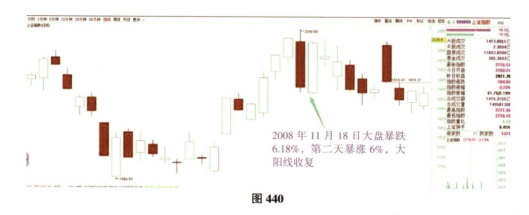

2008 年 11 月 18 日大盘暴跌 6.18%，第二天暴涨 6%，大阳线收复

图 440

如果暴跌后，短期内没有出现大阳线或者中阳线的收复动作，而是以震荡构筑更大级别中枢，那么要在中枢震荡高点附近卖掉。因为其收复时机已经错过，后面还可能继续下跌，如图 441 所示。

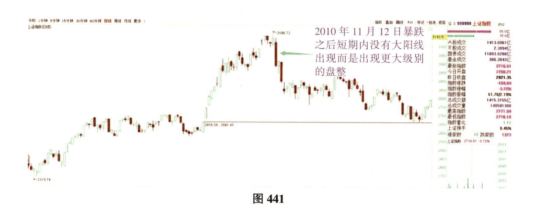

2010 年 11 月 12 日暴跌之后短期内没有大阳线出现而是出现更大级别的盘整

图 441

综上，暴跌时，先区分三种情况，如果是破位，先卖掉，这种情况的杀伤力最大。如果是下跌中继，可以等待小级别趋势背驰后的反弹。如果是上涨途中的下跌，即使在熊市里，大多数情况在短期内也会有一个收复的中阳线或大阳线，如果 5 天内还没出现，应找中枢震荡高点卖掉。

分享一个实战经验

今日解盘：今天的盘面没有太多可讲，大盘还在趋势延伸中。接下来唯一要关注的是，如果有三段回调不破 2626 点，那么也是一个 5F 三买。

这几天行情不错，很多个股出现一波不小的涨幅，有人可能就会纠结要不要及时兑现利润？今天告诉大家一个简单的实战经验和技巧：如果是第一次、第二次反弹至年线附近，则都是短差的好时机，往往会出现回落。

由于今年行情不好，大部分个股都处于长期下跌的趋势中，年线是向下的，股价也一直在年线下方运行，那么每一次的反弹，年线附近就是一个重要的压力线。随便翻几只股票就可以看到，第一次、第二次反弹到年线附近，基本都是反弹的高点，如图 442~图 445 所示。

图 442

图 443

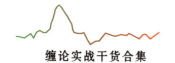

图 444

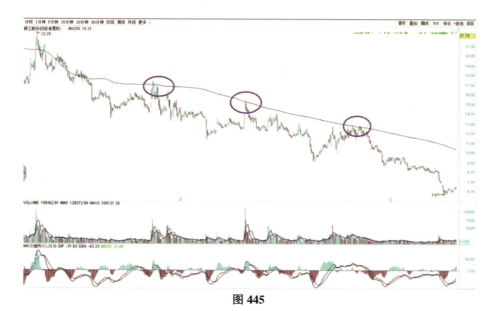

图 445

而且，妖股往往不会例外，例如德新交运第一波的高点恰好是年线的地方，如图 446 所示。

图 446

在年线受阻，磨了一个多月后再次爆发，一举突破年线。

还有斯太尔在 7 月那波走势，如图 447 所示。

图 447

当然，当年线被一口气突破后，压力线往往会变成支撑线，比如新疆浩源，如图 448 所示。

图 448

第一波连续涨停直接突破了年线，然后的回调也多次受到年线支撑，现在年线开始拐头，有走第二波的倾向了。

那么，现在就可以对大部分的股票做分类：

（1）在年线下方，那么它们的反弹目标基本是年线/半年线附近。

（2）年线上方，如果没有突破年线很远，大概率要再回到年线下方的；如果突破年线很远，那么年线将是回调的重要支撑位。

【实战干货】指数的背离

今日解盘：当昨天 N 多人对创业板创出历史天量而欢呼时，昨天的解盘《搭台唱戏》中我们对创业板的风险提醒如图 449 所示。

创业板涨了两天了，短线上有调整的需求，5F 上到了通道上轨附近，有压力，接下来震荡回落的可能性加大了。而且即使能突破上轨，也是陷阱，不能追！

本来 44 点开始的只有 1 分钟的一段上涨，力度不错，但今天创业板竟然勇

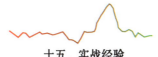
敢地顶出了有区间套的背驰，刚好还在上轨附近，如此明显的卖点肯定不能轻易错过，如图450所示。

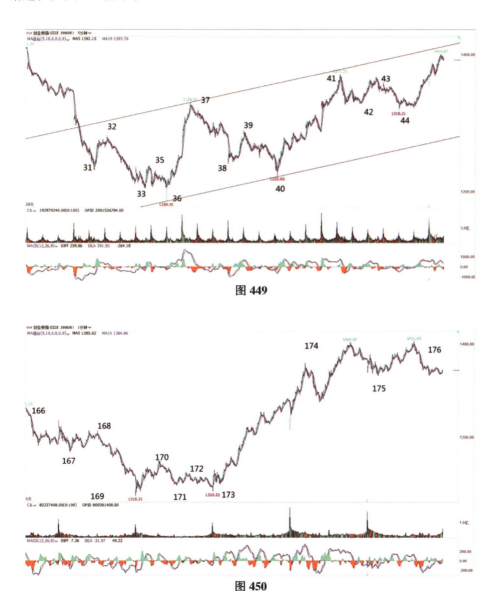

图 449

图 450

今天这个背驰同时也是5分钟级别的一个盘整背驰，在30分钟图里更清晰，如图451所示。

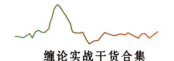

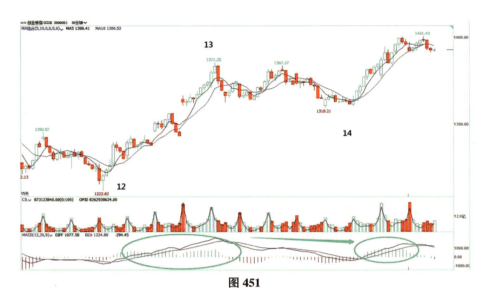

图 451

具体怎么看准这个区间套卖点其实并不难，只不过又要让执着于笔和段的缠友挠头了。从 169 点开始的 1F 上涨，170–173 是第一个中枢，173–174 严格划分来说是一段，因为昨天 10:17 到 11:02 的那段下跌是特征序列的第二种情况，后面一笔突破，使得段不成立了，但其回调力度和周期来说，完全可以看作一段，那么加上 174–175 段就构成了第二个中枢，今天 175–176 是漂亮的背驰段，而且 175–176 这个背驰段内也是明显的趋势背驰，详细的就不展开了，大家看看 1 分钟图上的 MACD 红柱子就知道了。

今天在创业板新高前赶紧提醒，怕大家掉陷阱里，如图 452 所示。

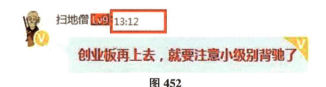

图 452

这是创业板的情况，那么主板该怎么判断呢？这时就不得不讲讲几个指数直接是如何拆台或配合的了。

如果看过《缠论解盘与回复札记》系列（公众号回复"解盘回复"）的应该记得，缠师曾讲过沪深两市指数如果出现背离，往往是调整的先兆，今天其实就是代表

蓝筹的大盘（上证与上证 50）与代表中小盘的创业板（或中证 500）出现了背离。

在上涨途中出现背离，往往预示着调整，在下跌图中出现了背离，往往预示着反弹。这种背离，最经常表现的是盘中一个指数新高/低，而另一个指数不再新高/低。例如，在大盘上 2007 年 1 月 24 日上证指数与深证指数的走势如图 453 所示。

图 453

其后几天市场进入调整。这不仅适用于 2007 年那波行情，同样，近几年也出现过几次，例如：2014 年 11 月 11 日，2015 年 5 月 13 日和 2016 年 3 月 16 日，具体的大家翻一翻当时的走势就一目了然了。

而且，尤其注意的是，如果新高或者新低的指数伴随着某级别的背驰，那么

这个指数背离的有效性就非常非常大了。所以，今天出现这样的调整实属正常，因为创业板和中证 500 都出现了小级别的背驰。所以，以后如果出现类似的情况，一定要提高警惕！

跳空缺口的实战经验

周末 G20 的消息，使今天直接跳空 2%以上，站上 5、10 日均线上方，留下了近 40 点的缺口。

有缺口时，怎么看？从缠论的视角看，无非是缺口与中枢的关系以及缺口与走势的关系。走势与中枢对缺口是否回补有比较重要的影响，先看一看之前出现的缺口：

11 月 9 日，向下跳空缺口，在 30F 中枢内，与当时下跌 5F 走势的方向相同，缺口后第一天回补。

10 月 22 日，向上跳空缺口，30 分钟中枢外，与下跌 5F 走势方向相反，缺口第三天回补。

10 月 8 日，向下跳空缺口，30 分钟中枢内，与上涨 5F 走势方向相反，3 日内没回补。

10 月 11 日，向下跳空，30 分钟中枢外，下跌 5F 走势方向相同，3 日内没回补。

8 月 2 日，向下跳空，30F 中枢外，下跌 5F 走势方向相同，3 日内没回补。如图 454 所示。

6 月 19 日，向下跳空，30 分钟中枢外，下跌 5F 走势方向相同，3 日内没回补。

5 月 30 日，向下跳空，30 分钟中枢内，上涨 5F 走势方向相反，第四天回补。

5 月 21 日，向上跳空，30 分中枢内，上涨 5F 走势方向相同，第二天回补。

3 月 23 日，向下跳空，30 分中枢外，下跌 5F 走势方向相同，未回补。如图 455 所示。

总结起来很简单：

（1）先看缺口的位置，是中枢内还是中枢外。中枢内的缺口大概率要回补，中枢外的缺口大概率是中继型。

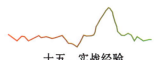

图 454

图 455

（2）再看缺口的方向，与原走势的方向是相同的还是相反的。与原走势相同时，中继的概率大，与原走势相反时，回补的概率大。

（3）回补往往出现在缺口后 3 天内。

再说一个实战经验

今日解盘：就一个字：惨！从高开 30 个点到收盘反而下跌 15 点，一根中阴

棒收在了前天那个"大腿"的膝盖位置。这两天一直提到的这个反抽 10 日均线以蜻蜓点水的方式结束了？

技术上，今天就是一个线段式下跌，甚至在尾盘还使劲跳了一下，收盘价就是最低价。根据前两天的分解可以知道，873 点下来是一个 1 分钟的趋势，876–879 是第一个中枢，879–884 是线段类趋势下跌，884–887 看作第二个中枢，目前依然围绕第二个中枢的震荡，如图 456 所示。

图 456

既然是中枢震荡，那么今天虽然是个大阴线，但其威力值得怀疑。因为这里有一个非常实用的实战经验，请大家记好。

中枢震荡中的快速大幅波动往往构成陷阱，延伸性不强，只有离开中枢或者是第三类买卖点后的加速延伸性才会很强。

通俗点说：横盘震荡里的大阴线不可怕，加速中的阴线才恐怖。

所以，虽然今天也完成了对 10 日均线的回抽，但这个下跌显得有点仓促，如果有小级别的背驰配合，这里大概率还是要再震荡一下，再次试探 10 日均线。

美股虽然大涨了，但只是下跌趋势里的反弹而已，后面还会继续探底，如果今晚美股再大跌，对 A 股明天开盘会造成不利影响，那么要小心这下跌延伸成离开中枢的走势，一旦小级别上有背驰出现，那么应该还会反弹，只是再次反弹的

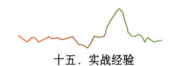

重心要下移了。

逼空行情回顾与应对

昨天说的 1 分钟三买后大概率出现第二个中枢的现象没出现，市场出现了逼空式上涨，三买后的上涨力度并不弱。市场好久没出现这种一路不回头的行情了，今天成交量明显放大，新资金进入迹象十分明显。

现在很多没上车的人十分焦虑，害怕错过这波行情，同时担心调整随时来到而当了接盘侠。我们不妨看看历史上这种逼空式走势的演化。

这种逼空式走势的特点是大盘一直连续保持阳线上涨，基本不破 5 日均线，这种情况发生的次数不多。

最近的一次是 2018 年 1 月的那波，如图 457 所示。

图 457

指数从 3300 点左右上涨到了 3587 点，在 3400 点左右形成了一个小中枢，然后以"飞吻"的形态继续上涨，但那次和现在有几个不同之处：

（1）当时大盘有近两年的震荡上行，并非是从一个大级别底部开始的上涨。

（2）那一波上涨是从中期底部直接上来的，中间飞吻处构筑的中枢级别很小。

（3）当时的上涨是少数几只权重股的强拉，没有普涨现象。

最后的结果是强拉出来的多头陷阱，直接 V 型反转跌下来。

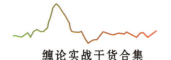

再往前，是 2015 年 3 月和 5 月的两波逼空式行情。这两波行情都是突破日线中枢后的行情，3 月的那波最终以几天的窄幅横盘震荡结束，5 月的那波以快速大幅震荡结束，结束后，都继续创新高。这两波行情的不同主要在于位置，一个是高位，一个是低位，如图 458 所示。

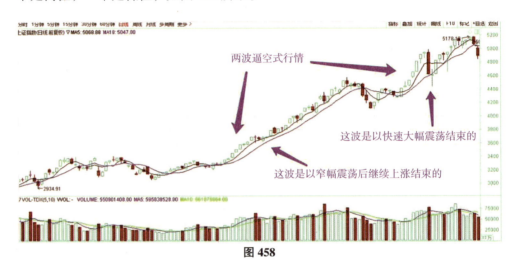

图 458

2015 年牛市行情前期也出现了两波，分别是 2014 年 7 月下旬和 11 月下旬。和上两波行情类似，7 月这波以窄幅震荡结束，11 月这波以快速大幅波动结束，之后都再创新高，如图 459 所示。

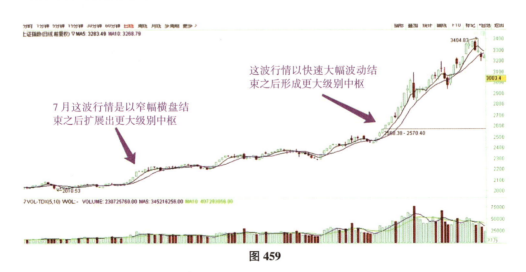

图 459

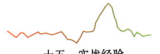

再向前推，2010 年 10 月有一波逼空式行情，这波行情和当前的走势比较接近，都是突破第一个大级别中枢后出现的，只是中枢级别不同。最后以横盘震荡结束，并且后面也创出新高，如图 460 所示。

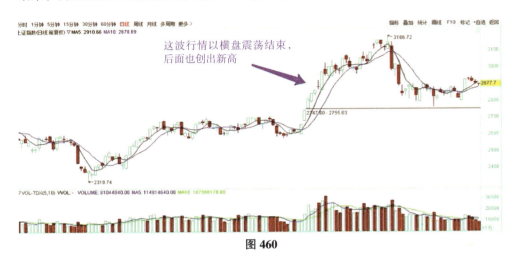

图 460

再向前，2007 年那波牛市里，也出现过几次，分别是 2007 年 9 月底，2006 年 12 月底和 2006 年 4 月底。

2007 年 9 月底开始的冲顶行情，中间有一次大幅快速波动，虽然最终构成大顶，但还有一次大幅反弹。而且这次行情，基本上是涨两天震荡一天的节奏，逼空没那么严重，如图 461 所示。

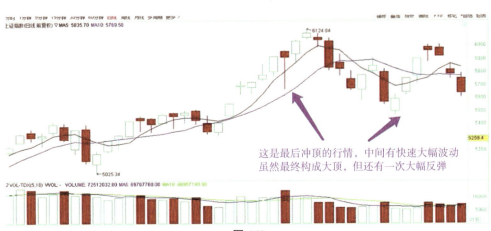

图 461

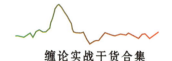

再看 2006 年 12 月的行情，这是一波缓慢上涨行情后的加速期，最终以快速大幅波动结束，然后继续创新高，如图 462 所示。

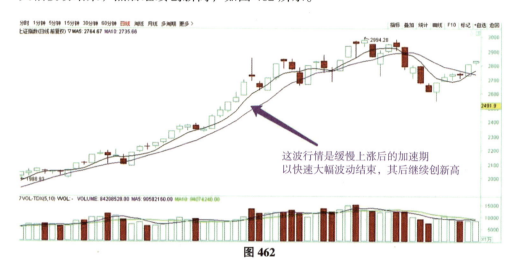

这波行情是缓慢上涨后的加速期
以快速大幅波动结束，其后继续创新高

图 462

2006 年 4 月底的这波行情也类似，是缓慢上涨行情后的加速期，以大幅快速波动结束，然后创新高，如图 463 所示。

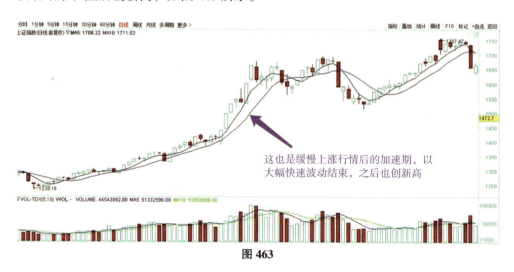

这也是缓慢上涨行情后的加速期，以大幅快速波动结束，之后也创新高

图 463

说了这么多，直接说结论：逼空行情要么以窄幅横盘结束，要么以快速大幅波动结束，但形成大一点级别中枢后大多都有新高，行情最终以更大级别的盘背或趋势背驰结束。

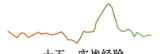

其背后的原理在于逼空行情的出现，往往伴随着市场热度的高涨，场子越热，单一分力的影响越小，走势更能反映市场合力，则完全代表市场的趋势更容易出现背驰（去年 1 月那波就是因为只有少数几个蓝筹的强拉造成的，代表不了市场合力）。所以，才会先形成某个中枢后再出背驰段（新高），而中枢的形态无非窄幅和宽幅两种。而且，中枢还有交替性原则，上一个中枢如果窄幅横盘，那么下一个中枢往往就会大幅波动，第一个中枢是窄幅的概率大一些。

那么，最大的问题是没上车的该怎么办？

既然逼空式上涨最后大都以背驰结束，现在连中枢还没出现，那么下一个机会就是 1F 或者 5F 中枢的低点介入。由于并不知道该中枢是窄幅还是快速大幅，所以可以耐心等待第一次回调，回调如果是大幅快速的，则是一次绝佳的短线机会；如果是窄幅的，则参考下沿附近介入。

由于现在个股的分化比较严重，在个股的选择上，一定要避开涨幅过大的，选择涨幅不大的，以做补涨的行情！

还有，心态上别焦虑，即使完全错过这波行情，天也塌不下来，真正的底部不会是一蹴而就直接上去不回头了。笔者年前走掉的短线仓位没有补回来，这两天也在等调整，今天甚至还减了一点近两天涨幅比较大的个股。把心态调整好，按计划来，这才是最重要的！

消息的应对原则

周末最大的消息就是中美达成第一阶段协议，是大利好，但周五已经在盘面上反映过了，周五的强势就是该消息的提前反应，所以，一旦周一要高开太多，反而要小心利好兑现，变成高开低走。

这里和大家多说一下消息的应对原则，其实是四种情况：

（1）利好消息，消息发布前无大涨：开盘可追。很简单，消息发布之前没大涨，说明没人抢跑，大家都站在同一起跑线上，自然可追。

（2）利好消息，消息发布前大涨过：高开卖出。有人抢跑了，有先发优势，后知后觉的往往是站岗买单的。

（3）利空消息，消息发布前无大跌：开盘就卖，这时候看谁跑得快。

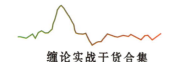

（4）利空消息，消息发布前有大跌：寻机抄底。

比较简单，现在对应的是第二种，所以明天如果高开得太多，此时是小心恐惧的时候，而不是贪婪。技术上，明天如果高开，也会到 3042 点下来的压力线上，这一点也支持不能追高，如图 464 所示。

图 464

让缠师告诉你解套的正确姿势

今天反弹继续，但也有疲态出现，随着 5 日均线的下移，压力逐渐增大。热点还是与疫情相关、云办公、特斯拉等题材上，基本没有什么新的热点出现，反弹要想延续，必须是板块轮动式的，一直撸这几只股票，身体再强也扛不住。

从级别来看，现在的反弹是第一波小级别反弹，反弹要想延续，需要在当前位置附近构筑一个小中枢后再向上，否则，再来个二次探底。对于操作，二次探底时是好的买入时机，而短线上建议以逢高减为主。

除了热门的票，很多票基本还是不温不火，被套的一定关心如何解套，刚好在整理缠师的实战经验时找到几条关于解套的，大家看看缠师怎么说。

［匿名］过客 2007-02-01 15:31:42

缠姐，给分析一下 600677 如何？

缠中说禅 2007-02-01 21:17:02

现在是业绩陷阱最多的时候，所以选择该股票确实比较麻烦。一般碰到这种情况，如果有出逃的机会，一定要先逃出来，至少应该先逃 1/2 出来，然后补仓，一个反抽就解套出来了。看了一下图，昨天并没直接封跌停，还有 8 元碰 5

日线的机会，绝佳的出逃点。目前关键是你的仓位，如果都是这股票是占的仓位不多，那可以先放着。刚才查了一下，该公司本次亏损，是因为公司前任董事长被立案调查、部分下属控股子公司发生重大清算等造成的。所以这种亏损还在可以接受的范围内，但这绝对是空方的一个打压武器，在业绩兑现前都受到压力。不过中线上，这种亏损股变黑马的情况太多见了，所以中线上今天亏损的股票，并不一定就是坏事情。

技术上，下方最重要的就是250周线，这是中线最关键的位置，目前在5.9元，只要该位置不有效跌破，就不会进入大空头走势，也就有重新走强的可能。

如果仓位很重，可以耐心等待反抽出现把仓位减掉一半，然后利用短线把成本逐步降下来。如果仓位不大，就没必要出来了，可以先利用短线把成本降下来，一边练了技术，一边练了心态。

本ID是不赞成顺便斩仓的，一只股票，就是一段命运，战胜命运，才能上一个新的境界。但一定要总结经验，不能买对基本面不太了解的股票，如该股董事长给抓，一定不是这两天才发生的，一般这种股票，一定要了解清楚，让冲击过去再买。

经验：

（1）一旦碰到雷，一定要先逃出来，至少逃1/2，然后下面补，一个反抽就解套了。

（2）亏损如果是一次性原因造成的，还在可以接受的范围内，在业绩兑现前股价都会受到压力。

（3）亏损股变黑马的情况太多了，今天亏损的股票并不一定是坏事。

（4）不赞成随便斩仓，一只股票就是一段命运，战胜命运才能上一个境界。

[匿名]　LL　2007-05-30　15:52:47

缠姐姐，我今早满的仓，您的课程太难了，一直没明白，姐姐，我明天是应该割肉还是坚守阵地呀。

缠中说禅　2007-05-30　15:56:36

今天第二卖点怎么不走，这么明显，ABC上去，C段力度不足，典型的图形。没走就等等，没必要杀跌，在后面的震荡找机会把仓位控制下来。现在半仓

是比较好的，进退自如。

经验：没躲过大跌的，就没必要继续杀跌了，在后面的震荡找机会把仓位控制下来。

缠中说禅　2007-06-04　07:53:44

当然，在 30 日第二卖点走掉的，仓位不重的，目前的任务是好好把握住本周必然出现的大反弹，注意，如果你技术不好，就要对超跌个股逐步买入，而且必须要有针对性，集中力量，在反弹中，如果还拿着几十只股票，那是操作不过来的。

经验：快速的下跌必然对应快速的反弹，技术不好的，可以对超跌个股分批买入，但要集中力量买一只，而不是买 N 只。

两只老虎　2007-06-04　16:31:11

神仙姐姐，反弹到多少出来呀！比如现在跌了 40%。

缠中说禅　2007-06-04　16:34:16

半仓，如果技术好，资金又不大的，可以全仓出来，回跌以后再找好的品种补入。

经验：出半仓，回跌再回补，然后一个反弹就基本解套了，技术高的可以全仓进出。

看到了吧，缠师不主张无脑杀跌，尤其是那种被套了 30%~40% 以上的，更不能杀跌，而要趁反弹先卖一半，然后等再次回落下来再回补，做 2~3 次短差，基本上就解套了。杀跌斩仓是不好的习惯，因为会挫伤你的信心，信心建立在 N 次成功的操作上，要是总砍仓，自己难免会产生疑虑，下一次可能缩手缩脚，让心态影响了操作。

所以，守身如玉很重要！

何时重个股何时重指数

轻指数重个股，这句话相信大家一定不陌生，但何时轻指数重个股，何时重指数轻个股呢？

缠师在回复网友的问题中给出了一些答案：

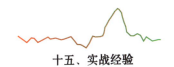

［匿名］ 后知后觉　2007-02-28　15:58:33

承蒙禅主关照，今天的第三类买点看到，也把握了，也在群里和同学说了，只是买的股票还没起来。

缠中说禅　2007-02-28　16:01:29

你要关注股票自身的走势，大盘的只能参考。一般来说，只要大盘不是单边下跌，则二、三线个股受大盘的影响不会太大。

经验：大盘只要不是单边下跌，非权重类个股受大盘的影响不会太大。

［匿名］ 白玉兰　2007-03-14　15:27:13

我拿的两只山东股票最近都表现不错，谢谢妹妹啊。

缠中说禅　2007-03-14　15:35:11

就是大盘不太配合，所以如果大盘走得特别恶劣，还是会调整的。

经验：大盘走单边下跌时，个股基本不会幸免。

果二　2007-05-18　15:51:15

今天对大盘倒是判断正确了，可个股操作不理想。盘中打短差都只是 0.2 元，只够交手续费了。

而且边看大盘边看个股，有的股又不跟大盘走，都看晕了！

缠中说禅　2007-05-18　16:07:24

本 ID 不是早说了，大盘震荡，有些个股会大幅上涨，例如 416、607 这些，如果你按大盘看，那肯定是要出问题的。个股就按个股走势看，如果个股要跟着大盘，自然表现出与大盘一致的买卖点结构。从这不难判断大盘与个股的相关程度。

经验：个股有自己的结构，大盘走势做参考，但依然要依据个股的走势结构操作。

很简单，就是指数走单边下跌或者上涨时，此时个股很难幸免，基本走独立行情，而一旦大盘不是单边行情时，此时就要重个股轻指数。

从技术上说，第三类买卖点后是重指数轻个股的时候，构筑中枢以及中枢震荡时就是轻指数重个股的时候。

比如节前 1 月 22 日大盘出现 5 分三卖后，一直到这周开市，这是指数单边下跌的时候，此时个股很难幸免，而当这周二指数开始构筑中枢时，就是轻指数

重个股的时候。

补缺完成，反弹随时完成（附小技巧）

昨天提到的三角形中枢要选择方向，今天临近中午时给出了答案，突破后回踩站稳，意味着市场选择了补上方的这个缺口！如图 465 所示。

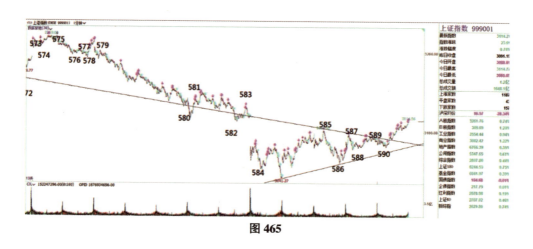

图 465

3112 点是缺口位置，同时也是 10 日均线的位置，因此这个地方有压力太正常不过，今天以光头阳线回补，并且尾盘的市场情绪比较高，明天应该还会向上冲一下，但如果出现二次冲高力度减弱，则基本意味着这波反弹需要休息一下了。毕竟该完成的任务完成了，没什么盼头了。

日线上，从 3219 点下来，连个"吻"都没有，这是第一个反弹，想立刻转换趋势一点点转变也就可以了。

技术上，目前是在构筑 575 下来的 5F 走势的第一个中枢，584 点上来的反弹可看作 1F 的反弹走势，现在处于离开中枢的一段，力度上还未摆脱盘背，所以，当缺口回补后，反而要注意该反弹的结束信号。

最近写《解盘与回复札记》时，发现有不少缠师提到的好的实战经验，比如，缠师在 2006 年 11 月 23 日提到："如果是短线，第一、二次冲击年线都是最好的短差机会。"今天翻了下涨幅榜里，看到 N 多这样的案例，不禁感慨这经验真的非常宝贵。如图 466~图 471 所示。

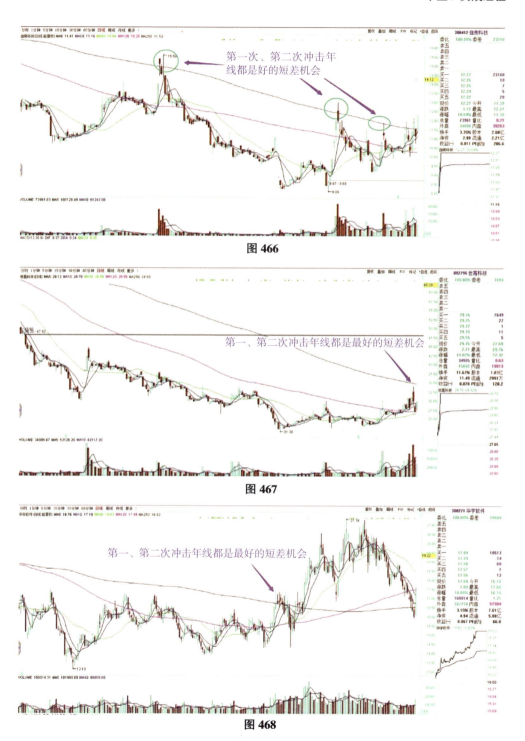

图 466

图 467

图 468

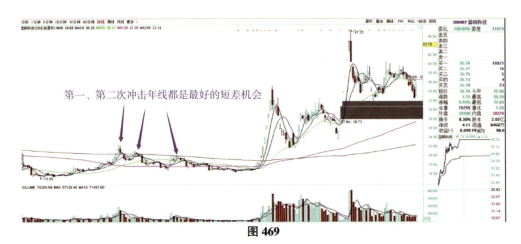

第一、第二次冲击年线都是最好的短差机会

图 469

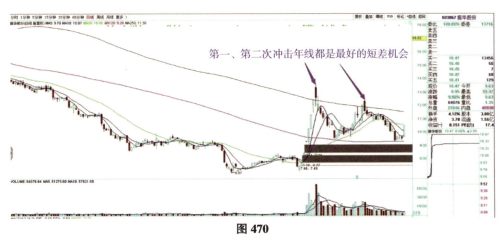

第一、第二次冲击年线都是最好的短差机会

图 470

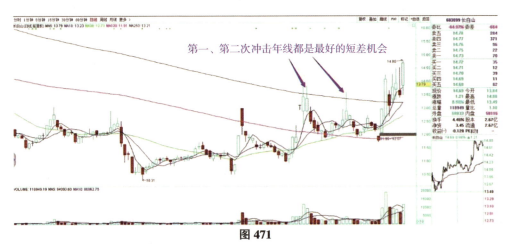

第一、第二次冲击年线都是最好的短差机会

图 471

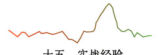

书中自有黄金屋，书中自有颜如玉，没事翻一翻原文是能发现不少好知识的，关键是你有没有发现黄金的眼睛！

一个经验教训

今天的市场是近期最弱的，全天都是下跌段的延续，顶多只有一笔反弹，而且每次反弹的高点都是逐步降低的，如图 472 所示。

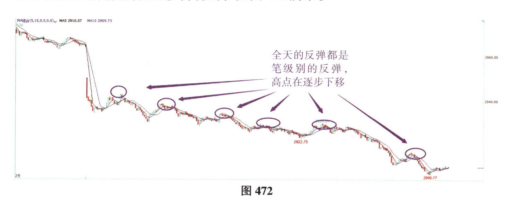

图 472

也就是说，今天全天连个像样级别的反弹都没有，那么自然不存在昨天解盘中提到的 5 分三卖。

大盘直接跌破了三角形中枢的下轨，还有，这次上涨的起点 2917 点，也意味着上周上涨 5 分走势突破 30 分中枢这个预判不成立，这是市场的答案，必须要服！并且要总结经验教训，不能稀里糊涂。

收盘后仔细复盘了下近期的预判和操作，最大的教训是在大级别的中枢震荡中，企图把握每一个次级别的起始。但在中枢震荡中，次级别的起始点经常不是最高点或最低点，如 2891 点到 3026 点这波，以及 2917 点到 3008 点这波，都属于是一波 1 分走势顶天地，后面震荡出中枢后直接下来了。记得缠师以前讲过一只个股的案例，就是这种情况，在《缠论解盘与回复札记 44——20070122》中缠师对广深铁路（601333）的点评，如图 473 所示。

换句话说，在大级别的中枢震荡中，试图将中枢震荡完全做同级别分解，在此过程中，假定好了起始点，之后的分解和分析基本都建立在这假定的起始点之上，而没有进行多角度的重新排列组合。这是中枢震荡中得到的最大教训，也希

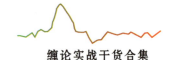

望大家引以为戒！如图 474 所示。

广深铁路 601333 的日线中枢从 1041430 开始到 1171430 最终形成，1101030 的高点，根据走势必完美就知道必然有第三段的回拉。配合 MACD15 分钟的背驰，就更明确了。注意，在 30 分钟看，第三段的结束不在最低位，因为第三段的中枢在下面。从 1171430 开始，是对日线中枢的摆脱，能否成功，目前还不能下结论，但这不影响操作，如果不成功就可以出来打短差，否则就继续持有。该 30 分钟图有点意思，三段的各自中枢的位置都不是在通常的中间位置，这一点都不奇怪，没有人规定中枢一定在图形的中间位置的。**扫地僧：**

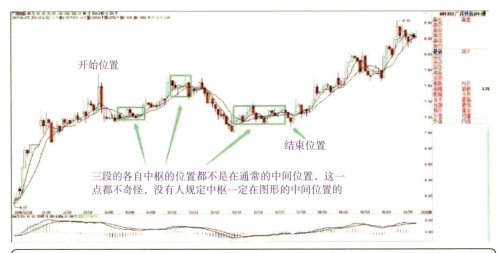

开始位置

结束位置

三段的各自中枢的位置都不是在通常的中间位置，这一点都不奇怪，没有人规定中枢一定在图形的中间位置的

需要说明的是，这三段的中枢位置都不再最高点和最低点之间，这时候走势的结合律就体现出价值了，最重要的是级别够。中枢内这种复杂走势会特别多。

图 473

图 474

今天这个大跌之后，接下来的操作点依然是预计中的三卖点，从3008点下来只有上周四到周五上午的1分反弹，今天是再次更大力度的离开，这个5分三卖今天没出，那就耐心等它出现后再操作，如图475所示。

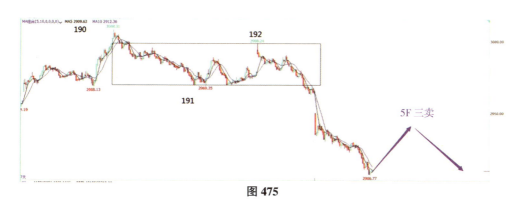

图 475

由于今天的阴线实体较大，加上跌破了三角形中枢下轨，距离2969点已经比较远，那么接下来1分反弹首要的参考点应该放在三角形下轨2930点附近，大约是今天阴线实体部分一半的位置。也就是说，如果三段反弹上不去2930点，或者在2930点附近有小级别卖点，则应先卖掉一部分。减出后，再看从3008点下来能否形成5个1分走势的趋势背驰，如果力度不再加大，依然可以再回补进去，如图476所示。

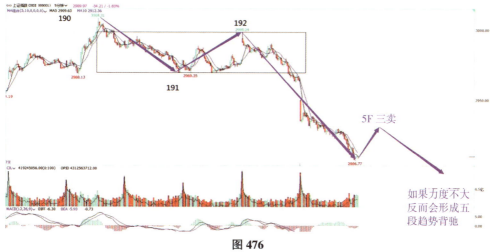

图 476

每根大阴线都伴随着愤怒、绝望、悲观，每根大阳线也都有得意、希望和亢奋，但情绪并不能减少亏损或者放大盈利；相反，更容易成为自己的借口，只要心中的那杆秤别被折断，多少根阴线都无法将你打败！

二八现象愈演愈烈（有小技巧分享）

先看上证指数，如图477所示。

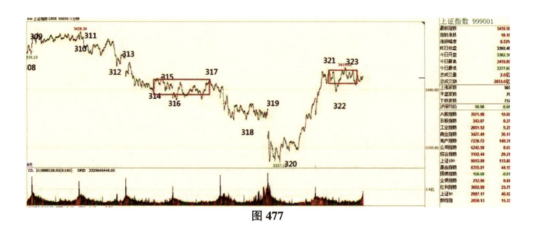

图 477

311点下来，311-316是一个线段类下跌趋势，之后形成中枢314-317，319点是三卖，320点没有1F级别的背驰后转折，开始上涨1F走势，今天形成第一个中枢321-324。

这里有个小技巧：就是看两个走势的中枢位置，注意看321-324这个中枢正好和314-317这个中枢的位置差不多，稍稍高一些，这属于稍强的情况，如果在314-317下方，则是最弱，如果明显高于314-317，就是最强的情况。

上证的走势比深证要提前一些，看一下深证，如图478所示。

可以看到，深证这波反弹起来，先走了一个线段类趋势上涨，今天尾盘有背驰迹象，不出意外，明天上午大概率要在当前位置构筑一个1F中枢，该中枢的位置和上一个下跌的1F走势的中枢位置相差不大，属于中等偏强的调整。

而创业板是最弱的情况，如图479所示。

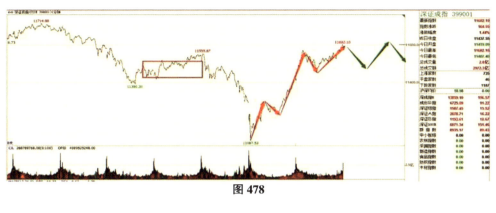

图 478

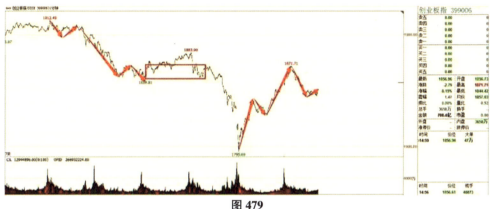

图 479

可以看到，这两天的反弹是刚刚触及上一个下跌的 1F 走势中枢，之后回落至中枢下方，明天应该会形成第一个上涨的 1F 中枢，这个位置应该在上一个中枢的偏下方。

从这个角度观察，创业板这两天调整时其表现大概率弱于主板，由于今天的高点被 10 日均线压制，收盘仅仅在 5 日均线下，所以接下来两天创业板有两种结局：

（1）主板进入调整，创业板补涨，走出独立行情，将重心重新拉回到上个下跌的 1F 中枢上方附近。

（2）创业板继续探底，二八现象越演越烈（笔者认为这种可能性大）。

十六、实战案例

拆解分众传媒的操作

这几天各种憋疯了的视频刷爆了抖音，本来也想彻底放松一下，麻将、扑克、电影使劲造，但几天之后确实受不了，默默地打开电脑整理缠论资料，还是这个有意思。兴趣和娱乐的区别可能就在于娱乐也会腻，而兴趣不会腻。

闲来无事，先把节前晒的分众传媒的单子，今天拆解一下，如图480所示。

成交日期	成交时间	证券代码	证券名称	买卖标志	成交价格
20191211	11:09:36	002027	分众传媒	买入	5.640
20191220	14:39:19	002027	分众传媒	卖出	6.300
20191223	11:00:12	002027	分众传媒	买入	6.140
20191225	11:19:58	002027	分众传媒	卖出	6.330
20191226	09:54:30	002027	分众传媒	卖出	6.450
20191227	09:52:27	002027	分众传媒	买入	6.320
20191230	09:31:03	002027	分众传媒	买入	6.210
20200103	09:45:15	002027	分众传媒	卖出	6.660
20200106	09:37:31	002027	分众传媒	卖出	6.550
20200108	10:53:04	002027	分众传媒	买入	6.600
20200110	09:56:49	002027	分众传媒	卖出	6.880
20200110	11:00:03	002027	分众传媒	卖出	6.910
20200117	13:45:24	002027	分众传媒	买入	6.510
20200120	13:56:10	002027	分众传媒	卖出	6.460

图 480

第一笔买入是 2019 年 12 月 11 日，11：10：36。这是一个 30 分盘整背驰的买点，该盘整背驰是一个 ABC 式的盘背。虽然第二天还有新低，但并未影响大结构，如图 481 所示。

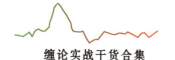

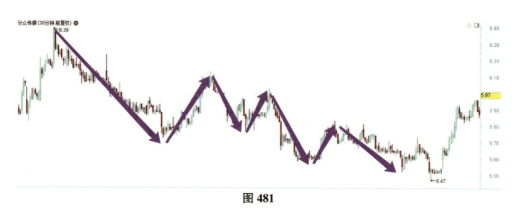

图 481

然后是一个 5 分趋势背驰后，卖出，卖出后在最后一个中枢下沿附近回补，做个短差，如图 482 所示。

图 482

值得格外提醒的是，根据缠论 29 课可以知道，趋势背驰后只有三种可能：反趋势；更大级别盘整；最后一个中枢的级别扩展。那么当第一个短差完成后，接下来的上涨就简单了，只要内部有盘背，肯定选择更大级别盘整了。所以 12 月 25 日和 12 月 26 日两个卖出就是看到接下来的上涨出现了盘背，也就是说到了短差的时候。这次短差后，回落下来的两笔回补则完成了经典的利用中枢构造而形成的短差机会，如图 483 所示。

接下来，一个次级别上涨，内部是趋势背驰，然后是次级别回抽，不再回到前面的中枢内，从而形成三买。这是一个盘整背驰后没回中枢而形成三买的案例，但仍然做出了短差，如图 484~图 485 所示。

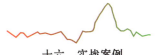

图 483

图 484

图 485

1 月 10 日的卖点更简单了，它是一个多重区间套的卖点：第一重是 5 分级别的趋势背驰，如图 486 所示。

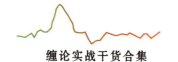

图 486

　　第二重是与三买前那个 5 分趋势进行比较，形成的趋势 + 盘整 + 趋势的盘背，如图 487 所示。

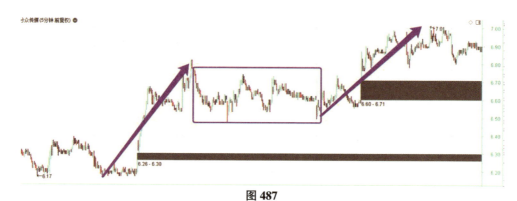

图 487

　　第三重是从 5.47 元以来形成了 ABC 式的盘整背驰，如图 488 所示。

图 488

17 日的买入，是认为从高点下来的 5 分走势要有趋势背驰。但买入后的反弹太弱，此时最容易出现趋势延伸，所以 20 日略亏几分钱又卖掉了，如图 489 所示。

图 489

这些操作都不算完美，但最重要的是节奏，以上的每一笔交易都没有在最高点和最低点附近，有的甚至是提前了好多，但节奏没问题，短差就很容易做出来。如果节奏不对，精度再高也白扯。

这些操作的难得之处还在于其包含了短差操作的最主要两种场景：

（1）中枢构造/震荡。

（2）背驰/盘背。

前两次短差是利用中枢构造完成的，第三次短差是盘背后出三买的场景，第四次是三重区间套的盘背，后面的回补就不那么快，除非有足够的空间。第四次回补之后，一旦发现情况不对，也及时再退出，这都需要一定的经验和果敢。

四次短差操作，看似朴实无华，但内有乾坤，你品，你细品！

补充几个有关证券板块的干货

周五的留言很多，创了纪录，不过出乎意料的是绝大部分都在分享自己的看法，言语理性、客观，说明缠友群体整体素质很高。当然，也有个别跳出来骂街的，但笔者压根不在乎，要没这点承受力就不会直面该问题了。

言归正传，周末有两条重要消息：

（1）谈判延期两天。

（2）国家领导人谈金融改革。

第一条，说明双方谈得比较细，基本是在确定协议了，应该没什么意外，利好！

第二条，应该也是周五券商大涨的主要原因，现在证券板块基本都处于主升形态，这个消息是个催化剂。

从消息面看，下周大盘要加速了，今天补充几点，求一个将功补过的机会。

（1）大盘从 2440 点上来，证券板块是龙头，现在进入主升，证券板块主要分为两大波，第一波是 2018 年 10 月 19 日~11 月 19 日，第二波是 2018 年 12 月 25 日至今，这两波行情有一个特点：第一波涨得多的，第二波涨得少；第一波涨得少的，第二波涨得多。10 月 19 日~11 月 19 日的涨幅倒数 20 和 12 月 25 日至今的涨幅前 20 名，如图 490、图 491 所示。

区间分析-涨跌幅度 证券 区间: 2018-10-19,五 全 2018-11-19,一 前复权 点右

	代码	名称	涨跌幅度↑	前收盘	最高	最低	收盘
1	600030	中信证券	3.23 21.77%	14.84	18.29	14.72	18.07
2	601211	国泰君安	3.05 22.59%	13.50	16.59	13.33	16.55
3	000166	申万宏源	0.92 23.65%	3.89	4.85	3.82	4.81
4	300059	东方财富	2.99 27.28%	10.96	14.40	10.77	13.95
5	601901	方正证券	1.32 28.51%	4.63	6.02	4.48	5.95
6	000776	广发证券	3.34 30.50%	10.95	14.43	10.61	14.29
7	002673	西部证券	2.21 31.21%	7.08	9.45	6.90	9.29
8	600999	招商证券	3.58 31.54%	11.35	15.06	11.13	14.93
9	601688	华泰证券	4.33 31.79%	13.62	18.16	13.40	17.95
10	600837	海通证券	2.48 32.29%	7.68	10.28	7.60	10.16
11	600958	东方证券	2.53 32.60%	7.76	10.33	7.62	10.29
12	601788	光大证券	2.97 36.89%	8.05	11.06	7.96	11.02
13	601108	财通证券	2.47 37.25%	6.63	9.26	6.43	9.10
14	601881	中国银河	2.27 38.28%	5.93	8.35	5.80	8.20
15	601198	东兴证券	3.29 39.98%	8.23	11.78	8.04	11.52
16	002500	山西证券	1.99 40.45%	4.92	7.00	4.84	6.91
17	000712	锦龙股份	3.32 40.99%	8.10	11.79	7.90	11.42
18	600909	华安证券	1.74 41.93%	4.15	5.98	4.01	5.89
19	002926	华西证券	3.00 42.19%	7.11	10.37	6.99	10.11
20	600109	国金证券	2.48 42.61%	5.82	8.41	5.74	8.30

图 490

区间分析-涨跌幅度 证券 区间: 2018-12-25,二 至 2019-02-22,五 前复权 点右

	代码	名称	涨跌幅度	前收盘	最高	最低	收盘
1	002945	华林证券	6.17 142.17%	4.34	10.89	4.34	10.51
2	601066	中信建投	7.13 76.50%	9.32	16.45	8.44	16.45
3	601881	中国银河	3.27 47.32%	6.91	10.18	6.50	10.18
4	600958	东方证券	3.67 45.70%	8.03	11.82	7.68	11.70
5	601901	方正证券	2.22 43.53%	5.10	7.55	4.85	7.32
6	601377	兴业证券	2.03 42.29%	4.80	6.83	4.39	6.83
7	600837	海通证券	3.69 40.91%	9.02	12.78	8.61	12.71
8	601688	华泰证券	6.47 40.64%	15.92	22.39	15.31	22.39
9	600030	中信证券	6.42 40.10%	16.01	22.43	16.74	22.43
10	601788	光大证券	3.59 39.71%	9.04	12.63	8.52	12.63
11	601162	天风证券	2.33 37.40%	6.23	8.56	5.92	8.56
12	600999	招商证券	4.53 34.87%	12.99	17.56	12.40	17.52
13	300059	东方财富	4.33 34.56%	12.53	16.86	11.80	16.86
14	601108	财通证券	2.50 33.69%	7.42	9.92	6.95	9.92
15	000783	长江证券	1.70 32.50%	5.23	6.94	4.88	6.93
16	601555	东吴证券	2.22 32.46%	6.84	9.06	6.42	9.06
17	600369	西南证券	1.13 31.30%	3.61	4.74	3.38	4.74
18	000750	国海证券	1.33 31.29%	4.25	5.80	4.00	5.58
19	000686	东北证券	2.02 31.27%	6.46	8.48	6.08	8.48
20	601198	东兴证券	3.05 31.06%	9.82	12.87	9.18	12.87

图 491

所以，这就是一个比价系统，第一波涨得多的，第二波的力度相对弱一些，现在如果要搞证券，可以通过这个思路去选股。

（2）证券里，涨得最多的除了新股，就要数中信建投了，这是第一龙头。缠师说过：当第二龙头的补涨比第一龙头还猛时，往往是该板块进入调整的标志。用这个方法可以判断证券行情的结束。

（3）还有两个准证券股，辽宁成大和吉林敖东，它们现在持有的广发证券的市值比自身的市值还大，有套利空间，相对是低估的，不敢追证券的可以考虑这两只股票。

（4）还有个思路：寻找证券类里跌破发行价的远端次新股，理由很简单，盘

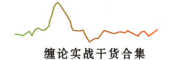

子干净，上市前突击入股的也有动力做利润。

（5）国家领导人这次谈金融，意义非凡，金融除了证券，还有银行。

能帮的也就这么多了，找适合自己的股票标的吧！